Madame Pamita

O Livro de Magia da Baba Yaga

MAGIA ESLAVA DA BRUXA DA FLORESTA

NOVA SENDA

O LIVRO DE MAGIA DA BABA YAGA
Traduzido de: *Baba Yaga's Book of Witchcraft*

Tradução: Renan Papale
Preparação e revisão: Luciana Papale
Ilustração da capa: Caroline Palumbo Cobra
Diagramação: Décio Lopes
Ilustrações: Sara Koncilja

DADOS INTERNACIONAIS DE CATALOGAÇÃO NA PUBLICAÇÃO (CIP)
Angélica Ilacqua CRB-8/7057

Pamita, Madame

O Livro de Magia da Baba Yaga: Magia Eslava da Bruxa da Floresta/ Madame Pamita; Tradução de Renan Papale – 1ª edição – São Paulo: Editora Nova Senda, 2023.

336 páginas.

ISBN 978-65-87720-19-7

Título original: *Baba Yaga's Book of Witchcraft: Slavic Magic from the Witch of the Woods*

1. Magia 2. Feitiçaria 3. Ucrânia - Magia 4. Ucrânia - Folclore I. Título

23-1835 CDD 133.43

Índices para catálogo sistemático:
1. Magia / Feitiçaria

EDITORA NOVA SENDA
Rua Jaboticabal, 698 – Vila Bertioga – São Paulo/SP
CEP 03188-001 | Tel. 11 2609-5787
contato@novasenda.com.br | www.novasenda.com.br

Aviso

As informações contidas neste livro não pretendem substituir o aconselhamento de profissionais médicos. Por favor, consulte o seu médico ou terapeuta antes de usar a fitoterapia.

Para Mary Kroll Moore, minha matusya (mãe), e
Kateryna Szegda Krol, minha babusya (avó).

SUMÁRIO

Agradecimentos

Escrever este livro foi uma tarefa monumental, digna de Baba Yaga. Sinceramente, muitas vezes me senti como se estivesse tentando separar uma montanha de sementes de papoula e grãos de trigo ou girando uma sala cheia de cânhamo em um dia. Como Vasylyna, porém, e com a ajuda mágica de muitos parceiros incríveis, consegui realizar o que às vezes parecia uma tarefa impossível.

Em primeiro lugar, gostaria de agradecer às incríveis mulheres da diáspora ucraniana, que se reuniram e me aconselharam, traduziram e me guiaram enquanto eu escrevia: Christa Lynn, que generosamente compartilhou suas próprias práticas espirituais ucranianas comigo e me levou em inúmeras viagens espirituais para o Mundo Inferior, para obter os sábios conselhos de Baba Yaga; a minha *Vidma-irmã* (irmã Bruxa) Katie Karpetz, que me deu *The Word and the Wax*, o livro que abriu todas as portas para mim (e que é provavelmente a única que é tão nerd quanto eu sobre a magia ucraniana); a Diana Tumminia, que meticulosamente traduziu inúmeros vídeos de sussurros da *Baby Sheptukhy*; e ao meu lindo anjo ucraniano, Lyudmyla (Milla) Rybak, que verificou minha ortografia, corrigiu meu sotaque e averiguou e compartilhou comigo toda a magia que ainda acontece na Ucrânia atualmente. Um grande e caloroso *dyakuyu* (obrigada) em ucraniano! Sem essas quatro mulheres mágicas, este livro não existiria.

Também gostaria de agradecer a alguns estudiosos e a algumas almas brilhantes que só conheço pela internet, cujo generoso compartilhamento de suas pesquisas sobre o éter ajudou a me fundamentar e a me guiar: Patricia Robin Woodruff, Luba Petrusha, Olga Stanton e Andryi Dorosh. Obrigada por compartilhar a sabedoria e o folclore dos velhos tempos tão generosamente.

Também gostaria de agradecer à minha família Llewellyn, que continua a me apoiar com tanto amor e a me dar conselhos sábios, torcendo por mim e me guiando para fora da floresta sempre que deixo o caminho familiar: Elysia Gallo, obrigada por sua ajuda para desembaraçar inúmeras bolas de fios verbais; Kat Neff e Markus Ironwood, obrigada por sempre elogiarem os livros que trago para vocês; Anna Levine, obrigada por me dar oportunidades de ensinar e compartilhar; Sami Sherratt, obrigada por gentilmente pentear e trançar minhas palavras; e Bill Krause, obrigada por ser o capitão que nos leva pelo céu até o paraíso de um livro da vida real nascendo neste mundo, eu sou profundamente grata por toda a sua bondade e assistência.

Sem minha incrível equipe no Parlour of Wonders (Salão das Maravilhas) vigiando a cabana com pernas de galinha, eu não teria sido capaz de passar as centenas de horas necessárias para pesquisar e escrever este livro. Obrigada, querida Chelsea Iovino, Romie Bo, Bridget Tuboly, Buchanan Moncure e meu querido Manfred Hofer, por manter a magia fluindo enquanto eu estava em minha jornada pela floresta.

Aos meus queridos amigos que ouviram e entenderam enquanto eu dizia um milhão de vezes: “Não posso! Estou trabalhando no meu livro”, dou a vocês todas as minhas melhores bênçãos mágicas de Bruxa, e estou pronta para descontar aquela chuva de cheques: Judy Pokonosky, Joseph James, Gwendolyn Pogrowski, James Divine e Chris Onareo, eu amo vocês mais do que Baba Yaga ama uma criança malcriada e/ou lanche da meia-noite.

Também quero agradecer a Kris Jecen e a todos do focused.space que me mantiveram no caminho certo naquelas manhãs em que eu preferia estar brincando com os Espíritos do Lago em vez de escrever um livro.

Aos meus amigos Queta Allred e Cloven, que me ajudaram a aprender a fiar, e a Halyna Shepko, que me ensinou a tecer, sou muito grata a vocês por manterem vivos esses antigos ofícios e compartilharem seus dons comigo.

Gratidão à minha amiga do Instagram, Maisy Bacon, que compartilhou lindas imagens da antiga estética eslava e também muitas piadas hilárias, que me inspiraram e me fizeram continuar.

Muito amor para Dakota St. Clare, na Catland Books, em Bushwick, por hospedar minhas aulas sobre magia ucraniana e eslava e dar a esta velha Bruxa um lugar para compartilhar o que sei.

Para o incrível Spell Squad (Esquadrão de Feitiços), que eu amo mais do que as palavras podem dizer. Quando vocês vêm aos meus *workshops* e saem dizendo: "Ei! Eu posso fazer mágica!" não há nada que deixe meu coração mais feliz. Mal posso esperar para compartilhar a sabedoria de Baba Yaga e ver a magia incrível que vocês podem fazer!

Aos meus lindos filhos, Morgan e Isabelle, obrigada por serem os melhores. Prometo nunca enfiar vocês no forno.

Para Manfred, o amor da minha vida – você é tão bom, que eu lhe agradeço duas vezes! Obrigada por seu amor e por toda ajuda e verdadeira parceria. Foi em nossas férias que este livro começou. Mal posso esperar para voar pelos céus com você novamente. Se não conseguirmos encontrar um almofariz, um avião servirá.

Prefácio da Edição Brasileira

Por Luciana Papale

É de uma responsabilidade enorme prefaciar um livro da respeitável Madame Pamita. Em se falando de Baba Yaga então, o peso aumenta exponencialmente.

Quando li este livro pela primeira vez (sim, foram várias leituras, e todas elas com um enorme deleite e senso de completitude), inicialmente tive o instinto de traduzir todas as palavras escritas em ucraniano que aparecem no texto. Em uma segunda leitura, já com o texto todo em mente, percebi que não, que traduzir as palavras seria quebrar a magia, seria destruir o imaginário do leitor. As palavras são autoexplicativas por si só e nos proporciona uma sensação de pertencer ao mundo de Baba Yaga.

Combinando folclore, conto de fadas, dicas e magia, a autora nos oferece história e espiritualidade para compor um retrato cativante e autêntico de Baba Yaga.

O livro traz uma estrutura única, com cada capítulo apresentando uma peça diferente do conto de fadas de Vasylyna, acompanhado de comentários da própria Baba Yaga e, por fim, as pertinentes dicas de Madame Pamita. Uma interpretação fascinante do mundo mágico de Baba Yaga, com pitadas de humor e uma leveza que leva o leitor a passear pela leitura, enquanto absorve informações preciosas para o nosso dia a dia.

A primeira parte de cada capítulo nos conta a história de Vasylyna, uma menina de bom coração que enfrenta os desafios que vão levá-la ao mundo de Baba Yaga. O diferencial é que, enquanto a garota segue sua aventura, nós, leitores, além de acompanhá-la avidamente para ver se ela vai obter sucesso, ainda trabalhamos mentalmente junto para que sua missão não a leve para caminhos tortuosos.

Você pode, talvez, querer ler o livro todo de uma só vez e depois voltar para ler somente a parte do conto de fadas. Assim, vai perceber que dentro deste livro tem outros três livros que podem ser lidos separadamente. Que ideia incrível!

A segunda parte de cada capítulo nos mostra o ponto de vista da própria Baba Yaga. Com seu humor sarcástico e uma infinidade de ensinamentos subentendido, ela nos traz lições que certamente devemos levar para uma vida inteira. E mesmo as magias que possam lhe parecer estranhas ou não tão éticas, vão lhe ensinar sobre o que fazer em determinadas situações ou desejos.

E por último, finalizando, vem a terceira parte de cada capítulo, onde Madame Pamita nos presenteia com os mais diversos rituais, dicas e magias, além de curiosidades que certamente vão fazer você pensar: *"eu não sabia disso"*.

Bordados, artesanatos, comidas típicas, rituais e outros costumes do folclore ucraniano inspirados na sabedoria de Baba Yaga permitem que o leitor não apenas aprenda sobre a anciã, mas que também coloque sua sabedoria em prática em sua própria vida.

Um livro fascinante, rico em uma cultura que para muitos pode parecer esquecida, mas que ainda está latente em cada mulher, em cada *babusya* e no imaginário de todos nós.

Eu poderia ler este livro muitas outras vezes e não me cansaria de me surpreender.

Madame Pamita diz: *"se você tem mesmo a intenção de encontrar Baba Yaga, vá com suas perguntas já preparadas e com muito respeito. Leve uma oferenda e veja se ela aparece. Ela pode vir como uma velha, ou pode mudar para a forma de um animal. Não importa como ela apareça, com o devido respeito, você ganhará grande sabedoria em seu encontro"*. Se você cair nas graças de Baba Yaga, *"se você for digno de ouvir suas histórias, pode até descobrir os segredos de sua magia. E se ela lhe ensinar sua magia, você será muito sortudo de fato"*.

Aventure-se, suba no almofariz, impulsione-o com seu pilão e voe, vá em busca do fogo mágico e de águas sagradas e peça licença à Baba Yaga para adentrar em seu mundo e conhecer sua casa com pernas de galinha e seus objetos encantados.

O *Livro de Magia de Baba Yaga* é um presente para honrar nossos ancestrais e criarmos, nós mesmas, uma história que servirá de exemplo para os que virão!

Prefácio

Os ossos sobrevivem. Sempre que o sangue e a carne se desintegrarem, os ossos permanecerão. Os ossos de nossos ancestrais ainda carregam suas vidas, seus sonhos e suas esperanças. No fundo de uma cova, em um cemitério ucraniano na Pensilvânia, os ossos de minha avó começaram a se mover. Em algum lugar sob as manchas de neve e solo congelado, os ossos começaram a aquecer e a vibrar quase imperceptivelmente.

Sempre que eu entrava em contato com algo que me ligava aos meus ancestrais dos Cárpatos – uma triste canção folclórica, um ovo de Páscoa ucraniano ou uma blusa bordada – os ossos faziam um pequeno chocalho de vida e então caíam de volta em seu sono profundo.

E então veio o som. Tão insubstancial e imperceptível quanto o sopro de uma brisa de primavera. Um som tão baixo que seria abafado pelo bater silencioso de uma folha caindo. Era o som de um zumbido.

Primeiro, uma pequena nota. E depois outra, e depois outra. Tornou-se uma melodia. O zumbido ficou cada vez mais forte. Os ossos da minha avó, cantando.

E então as palavras da música vieram.

"Lembre-se da nossa Magia.
Nossos caminhos não devem ser esquecidos."

Sua voz foi acompanhada por outra voz. A de sua mãe, que ensinou a ela que derramar cera na água pode determinar a origem de uma doença.

E outra voz. Agora de sua avó, que lhe ensinou a usar uma boneca *motanka* para curar uma criança entre a vida e a morte.

À medida que cada voz se juntava, dava mais poder à voz anterior. E vozes sobre vozes se juntaram. Gargantas abertas, lamentando ritualmente seus tristes lamentos *holosinnya*, harmonizando, cantando vigorosamente e mais alto a cada refrão. Voltando e voltando através de gerações e gerações. Mãe sobre mãe sobre mãe. De volta aos antigos *Trypillian*, que criaram os ovos e bonecos de barro esculpidos com símbolos imbuídos de poderes mágicos. De volta e de volta ao mais antigo. De volta à Baba de todas as *babusy*, a avó de todas as avós, *Baba Yaga*. E foi ela quem cantou mais alto de todas:

"Conte minha história e você contará todas as histórias."

O coro ficou ainda mais forte e bonito. E então, mais uma voz se juntou. A voz da minha própria mãe, familiar e clara.

*"Lembre-se do que eu lhe disse. Pegue a linha vermelha
e faça o primeiro ponto-cruz. Dentro e fora. Dentro e fora."*

Não é um feitiço pequeno para os mortos fazerem seus ossos cantarem. Já é desafio suficiente passar do mundo espiritual de volta para o mundo dos vivos e transmitir mensagens, mas passar do mundo dos ancestrais e sacudir uma pessoa no mundo material para despertá-la e fazê-la criar algo para você, exige uma grande quantidade de magia poderosa de fato. Sou eternamente grata pela poderosa magia de minha mãe, pela poderosa magia de minha *babusya* e pela poderosa magia de todos os ossos de todas as *babusy* que me transportaram de volta à primeira *baba*, a *Baba Yaga*.

Introdução

Yagishna, *Egi Baba*, *Iagaia*. Cada país eslavo tem sua própria versão do nome dela. *Bubojdza*, *Jedubaba*, *Yaginya*. Falados em voz alta, soam como um canto antigo para conjurar os espíritos. *Ega*, *Iagaba*, *Egabova*. Aquelas centenas de nomes que foram contados em centenas de histórias. *Indzhi Baba*, *Iagonishna*, *Iezhibaba*. Espalhados pela Europa Oriental como um pano bordado costurado de geração em geração. *Ježibaba*, *Iagaia-Babitsa*, *Aga Gnishna*.

Quando o famoso autor russo Alexander Afanasyev coletou as histórias dos camponeses russos e criou seu livro *Russian Folk Tales* em meados de 1800, ele selecionou apenas um, das centenas de nomes para a Bruxa da Floresta. A beleza e a Magia que ele teceu com suas histórias capturaram a imaginação do mundo, e o nome que ele deu a ela se solidificou na consciência popular: *Baba Yaga*.

Suas histórias faziam parte de uma tradição oral que remontava a centenas de anos, abrangendo culturas e países tão diversos quanto a Polônia, Bielorrússia, Bulgária, Eslováquia, República Tcheca, Croácia, Morávia, Sérvia, Eslovênia, Galícia, Ucrânia, Rutênia, Lituânia e dezenas mais. Ela é realmente uma Bruxa sem fronteiras. Da natureza generalizada dessas histórias, antropólogos culturais e folcloristas acreditam que Baba Yaga era originalmente um espírito ou divindade reverenciada e honrada como a "Senhora da Floresta".[1] Este espírito da natureza, outrora selvagem, que ajudava os caçadores e coletores, acabou rotulado como "maligno" uma vez que o cristianismo foi introduzido e algumas de suas histórias evoluíram para refletir isso. No entanto, para aqueles que estão dispostos a olhar além de sua pele enrugada, seus cabelos emaranhados e sua perna ossuda, há um professor poderoso para eles, de fato.

1.Andreas Johns, *Baba Yaga: The Ambiguous Mother and Witch of the Russian Folktale* (New York: PeterLang, 2010).

Minha própria familiaridade com Baba Yaga vem do meu lado ucraniano da família. Para nós, ela era "Baba Yaha", a famosa velha que comia criancinhas, exatamente como a Bruxa da história de João e Maria – exceto que ela era muito mais emocionante, porque voava em um pilão gigante e tinha uma casa senciente que andava sobre pernas de galinhas.

Foi só quando mergulhei mais fundo nas práticas espirituais ucranianas que comecei a ver as conexões entre Baba Yaga, os curandeiros espirituais, as mulheres sábias e as Bruxas da Ucrânia. Este livro é centrado nas práticas espirituais da minha própria herança; no entanto, as pessoas interessadas na magia eslava descobrirão muitas correspondências e semelhanças com suas próprias tradições.

Em algumas das histórias contadas sobre a Baba Yaga ela aparece não como uma mulher, mas como três irmãs, todas chamadas de "Baba Yaga". Então, talvez eu pense no que escrevi nestas páginas como a "Baba Yaga ucraniana" procurando por suas muitas outras irmãs espalhadas pelo mundo eslavo. Baba Yaga inspirou histórias em muitos países, por centenas, senão milhares de anos, e continuará a fazê-lo por outras centenas e milhares de anos mais. Espero que minhas palavras inspirem pessoas de outros países e culturas a pegarem esse fio e contar as histórias de suas muitas irmãs.

Se você já ouviu um dos contos de fadas em que o herói ou a heroína encontra Baba Yaga, sabe que ela é uma grande trapaceira. Os trapaceiros são, na verdade, professores. Como todos os melhores professores, ela é indireta em sua abordagem, oferecendo aos alunos quebra-cabeças que parecem misteriosos no momento, mas que, no final, despertam os mais profundos lampejos de brilhantismo.

Este livro é assim. Ao virar as páginas, você entrará em um conto de fadas e trilhará um caminho misterioso e tortuoso, que às vezes pode parecer caprichoso, nebuloso, muito lento, muito rápido e às vezes até frustrante. Este caminho está aberto a todos, mas não é para todos. Como os personagens que encontram Baba Yaga, uma pessoa que pega este livro pode decidir pegar o atalho, adiar o encontro para mais tarde ou voltar para casa completamente. No entanto, se você percorrer o caminho indireto ao lado da heroína de nosso conto, desenvolverá um relacionamento profundo com Baba Yaga e emergirá com dons e sabedoria que nunca soube que tinha dentro de você.

Sua jornada neste livro começa, como todas as boas jornadas, com uma história. Cada capítulo começa com um episódio de um conto de fadas que serpenteará ao longo de todo o livro. E, como todo conto de fadas, ele é mais do que parece. Você fará amizade com os personagens e poderá entrar no mundo deles para receber insights que irá trazer de volta para sua vida. O que vou contar para você aqui segue vagamente o enredo da famosa história "*Vasilisa the Beautiful*"; no entanto, elementos de outras histórias de Baba Yaga foram incorporados para criar algo completamente novo. Essa novidade inclui o nome ucraniano da heroína, Vasylyna.

Na segunda parte de cada capítulo, a própria Baba Yaga subirá ao palco para compartilhar sua sabedoria com seu jeito encantador e mal-humorado. Ela tem suas opiniões, é claro, e vai falar sobre as crenças e tradições especiais que aparecem na história. Você pode nem sempre apreciar o que ela tem a dizer (as mulheres idosas são conhecidas por não terem filtro), mas ela sempre será verdadeira e o que ela disser sempre será útil.

Na terceira parte do capítulo, ofereço outra visão sobre o assunto, ensinando como trazer a magia eslava tradicional para sua própria prática espiritual moderna. Vou tirar você da leitura de um conto de fadas e apresentá-lo à uma magia que o levará diretamente ao mundo de Baba Yaga. Como três mechas de uma trança, essas três vertentes lhe darão três fios diferentes, para que possa tecer juntos e fazer conexões profundas para si mesmo.

Posso ver que você está ansioso para começar sua jornada. Lembre-se, quando encontrar Baba Yaga, seja humilde, esteja disposto, seja respeitoso e seja gentil. Apareça com suas melhores maneiras e ela pode até convidá-lo a sentar-se ao lado dela perto do fogão a lenha. Se tiver o privilégio de se sentar perto do fogo, ela pode até contar suas histórias.

E se você for digno de ouvir suas histórias, pode até descobrir os segredos de sua magia. E se ela lhe ensinar sua magia, você será muito sortudo de fato.

Capítulo 1

Vyshyvanka: Os Pontos Mágicos

Tudo começou em uma pequena aldeia. Havia uma boa mulher e um bom homem: um casal de mercadores. Eles tinham uma pequena loja de sucesso em sua casa e trocavam seus tecidos finos e ferramentas, fitas e selas por ovos e trigo, leite e carne. Tinham uma bela casa, quente e aconchegante no inverno. E comiam bem, eram gentis e justos com todos e compartilhavam com os menos afortunados, portanto, tinham muitos amigos. Os dois tinham tudo o que podiam desejar, exceto um filho. Como desejavam ter um bebezinho, uma menina ou um menino, que pudessem criar para serem bons e gentis, corajosos e fortes.

Finalmente, depois de muitos anos, o desejo do homem e da mulher se tornou realidade e eles tiveram uma filhinha, a quem deram o nome de Vasylyna. Ela era uma criança perfeita e linda, como todos os bebês são, e todos na aldeia comemoraram e compartilharam a felicidade do casal.

Vasylyna cresceu, como todas as crianças, primeiro cambaleando com pernas gordinhas e depois correndo pela aldeia, suas saias e tranças arrastando atrás dela enquanto ria e corria. Sua mãe era uma excelente costureira e bordava lindos vyshyvanky para Vasylyna, à mão. Bordava os vestidos com flores e pássaros, Deusas e árvores em pontos de vermelho e preto, amarelo e laranja, verde e azul, no linho branco que tecia. Vasylyna ajudava sua mãe no tear, e sua mãe a ensinou a fiar, a tecer e a costurar, também a ensinou a bordar símbolos protetores e mágicos no tecido.

A cada dia que crescia, ela se tornava cada vez mais bonita – não apenas pelo seu rosto doce, mas também por sua bondade para com os outros: as pessoas da aldeia, os animais e até as árvores e as flores. Vasylyna ajudou a todos ao seu redor, especialmente sua mãe e seu pai. Eles a ensinaram a dobrar tecido e polir latão. Ensinaram-na a somar e a subtrair, escrever bem e ler um bom livro. E quando seu pai estava fora, comprando sedas, fitas, ferramentas e outros itens para a loja, ela ajudava a mãe nas tarefas diárias.

Vasylyna ajudava a mãe a vender as mercadorias, a preparar as refeições, a buscar água no poço e a cortar e transportar a lenha para o pich, o velho e gigante fogão a lenha que preparava as refeições e os aquecia durante o inverno. Todas as manhãs, quando o Sol estava espreitando sobre as montanhas distantes à leste, Vasylyna e sua mãe saíam e traziam lenha para alimentar o pich, para que pudessem aquecer a casa, assar o pão e cozinhar a comida que comeriam aquele dia.

Certa manhã, antes do amanhecer, no frio do final do inverno, a mãe de Vasylyna estava deitada em sua cama e disse a ela: "Vasylyna, acho que você tem idade suficiente para pegar lenha para o pich sozinha hoje".

Então, Vasylyna foi até a pilha de lenha buscar os gravetos e as toras. Quando voltou, sua mãe ainda estava na cama. A menina colocou a lenha no fogão e, à luz do fogo, viu que a mãe estava pálida. "Matusya, você está doente?"

Sua mãe tossiu e se esforçou para se sentar mais ereta na cama. "Só preciso descansar um pouco. Você pode assar o pão hoje, Vasylyna?"

"Posso tentar", respondeu a menina.

"E pode trazer meu bordado, por favor, querida Vasylyna? Vou bordar enquanto descanso e melhoro."

Vasylyna trouxe para sua mãe sua cesta com os retalhos de tecido, agulhas e linha, e então se ocupou fazendo as tarefas enquanto sua mãe bordava. Sua mãe costurou o dia todo. Na hora de ir para a cama, Vasylyna foi pegar o bordado da mão de sua mãe.

"Não. Vá dormir, querida Vasylyna. Quero bordar um pouco mais."

Então Vasylyna foi para a cama e deixou sua mãe trabalhando à luz do fogo.

Baba Yaga Compartilha a Sabedoria de Vyshyvanka

Então você está pronto para começar sua jornada, não é? Bem, só quero lhe dar um pequeno aviso, você vai se aventurar fora do que conhece em direção a tudo o que é desconhecido. Sei que tudo parece seguro e familiar agora – você está sentado em casa, lendo um livro, confortável e aquecido. Mas este é o momento de se preparar. Não adianta esculpir um balde de madeira para carregar água quando sua casa já está em chamas. Nós, Bruxas, sabemos que a hora de fazer seu trabalho mágico é antes de você precisar dele.

Conforme embarca nesta aventura, você vai encontrar espíritos estranhos e forças sobrenaturais, e não me refiro apenas a mim. Ouça: no fundo de tudo, sou uma avó, e como uma avó sábia, vou lhe dizer o que é o quê. Se você vai vagar pelo mundo, é melhor não sair despreparado. O mundo pode ser um lugar imprevisível, então faça sua mágica para trazer boa sorte e evitar desastres antes de se aventurar, para que não precise limpar a bagunça depois de já estar nela.

Antes de sair como um gatinho recém-nascido com os olhos apenas pela metade, você precisa entender como o mundo espiritual funciona. Existem boas forças: as coisas que deseja trazer mais para sua vida. Mas existem também aquelas não tão boas: *vroki* e *prychyna*. *Prychyna* é uma maldição, alguém tentando ativamente prejudicá-lo. *Vroki* é o mau-olhado, quando alguém olha para você com um sentimento de ciúme ou inveja e lhe causa infortúnio, mesmo que não tenha desejos ruins para você[2]. Uma doença, um infortúnio; sim, isso tudo pode ser apenas o resultado do seu descuido, mas também pode ocorrer, porque alguém olhou para suas posses com um olhar invejoso ou porque ficou com raiva de você e queria que fosse prejudicado.

Isso pode parecer um pouco assustador, e sim, se o seu destino fosse controlado pelos caprichos de todos, isso seria assustador! Mas a boa notícia é que você pode criar sua própria proteção: *oberehy*, ou

2. *Etnografichnii Zbirnik: Vidae Naukove Tovaristvo Imeni Shevchenka* (L'viv, Ukraine: Nakladom Naukovoho tovarystva Imeny Shevchenka, 1895).

amuletos[3]. Se ficar aqui comigo, você vai aprender a criar muitos *oberehy* em sua jornada, mas há um que se tornará tão familiar quanto as roupas do corpo.

Ah! É a roupa do seu corpo! Sua roupa é uma de suas camadas de magia – uma manifestação física do que deseja envolver em seu corpo. Assim como sua roupa pode protegê-lo do Sol escaldante do verão ou dos ventos gelados do inverno, ela também pode protegê-lo de uma queimadura, de olhar ciumento ou de uma maldição de um coração insensível. Suas roupas podem atrair amor, estimular a fertilidade e trazer abundância também.

Nós, velhos, sabemos disso. Esses pontos intrincados que você vê nos *vyshyvanky*, as camisas bordadas e as camisas que usamos não são apenas decorações bonitas, oh não. Abra os olhos, pequenino, e você verá. Esses desenhos são uma linguagem codificada detalhada de encantos mágicos, *oberehy*, uma linguagem simbólica antiga, com suas raízes remontando aos tempos mais antigos. Costurar poderosos símbolos talismânicos é programar o seu futuro.

Nossos *vyshyvanky* são cobertos com símbolos sagrados. Esses pingentes são bordados nas mangas ou na frente do corpete, mas também são aplicados no decote, nos punhos e na bainha: as aberturas de cada peça. Esses são os lugares onde esse *vroki* ou *prychyna* pode entrar sob sua roupa e chegar até você – os lugares onde é necessário apoio extra e boa sorte. Para os homens, bordados pesados nos pulsos para fortalecer as mãos; ao redor do pescoço, para que mantenham sempre a cabeça erguida; e no peito, para que sintam amor e coragem. Para as mulheres, há bordados leves no pulso e no pescoço – às vezes também na bainha da roupa – e grandes bordados talismânicos nas mangas para fortalecer os braços para o trabalho árduo e para proteger os entes queridos que mantêm por perto.[4]

Os próprios símbolos existem para trazer o bem e afastar o mal. Você pode codificar prosperidade, saúde, beleza, fertilidade, força, amor e proteção em seu bordado, para que, toda vez que usá-lo, possa tecer

---

3. Nikolay Fedorovich Sumtsov, *Lichnyye Oberegi Ot Sglaza* (Saint Petersburg, Russia: Tipografija Gubernskago Pravlenija, 1896)
4. Chumarna Mariya, *Taynopys Vyshyvky* (L'viv, Ukraine: Apriori, 2018).

um manto de magia positiva ao seu redor sem ter que pensar duas vezes. Quando nos sentamos para bordar, estamos costurando nossos desejos, esperanças e sonhos em realidade.

Depois de aprender a fazer esses amuletos, você vai poder criar magia para si mesmo e para seus entes queridos. Você pode até usar estes *oberehy* bordados para abençoar sua casa e sua comida. Bordamos esses símbolos mágicos em nossos *rushnyky*, os panos rituais usados para cobrir e abençoar a comida ou pendurar sobre o altar de nossa casa[5].

Esses *rushnyky* são tão poderosos que envolvemos nossos bebês neles quando nascem, usamo-los para "amarrar" um casal na cerimônia de casamento e cobrimos nossos mortos com eles quando eles seguem para sua nova vida[6]. Nós os colocamos sobre as imagens sagradas que exibimos em nosso altar doméstico e decoramos nossas bétulas sagradas com eles nos festivais de primavera. Nós nos envolvemos com eles durante as cerimônias e os damos como presentes mágicos para homenagear nossos entes queridos e conectá-los a nós quando estão longe[7]. *Rushnyky* são poderosos *oberehy*, trazendo bênçãos para qualquer pessoa ou coisa que tocam. Eles nos seguem no prazer e nos confortam na dor.

Então, pequenino, é hora de você criar seu primeiro amuleto, seu primeiro *oberih*.

Madame Pamita ensina a Magia de Vyshyvanka

Quando eu era criança, minha mãe me ensinou a bordar. Minhas mãozinhas faziam cruzes desajeitadas e pontos de nó francês que eram mais nó do que ponto; para minha mãe, isso não importava. Minhas criações, feitas com amor e dadas a ela em seu aniversário ou no Dia das Mães, ficaram perfeitas aos seus olhos. Ela havia sido ensinada a bordar por sua mãe, que havia sido ensinada por sua avó, ao longo das gerações; passar esse dom para suas filhas era como transmitíamos nossa herança e nossa magia.

---

5. Ludmyla Bulhakova-Sytnyk, Lubow Wolynetz, and Natalie O. Kononenko, *The Tree of Life, the Sun, the Goddess: Symbolic Motifs in Ukrainian Folk Art* (New York: Ukrainian Museum)
6. Mike Dixon-Kennedy, *Encyclopedia of Russian and Slavic Myth and Legend.*
7. Natalie O. Kononenko, Slavic Folklore: A Handbook (Westport, CT: Greenwood Press, 2007)

À medida que crescia, eu adorava me vestir com roupas *vintage*. Lembro-me de comprar um modelo para uma *vyshyvanka* quando era adolescente e sonhar em bordá-lo com belos padrões de ponto de cruz. Na época, eu não fazia ideia de que os próprios símbolos tinham algum significado, mas devo ter sentido sua magia. Para mim, eles pareciam algo saído de um conto de fadas e me fizeram acreditar que, se eu usasse algo tão romântico, poderia ter encontros com seres mágicos e transformar minha vida monótona de adolescente em algo dramático e emocionante.

Vyshyvanky Hoje

Embora o bordado ucraniano possa parecer algo saído de uma encantadora história de fantasia, houve um ressurgimento moderno em fazer, usar e colecionar *vyshyvanky* e *rushnyky*. Para os ucranianos nativos, usar um *vyshyvanka* tem sido uma insígnia de orgulho nacional e um símbolo da independência ucraniana. Para os ucranianos da diáspora, isso nos conecta à nossa herança. Há tanto amor por este bordado que existe até um *Dia Internacional de Vyshyvanka*, celebrado por ucranianos e amantes de bordados em todo o mundo na terceira quinta-feira de maio[8].

Enquanto as pessoas hoje usam *vyshyvanky* com as cores e padrões que as atraem, no passado, cada região, e até mesmo cada aldeia, tinha seu próprio estilo. O bordado era uma linguagem secreta que podia identificar onde uma peça foi feita e, portanto, de onde era quem a vestia. Algumas regiões da Ucrânia se especializaram em bordados pesados em várias cores, e outras bordaram delicados fios brancos em tecido branco. Ainda em outras áreas, os padrões de proteção não eram bordados, mas tecidos diretamente no tecido.

Embora muitos usem camisas bordadas apenas para expressar o orgulho ucraniano, a maioria dos ucranianos está pelo menos consciente das propriedades talismânicas desses desenhos. Assim como alguém pode usar uma "camisa da sorte" ao competir em um evento esportivo, há muitos que se sentem um pouco mais protegidos espiritualmente ao usar seu *vyshyvanka* encantado.

---

8. Clare Hunter, *Threads of Life: A History of the World through the Eye of a Needle* (New York: Abrams Press, 2020).

A Magia do Ponto-cruz

Ao longo da história, tecidos talismânicos foram confeccionados e temos evidências de pontos complexos sendo adicionados ao tecido para proteção desde a Idade do Bronze[9]. Os estilos de bordado evoluíram ao longo dos séculos, e hoje, os *vyshyvanky* mais identificáveis são os desenhos de ponto de cruz que se tornaram populares no século 19.

Existe uma magia inerente a cada ponto-cruz. Cada cruz é formada por dois pontos formando um X, símbolo de proteção. Ao bordar, a primeira parte do ponto de cruz inicia a abertura da nova realidade que você está criando, enquanto o segundo ponto fixa essa nova realidade no lugar. O X completo divide, risca ou nega quaisquer energias indesejadas e aumenta as positivas.

Nossos ancestrais bordavam símbolos da natureza, símbolos abstratos de proteção e até mesmo imagens ocultas de Deusas em seus bordados, para proteger a si mesmos, seus entes queridos e seus lares contra a negatividade e para convidar bênçãos, conexão espiritual, saúde, riqueza e abundância.

Em todos os estilos de bordado, os símbolos criados com os pontos tinham um significado mágico. As cores dos fios costurados em tecido branco ou de cor natural também tinham significado, podendo ser desde um branco simples, um vermelho e preto arrojados, até desenhos multicoloridos complexos.[10] Se quiser saber mais sobre a Magia das Cores no bordado, consulte o Apêndice II, onde você verá uma lista de cores e seus significados.

Faça um Feitiço Bordado

Seu primeiro passo em sua jornada mágica é criar um talismã de ponto-cruz, trabalhando a partir de um dos padrões tradicionais. Você pode planejar sua costura criando um desenho em papel quadriculado ou usando os desenhos a seguir. Ler um padrão é fácil: um quadrado equivale a um ponto de cruz.

---

9. E. B. Shcherbyna, "Ukrayins'ka Narodna Vyshyvka i Yiyi Terminosystemy" Visnyk Kharkivs'koyi Derzhavnoyi Akademiyi Dyzaynu i Mystetstv 1 (2010): 79–80, http://nbuv.gov.ua/UJRN/had_2010_1_21

10. O. V. Dobrovolska, "Filosofiya Ukrayins'koyi Vyshyvky," Visnyk Kharkivs'koho Universytetu, no. 57 (2017): 140–144, https://openarchive.nure.ua/handle/document/7029.

Seus suprimentos mágicos

A costura em tecido Aida é a mais fácil para ponto-cruz. Tem uma trama justa e uniforme, com furos pré medidos para guiar seus pontos. Aida é medida por "contagem": um número menor, como a contagem de quatorze pontos, vai prepará-lo para pontos maiores, que são perfeitos para iniciantes; enquanto um número mais alto, como contagem de vinte e oito, é para trabalhos mais apertados e finos.

Aqui está o que você precisa para começar:

- Pano de ponto-cruz branco ou de cor clara, como o tecido Aida
- Fio de bordar preto e vermelho ou outras cores de sua preferência
- Agulhas de ponto-cruz ou bordado
- Bastidor de bordar (de 12 a 20 centímetros de diâmetro é o tamanho certo)

Crie seu talismã de ponto-cruz

Existem várias maneiras de criar um ponto-cruz talismânico para protegê-lo e abençoá-lo. Você pode costurar um único símbolo e prender o pano bordado em sua roupa ou carregá-lo em sua carteira ou bolsa. Ou pode criar um padrão repetitivo e transformar seu bordado em um remendo ou em uma bolsa. Costureiros avançados podem querer bordar roupas ao longo dos punhos, gola e bainha para proteção e descer as mangas ou carcela frontal para trazer bênçãos.

Tradicionalmente, o novo trabalho era iniciado durante a Lua crescente (o ciclo em que a Lua parece ficar maior, depois da Lua nova e antes da Lua cheia). Assim como a Lua estava crescendo, esperava-se que a proteção e as bênçãos também crescessem. Na prática popular, a costura era feita em qualquer dia da semana, exceto na sexta-feira e nos feriados.[11] Os costureiros abstinham-se de tecer ou costurar às sextas-feiras para homenagear os espíritos da tecelagem e costura *Mokosh*, *Paraskeva P'yatnytsya* e *Rusalky* em seu dia especial.[12]

---

11. Joanna Hubbs, *Mother Russia: The Feminine Myth in Russian Culture* (Boulder, CO: NetLibrary, 1999).
12. Cherry Gilchrist, *Russian Magic: Living Folk Traditions of an Enchanted Landscape* (Wheaton, IL: Quest Books, 2009).

Quando você se sentar para costurar, reserve um momento antes de começar para se centrar e liberar qualquer estresse ou preocupação. Ao criar bordados talismânicos, considerou-se essencial que os pensamentos do costureiro fossem positivos e seus sentimentos leves. O que você estava pensando e sentindo iria para o seu trabalho e seria bloqueado no item mágico resultante. Ao costurar com uma mente pacífica e pensamentos felizes, quem quer que se vestir ou usar o item vai cobrir sua vida com essa positividade. Então, se estiver se sentindo frustrado, ansioso ou infeliz, não é hora de fazer seu talismã. Deixe isso de lado e faça algo para aliviar esses sentimentos negativos primeiro. Encontre seus melhores sentimentos e pensamentos antes de começar.

Medite em cada ponto em si como uma cruz que inicia e depois bloqueia sua intenção no feitiço conforme você o faz. Se estiver bordando em ponto cruz, evite fazer nós em sua costura, pois acredita-se que os nós criarão impedimentos desnecessários para suas bênçãos recebidas.

Desenhos de Bordados Talismânicos

Existem muitos símbolos tradicionais poderosos usados em bordados e tecelagem. Os mais antigos, que remontam à pré-história, são os mais obscuros e puramente simbólicos: as estrelas, o sol, os meandros e as formas geométricas, por exemplo. As formas representativas – como plantas e corações – são mais modernas, mas ainda imbuídas de uma poderosa magia.[13] Quer você escolha um desenho antigo ou mais moderno, selecione aquele que traz as bênçãos que você deseja ou que mais lhe agrada.

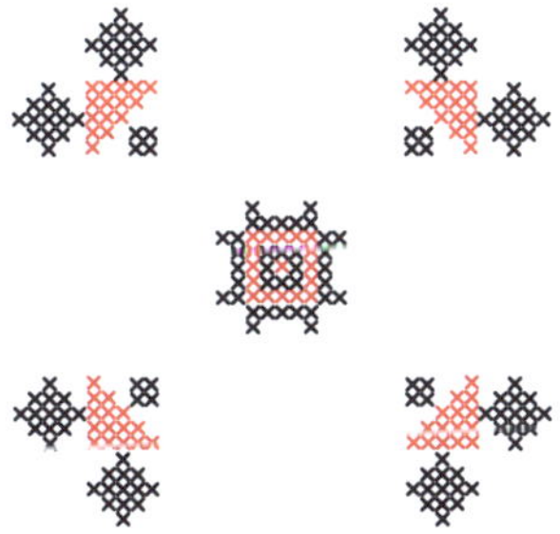

Kvadrat/Quadrado

O *kvadrat* é usado em feitiços para aprimorar o material, atrair abundância ou criar bons limites ou proteção. E carrega também uma essência de ordem e perfeição – uma estabilidade calma e harmoniosa, portanto, é bom para feitiços em que você deseja paz e prosperidade. O *kvadrat*

13. S. S. Skliar, Starovynni Ukrayins'ki Uzory Dlya Vyshyvannya Khrestom. Mahiya Vizerunka (Kharkiv, Ukraine: Klub Simeinoho Dozvillia, 2016).

representa o número quatro e todas as coisas associadas ao quatro: as quatro direções, as quatro estações, as quatro partes do dia, os quatro elementos e os quatro estágios da vida.

Rhomb /losango

O losango é uma antiga forma de diamante ligada à fertilidade e ao útero, bem como à abundância da Mãe Terra. Se o losango estiver dividido em mais quatro losangos, é um símbolo de um campo fértil, portanto, invoca a fertilidade de todos os tipos. Se esses losangos tiverem um ponto no centro, eles representam o campo semeado, uma gravidez ou abundância e sucesso. Se o losango tiver ganchos ao redor da borda, é um *zhaba*, ou sapo, e representa a água que dá vida.

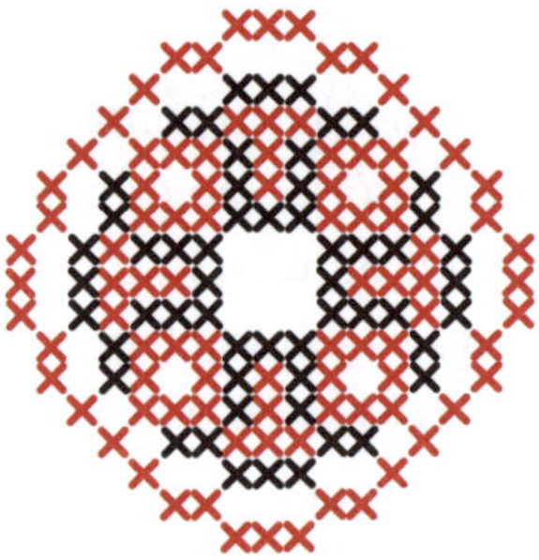

Kolo/Círculo

O *kolo* é um símbolo mágico primário que representa o Sol e a Lua. É usado em feitiços para vida longa, vigor e saúde. Se o *kolo* tiver um ponto no centro, representa o Universo e nossa conexão com o todo. O *kolo* também se refere à eternidade e ao ciclo interminável da vida e do renascimento.

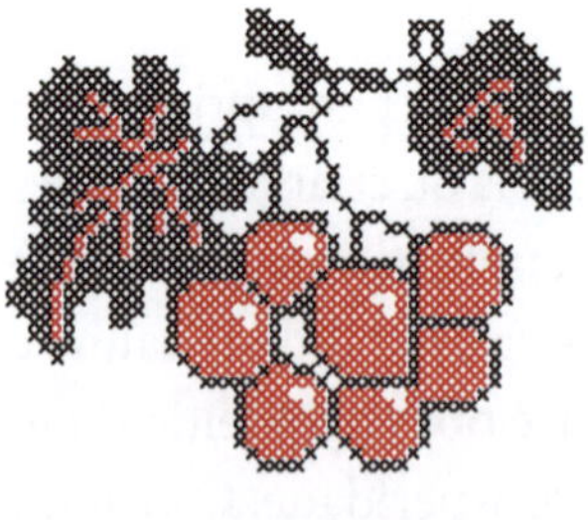

Kalyna/ Rosa-de-gueldres

Kalyna é um arbusto de bagas que simboliza a beleza juvenil, o amor, a riqueza, a saúde e a maternidade, com o arbusto simbolizando a mãe e os frutos representando seus filhos. Por esse significado, também representa as bênçãos dos ancestrais e tem associação com terras ancestrais, raízes familiares e laços de sangue. As bagas vermelhas maduras também representam o amor apaixonado e sensual.

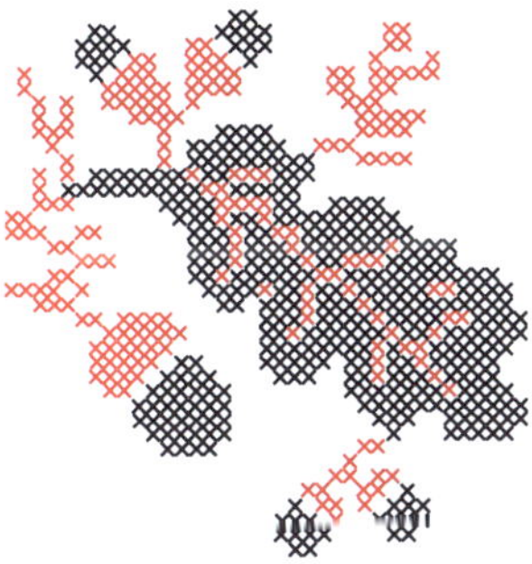

Dub/Carvalho

O *dub* é o carvalho, considerado o Rei das Árvores. O carvalho é uma árvore sagrada associada à força e longevidade. Há registros antigos de bosques de carvalhos sagrados sendo usados para adoração em tempos pré-cristãos.[14] Frequentemente, o *dub* é bordado em roupas masculinas, para tornar o dono forte e corajoso, e pode ser combinado com *kalyna* para simbolizar a união de força e beleza.

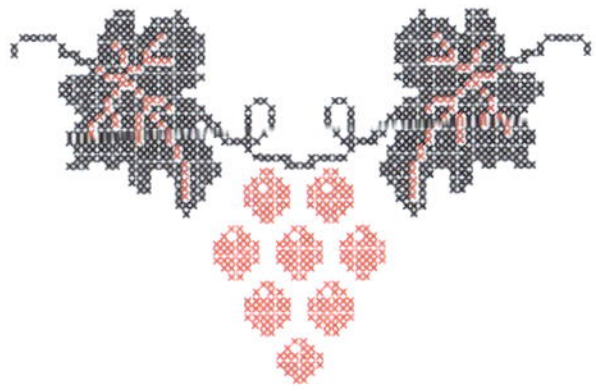

Vynohrad/Uvas

Vynohrad significa a família e a felicidade doméstica. Imagens de *vynohrad* fortalecem as conexões familiares quando bordadas em roupas, mas especialmente fortalecem os *rushnyky*, que são usados por toda a família em casa. O *vynohrad* pode ser usado para criar laços familiares calorosos, abençoar entes queridos e trazer abundância à linhagem.

Mak/Papoula

Mak é um emblema poderoso que tem muitos significados mágicos. É frequentemente usado para proteção espiritual de entidades negativas, bem como para banir a negatividade, maldições e feitiços. É um símbolo da lembrança dos ancestrais, por isso pode ser usado como um talismã para acessar a profunda sabedoria de sua linhagem. Mak também é usado em feitiços para estimular habilidades psíquicas e ter sonhos proféticos, por isso é o símbolo perfeito se você deseja desenvolver essas habilidades. Também é visto como um símbolo

14. Mychajlo S. Hrusevs'kyj, *History of Ukraine—Rus'* (Edmonton, AB: Canadian Institute of Ukrainian Studies Press, 1997).

de abundância e pode ser adicionado a feitiços bordados para aumentar a prosperidade. A papoula às vezes é usada como um amuleto de amor para atrair um novo relacionamento cheio de felicidade também.

Derevo Zhyttya/Árvore da Vida

A Árvore da Vida é um símbolo antigo com significados secretos multifacetados. Primeiro, a Árvore da Vida raramente é mostrada como uma árvore representativa. Geralmente é representada como um *vazon*, um vaso de flores. Esta planta em vaso ou motivo de árvore também representa a Deusa Berehynia, o mais antigo espírito da Mãe, que é o progenitor da vida e está associado à bétula. O motivo é frequentemente representado como uma forma estilizada que lembra os braços erguidos de Deusas antigas. A *Derevo Zhyttya* pode ser usada como um amuleto para renovação da alma, imortalidade, ressurreição e abundância.[15]

Sertse/Coração

Sertse como um símbolo de amor é um conceito mais moderno, mas incorporar um coração em seu bordado pode ser uma forma de codificar um encanto de amor em seu trabalho. Se quiser ser mais discreto, pode bordar folhas ou pétalas em forma de coração como parte de um motivo vegetal. No entanto, como um símbolo mais antigo, a forma do coração representa os espíritos duais do destino, os *Rozhanytsi*.[16] Bordar esta imagem do *Rozhanytsi* nas roupas garante boa sorte e solidifica um destino positivo.

15. Bulhakova-Sytnyk, Wolynetz, and Kononenko, *The Tree of Life, the Sun, the Goddess.*

16. Hubbs, Mother Russia.

Zori/Estrela da Manhã

Zori é o símbolo de explosão estelar de oito pontas, que representa a antiga estrela da manhã ou o amanhecer, um espírito que protege do mal, da doença e da fraqueza. Estrelas espalhadas em uma manga representam a estrutura ordenada e harmoniosa do Universo. Incorporar *zori* em seu *oberehy* o envolverá com paz, calma, amor e proteção.

Shevrony/Chevrons

Esses símbolos antigos são uma expressão da união da essência feminina e masculina e o encontro do espírito e da matéria. Os ângulos que apontam para baixo representam o feminino ou o material, enquanto os ângulos que apontam para cima são interpretados como o masculino ou o espiritual. *Shevrony* são adicionados ao *oberehy* para a união do espírito e da matéria para trazer bênçãos à fruição ou para convidar um amor divino.

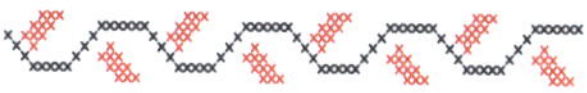

Khvylyasti Liniyi/Linhas Onduladas

Khvylyasti liniyi representa o elemento Água, as chuvas que dão vida, a limpeza, o fluxo do tempo e a evolução do Universo. Ondas que correm verticalmente representam chuvas suaves caindo de cima, enquanto linhas horizontais significam águas correntes fluindo de nascentes e neve derretida. Este é um poderoso símbolo antigo para convidar o fluxo de boa sorte, longevidade e as bênçãos do Universo.

Khrest/Cruz

Khrest, a cruz de braços iguais é um antigo símbolo sagrado que representa o Sol e o Fogo. Quando inclinado para se tornar um X, representa a Lua. Como o Sol ou a Lua, ela é vista como um amuleto protetor contra os maus espíritos. Como o Sol, representa a força vital e a energia expansiva. Como a Lua, representa um poder mais tranquilo e místico. As duas linhas que se cruzam simbolizam o encontro do material e do espiritual, e os quatro braços da cruz representam o equilíbrio dos quatro elementos: Ar, Fogo, Água e Terra. A cruz pode ser usada para proteção e como símbolo de harmonia e paz.

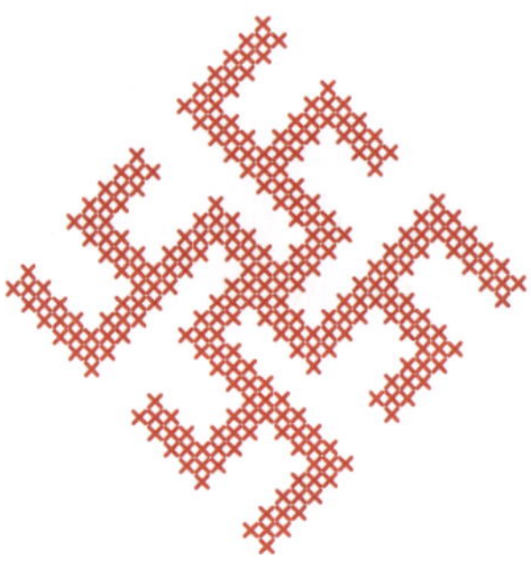

Svarga/Sol

Svarga é outro símbolo antigo para a roda do Sol, sempre girando. Os símbolos solares trazem tudo à luz e são incorporados para proteger uma pessoa e suas propriedades da negatividade, trazer iluminação e abençoar o lar e a família com felicidade. Use um *svarga* para invocar força, energia, sabedoria ancestral e proteção contra o infortúnio.

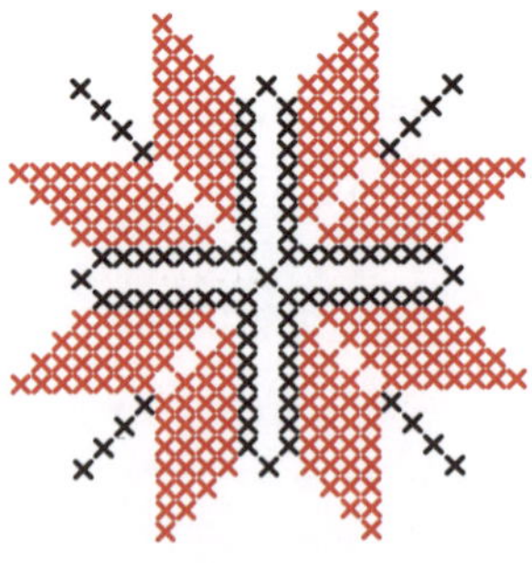

Povna Rozha/Flor de Malva

Quando a cruz vertical do Sol se sobrepõe ao X da Lua, eles formam uma cruz dupla, ou uma estrela de oito pontas, que simboliza a união entre esses dois espíritos. Também representa a união do homem e da mulher, que traz uma nova vida. A estrela de oito pontas também é chamada de "flor de malva completa", a *povna rozha*, e é um dos símbolos mais populares da magia talismânica ucraniana. Representa a explosão da energia vital em todas as direções, o *big bang* que ocorre quando um óvulo é fertilizado ou quando uma estrela nasce no céu. Quando você deseja incorporar grandes sonhos e anseios expansivos em seu *oberehy*, um *povna rozha* é o complemento perfeito para o seu desenho.

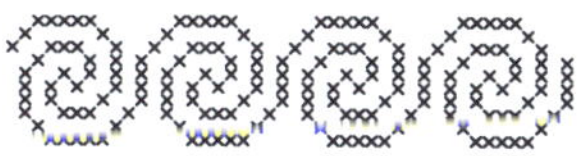

Kryvi Tanets/Meandro

Kryvi tanets significa literalmente "a dança sinuosa", os antigos passos rituais que os ucranianos realizavam na primavera. Este símbolo representa a jornada da vida, eternidade, força e vitalidade. Às vezes, esse desenho é chamado de *bezkonechnyk*, que significa "linha infinita" ou "meandros". Ele fornece proteção poderosa contra forças negativas. Qualquer mal que tente se apegar seguirá o meandro, ficando confuso e preso em seu circuito sem fim.

Trykutnyk/Triângulo

Trykutnyk simboliza as trindades de todos os tipos: o Mundo Inferior, o Mundo Intermediário e o Mundo Superior da Árvore do Mundo; os três elementos da Água, Fogo e Ar; nascimento, vida e morte; mãe, pai e filho. Se os triângulos se tocam ponto a ponto para se tornarem uma forma de ampulheta, eles representam o encontro do mundo natural e do mundo sobrenatural, e podem ser usados como um amuleto para se conectar ao reino espiritual.

Klyuchi/Chaves

Klyuchi é outro símbolo multifacetado chamado de "chaves", "figuras S" ou "cobras". Nos tempos antigos, eles simbolizavam a serpente, um poderoso emblema das águas da terra (em oposição às águas dos céus). As cobras são os guardiões do Mundo Inferior e um avatar de Baba Yaga. Usar *klyuchi* em seu amuleto irá protegê-lo e conectá-lo à Mãe Terra, à Baba Yaga, ao Mundo Inferior e aos espíritos das cobras.

Utilidade, Beleza e Magia

No passado, para os ucranianos, cada objeto que tocassem seria útil, bonito e imbuído de magia. Quase tudo o que eles possuíam tinha esses três atributos. Uma colher de pau com um simples entalhe não era apenas um utensílio feito para ficar bonito, mas um amuleto para a fartura e uma ferramenta para fazer refeições e abençoar a família com saúde. Um tear doméstico com símbolos esculpidos na madeira tinha um significado mágico e um propósito mundano. E uma camisa bordada não era apenas uma forma de proteger o corpo; era um talismã lindamente decorado para proteger espiritualmente e trazer bênçãos.

Essa profundidade de significado também é bem conhecida de Baba Yaga. Seu cabelo selvagem, sua cabana sobre pernas de galinha, o almofariz gigante, no qual ela viaja, e tantos outros aspectos dela são mais do que apenas atributos peculiares. Todos têm um simbolismo secreto que a fortalece e a protege.

Você também pode criar seus próprios símbolos secretos através do seu bordado. Uma vez que sua costura esteja completa e você tenha criado seu pingente, reflita sobre seu significado. Use-o, aplique-o, carregue-o com você como um *obereh* ou exiba-o em sua casa para protegê-lo, e aos seus entes queridos, e para trazer bênçãos abundantes.

Capítulo 2

Motanka: A Boneca Viva

Na manhã seguinte, quando Vasylyna acordou, ela viu sua mãe ainda trabalhando em seu bordado, mas ela parecia ainda mais pálida do que antes. "Matusya! Matusya! Você não deveria estar trabalhando! Deveria estar descansando e melhorando!"

Mas sua mãe apenas colocou sua mão fria sobre a de Vasylyna e disse: "Vasylyna querida, você pode buscar a lenha para o pich hoje?" Vasylyna rapidamente se vestiu, correu para a pilha de lenha e trouxe a madeira. Então ela juntou alguns cobertores e fez uma caminha pequena em um recanto quente, sobre o forno, e foi ajudar sua mãe lá em cima.

"Traga-me mais linha, por favor, querida Vasylyna", disse sua mãe.

"Matusya, por favor, descanse e fique bem", implorou Vasylyna, mas sua mãe não seria consolada até que ela tivesse suas agulhas e linhas. Então Vasylyna trouxe a cesta de costura para sua mãe e saiu para colher algumas ervas curativas.

Quando voltou, preparou para sua mãe uma sopa nutritiva e curativa e cuidou dos afazeres domésticos diários. Finalmente, a noite chegou. A mãe de Vasylyna chamou sua filha para se aproximar dela, pegou suas mãos e deu-lhe aquilo em que ela estava trabalhando. Era uma bonequinha, feita de tecido dobrado e vestida com um minúsculo vyshyvanka, uma saia e um delicado xale bordado que lhe cobria a cabeça. Vasylyna pegou a boneca em suas mãos. "Esta, querida Vasylyna, é uma motanka especial, uma boneca mágica que irá guiá-la e protegê-la. Mantenha-a perto de você; dê a ela um pouco de comida e um pouco de bebida, e ela cuidará de você". E a mãe de Vasylyna beijou cada uma das mãos da menina, deitou a cabeça e fechou os olhos.

Vasylyna pegou a motanka com admiração. Ela era tão pequena, mas tão bonita. Um verdadeiro pequeno milagre. Ela fez o que sua mãe lhe disse e deu à sua boneca um pouco de pão e um gole de água e, como era fim do dia, levou-a para a cama com ela. Vasylyna logo caiu em um sono tranquilo com a motanka ao seu lado.

Baba Yaga Compartilha a Sabedoria da Motanka

Não vivo no centro da floresta mais remota à toa. Se você vai me encontrar, vai precisar de um guia, e um bom guia. Eu me mantenho bem escondida de propósito. Não gosto mais de vizinhos intrometidos, crianças desrespeitosas ou jovens arrogantes do que do próximo vídeo. As pessoas são um incômodo e não preciso que nenhuma delas me encontre, só porque foi fazer uma caminhada na natureza. Não; se você quiser me encontrar, terá de conseguir alguém que saiba o que está fazendo para lhe mostrar o caminho.

Você vai precisar de um guia, sim, mas também de um guardião. A floresta nem sempre é um lugar amigável. Você também vai querer um companheiro ao seu lado, alguém que possa lhe dar coragem e força quando se sentir sobrecarregado e com medo. Definitivamente, vai precisar de mais do que ajuda contratada. E um amigo... bem, um amigo é bom, mas eles têm um investimento no seu sucesso? O que precisa, na verdade, é de uma família, um ancestral que se importe com você. Mas os ancestrais não são fáceis de invocar e, uma vez que o faz, como sabe que eles estão com você? O que precisa então é de uma magia bem antiga. Você vai invocar seus espíritos ancestrais usando uma *motanka*.

A *motanka* é tão antiga que seus ancestrais mais antigos criaram uma para chamar seus ancestrais. Estou falando dos ancestrais mais antigos. Sim, os que viviam nas cabanas de ossos de mamute nas estepes. *Motanky* são usadas para abrigar nossos ancestrais guardiões, para que eles possam nos proteger, dar-nos força, fornecer percepção e inspiração, curar-nos e nos abençoar. Ao longo de milênios, elas foram criadas e passadas de mãe para filha, tecendo um fio de ouro de linhagem conectando geração a geração[17].

Antigamente, costumávamos fazer nossas *motanky* com palha, casca de bétula ou varas de madeira sagrada. Não deixávamos que uma coisinha boba como não saber fazer tecidos nos atrasasse. Mas quando suas antepassadas aprenderam a magia de tecer e fazer tecidos com fibras de cânhamo, foi quando começamos a lançar uma magia muito especial.

17. O. Tarasova, Lyal'ky-Motanky (Kharkiv, Ukraine: Glagoslav Distribution, 2014).

Ao longo dos anos, houve muitas ocasiões em que alguém poderia presentear um ente querido com uma *motanka*. Elas eram dadas pelas mães para suas filhas crescidas para ajudá-las na gravidez e no parto. O mundo pode ser um lugar arriscado para um pequeno. Uma *motanka* poderia ser colocada no berço antes que a criança nascesse, representando um filho saudável e um futuro feliz, mas também fortalecia sua conexão com seus ancestrais e com as gerações futuras. Ela protegeria a mãe e o filho durante essa importante transição de vida, mantendo-os sãos e salvos durante o período liminar do parto. Depois que o bebê nascesse, a *motanka* se tornaria uma companheira ancestral do recém-nascido, protegendo-o de *vroki*, vigiando-o e, para quem ouviu com atenção, transmitindo a sabedoria ancestral.[18]

Mesmo quando a criança crescia, se ela adoecesse, uma *motanka* especial era colocada na cama para afastar a doença. Quando a criança chegava à idade adulta, chegava à velhice e falecia, uma *motanka* era enterrada com ela para acompanhá-la e recebê-la na vida após a morte e nos braços dos ancestrais que cuidaram dela enquanto estava viva. Ela também se juntaria aos ancestrais para cuidar das gerações futuras.

A *motanka* é trabalhada de uma forma muito particular. A palavra "*motanka*" vem da palavra ucraniana "*motaty*", que significa "enrolar ou rolar". Embora possamos vestir alguém com tecido bordado, a boneca em si nunca é perfurada por uma agulha, feita com costuras ou amarrada com firmes nós. Enrolamos cânhamo ou pano de linho em formas cilíndricas e prendemos a boneca passando fios em volta dela.[19]

Nunca damos um rosto a uma *motanka*. Ou deixamos a face em branco ou tecemos um padrão *khrest* envolvendo fios coloridos em cruz na frente da cabeça. Por quê? Bem, um rosto atribui uma alma a um item. A *motanka* deve ser apenas um lar temporário para os ancestrais que elas podem usar livremente, não um objeto que prenda uma alma a ela.

18. A. V. Stakhurskaya, "Traditsionnaya Kukla-Motanka V Kul'turakh Vostochnoslavyanskikh Narodov," Gumanitarnyye Nauki v XXI Veke: Nauchnyy Internet-Zhurnal 6 (2016): 78–90, https://humanist21 .kgasu.ru/files/N6-N7_Stahurskaja_AV.PDF

19. Viktoriya Sadovnycha, Starovynna Mahiya Ukrayintsiv (Kiev, Ukraine: Knyzhkovyy Klub, 2018)

Tem outra coisa: nunca colocamos olhos na boneca. Os olhos são as "janelas da alma", como dizem. Uma janela aberta é um convite a qualquer criatura desgarrada em busca de uma esmola gratuita. Os olhos são uma abertura que um espírito travesso poderia usar para entrar na boneca e habitá-la. Entrando lá, eles podem até levar um pedaço da alma do criador. Ah, e mais uma coisa: nunca damos um nome a uma *motanka*, particularmente o nome de um ancestral, pois um nome liga esse ancestral à boneca.[20]

Do útero ao túmulo, quer você saiba ou não, seus ancestrais o acompanham por toda a vida, pequenino. Quando o corpo se vai, o espírito ainda vive, voltando para experimentar a vida de novo e de novo. A maneira como fazemos uma *motanka* é uma mensagem secreta sobre a natureza eterna do espírito. O desenho em espiral conecta a *motanka* simbolicamente aos ciclos da vida – nascimento, crescimento, morte e renascimento – e ao fio dourado da eternidade.

Madame Pamita ensina a Magia da Motanka

Quando eu era criança, minha mãe contava uma história sobre quando ela era uma garotinha. Quando tinha três ou quatro anos, ela teve uma doença grave. Se foi uma gripe ou sarampo ou uma das outras coisas que as crianças podem pegar, ela nunca soube. O que minha mãe sabia é que ela estava tão doente e febril que sua própria mãe estava com medo de que ela morresse. Minha avó havia perdido seu filho pequeno poucos anos antes, portanto, provavelmente estava ainda mais ansiosa com medo de perder sua filhinha também.

Minha mãe me contava que quando ela estava deitada em seu leito de doente, sua *matusya* fez uma boneca especial para ajudá-la a ficar boa. Minha avó deu à minha mãe uma boneca e disse-lhe para cuidar dela, então minha *matusya* conversou com a boneca e a abraçou enquanto descansava e dormia. Depois de alguns dias muito preocupantes, minha mãe finalmente começou a melhorar e logo estava saudável novamente.

20. Ol'ha Oleksandrivna Tarasova, Taiemnychyi Svit Lialky-Motanky (Kiev, Ukraine: Lybid', 2015).

E a boneca? Bem, minha mãe nunca mencionou guardá-la ou brincar com ela depois da doença.

Como minha mãe me contou essa história, eu sempre presumi que minha *babusya* deu a boneca para minha mãe para mantê-la, uma criança pequena e acamada, ocupada, mas minha mãe sempre enfatizou a importância da boneca e como ela foi dada a ela para ajudá-la a ficar melhor. Não foi até anos depois que minha mãe faleceu que aprendi sobre a magia das *motanky* e percebi que minha avó havia criado uma boneca mágica para curar minha mãe.

Motanka Hoje

Por gerações, a *motanka* foi reverenciada como um talismã mágico com suas raízes remontando aos tempos mais antigos. Em meados do século 20, no entanto, muitas pessoas descartaram a ideia de magia e as *motanky* foram rebaixadas a meros brinquedos. No entanto, com o renascimento das tradições folclóricas nos tempos pós-soviéticos, o interesse pela Antiga Magia protetora das *motanky* também aumentou. Hoje, existem muitos artesãos talentosos criando com amor essas bonecas poderosas. As oficinas de *Motanky* são realizadas regularmente na Ucrânia e em outros países para onde os ucranianos emigraram, e há até exposições em museus dedicadas a essas bonecas mágicas.

Criando uma Motanka

Antes de criar sua primeira *motanka*, há algumas coisas que deve ter em mente. Assim como na fabricação de qualquer ferramenta mágica da maneira ucraniana, certifique-se de ter um espírito leve ao criar sua *motanka*. Seus estados emocionais e mentais se tornarão parte da boneca, portanto, libere quaisquer emoções ou pensamentos negativos e traga uma perspectiva positiva para imbuir seu talismã de felicidade e de alegria. Se preferir ser mais tradicional, planeje fazer sua *motanka* em qualquer dia da semana, exceto na sexta-feira, que é reservada para homenagear os espíritos da tecelagem. Tenha todos os seus materiais prontos antes de começar e esteja preparado para montar sua *motanka* de uma só vez, sem interromper o processo. Por fim, ao enrolar o pano ou a linha, faça-o no sentido horário para trazer boa sorte.

Material necessário para criar uma Motanka

- Cânhamo ou pano de linho. Tanto o linho quanto o cânhamo estão imbuídos de magia protetora. As medidas abaixo são apenas sugestões para começar. Você pode alterar essas proporções para uma boneca menor ou maior.
    - Quadrado com cerca de 18 polegadas (45 centímetros) de largura para o corpo.
    - Peça retangular menor de cerca de 8 por 6 polegadas (20 centímetros por 15 centímetros) para os braços.
- Fio de bordar para amarrar as mãos e o pescoço da *motanka*. Se estiver enrolando um *khrest* no rosto da boneca, vai precisar de uma variedade de cores de linha ou fio de bordar.
- Pedaços de tecido colorido para roupas.
    - Peça quadrada de cerca de 6 a 8 polegadas (15 a 20 centímetros) para o lenço.
    - Peça retangular de cerca de 5 por 8 polegadas (12 centímetros por 20 centímetros) para a saia.
    - Fita larga ou um pedaço de tecido retangular de 2,5 polegadas por 4 polegadas (6 centímetros por 10 centímetros) para o avental.
- Agulha para enfiar as pontas soltas da linha de bordar enrolada.
- Itens mágicos extras. Você pode querer embrulhar alguns talismãs adicionais em sua *motanka* enquanto a enrola.
    - Moedas pequenas para prosperidade
    - Ervas mágicas para atrair coisas boas
    - Grãos para abundância
    - Lã para prosperidade
    - Cinzas coletadas de sua lareira ou fogão a lenha para se conectar aos ancestrais

Fazendo um Corpo Básico de Motanka

Existem algumas opções ao criar uma *motanka* e você pode escolher seu nível de dificuldade com base em sua habilidade e na quantidade de esforço que gostaria de colocar nela. A opção mais simples é criar uma *motanka* básica com um rosto em branco e roupas sem enfeites. Para um pouco mais de desafio, você pode envolver o rosto dela com uma *khrest* ou, se tiver habilidade com costura, pode embelezar a roupa de sua *motanka* usando os símbolos de ponto-cruz discutidos no capítulo 1.

1. Enrole um pedaço quadrado de linho grosso ou tecido de cânhamo em um rolo apertado. À medida que enrola, você tem a opção de adicionar qualquer um dos itens mágicos extras mencionados anteriormente à sua rolagem, como ervas ou moedas. Coloque-os no centro do pano para que não caiam. Quando chegar ao final, dobre sob a borda inacabada para deixar o rolo limpo.
2. Dobre o rolo ao meio para fazer um corpo e enrole o fio de bordar a cerca de 2,5 centímetros da dobra para criar um pescoço. Enrole no sentido horário várias vezes e, em seguida, dobre as pontas da linha no embrulho sem dar um nó. Você pode usar uma agulha para dobrar a ponta da linha de bordar atrás das linhas enroladas.
3. Pegue o retângulo menor de tecido e enrole-o bem para fazer os braços. Novamente, você pode dobrar as bordas cruas do pano para criar um rolo mais organizado.
4. Crie mãos enrolando o fio de bordar no sentido horário ao redor de onde os pulsos estariam.
5. Deslize esses braços entre as abas do corpo e empurre-os até um pouco abaixo do pescoço.
6. Enrole e dobre outro pedaço de fio no sentido horário ao redor do tronco e sob os braços para mantê-los no lugar.

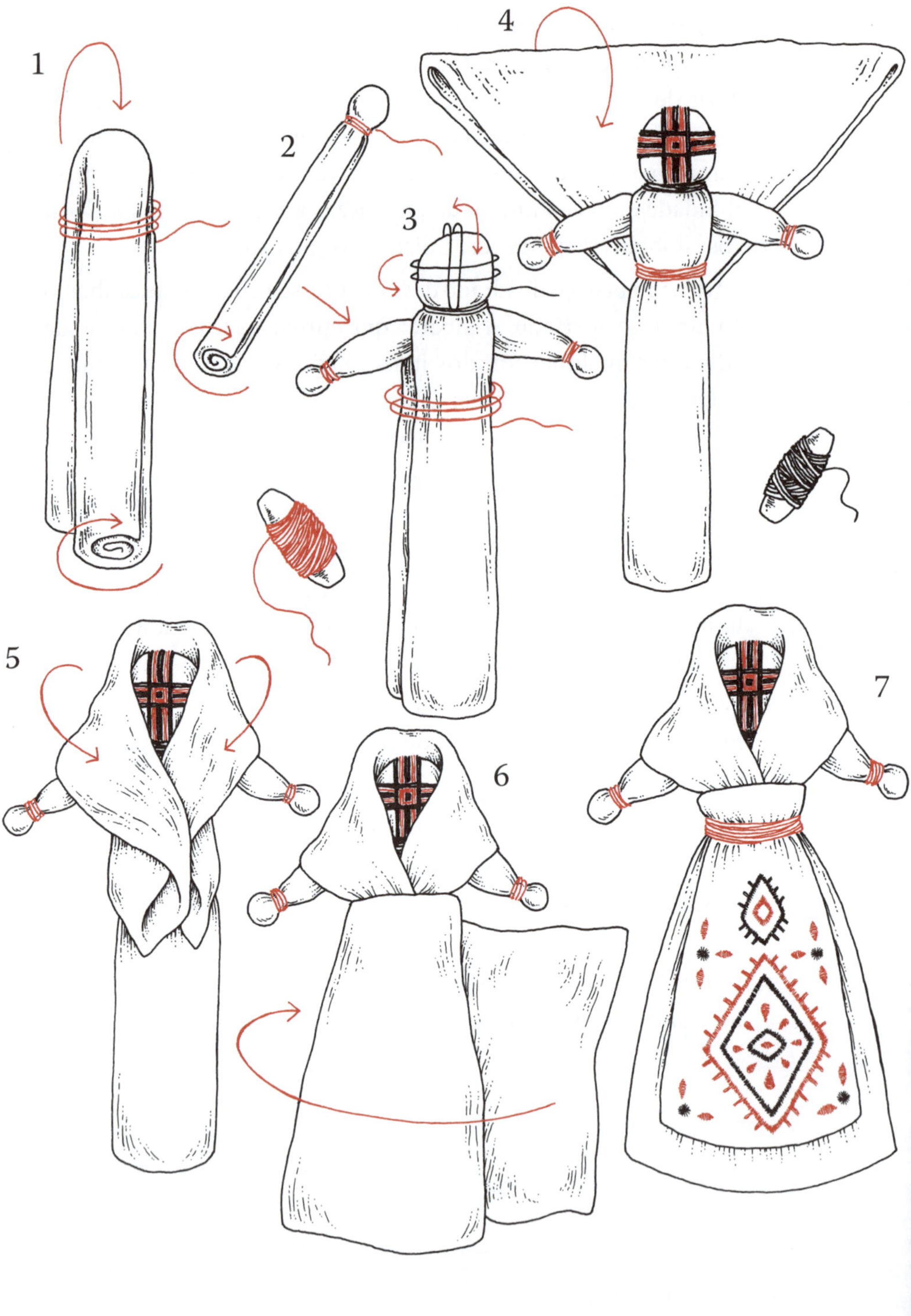
1
2
3
4
5
6
7

Envolvendo o rosto

Motanky podem ser feitas sem rosto ou com um padrão em *khrest* enrolado no rosto com linha de bordar. Se optar por ter um rosto em branco, pode pular esta seção e ir para "Vestir uma *Motanka*".

1. Enrole um pedaço colorido de fio de bordado em volta do pescoço da *motanka* várias vezes. Em seguida, levante-o sobre a frente do rosto verticalmente e no centro. Enrole atrás da cabeça duas vezes para obter dois fios verticais deitados um ao lado do outro no meio do rosto. Faça voltas adicionais ao redor do pescoço para manter os fios no lugar.
2. Traga a linha atrás da cabeça e, em seguida, enrole duas vezes horizontalmente no meio do rosto, colocando as linhas uma ao lado da outra e criando uma cruz no meio da face.
3. Dobre a ponta da linha no envoltório do pescoço e comece uma nova cor de linha, enrolando-a algumas vezes em volta do pescoço.
4. Enrole a nova cor ao redor da face verticalmente, colocando os fios em ambos os lados dos fios verticais originais.
5. Para manter as coisas organizadas, puxe a linha do lado esquerdo do pescoço para enrolar o lado direito e suba do lado direito do pescoço para enrolar o lado esquerdo.
6. Enrole um fio à esquerda e outro à direita, depois outro à esquerda e outro à direita, até obter dois fios da segunda cor em cada lado da cruz original.
7. Repita enrolando as linhas horizontais, colocando-as próximas às linhas anteriores, até que tenha duas linhas planas em cada lado da cruz original. Enfie a ponta da linha no embrulho no pescoço.
8. Continue adicionando novas cores, adicionando dois fios à direita e à esquerda e dois fios na parte superior e inferior do braço horizontal até criar uma *khrest* colorida de sua preferência.
9. Enfie a ponta da linha no enrolamento do pescoço. Agora você está pronto para vestir sua *motanka*.

Vestindo a Motanka

Vestir uma *motanka* permite imbuir sua boneca mágica com seu talento criativo. A roupa que for criar pode ser tão simples quanto um pedaço de pano ou tão luxuosa quanto um *vyshyvanka* bordado com detalhes. Tecidos com padrões em cores contrastantes ficam melhores e permitem trazer a magia das cores para sua boneca. Veja o Apêndice II para uma lista de cores e seus significados mágicos.

1. Pegue um pequeno quadrado de tecido colorido para o cachecol e dobre-o ao meio para fazer um triângulo com a ponta voltada para baixo.
2. Coloque a cabeça da boneca no topo do triângulo com cerca de 2,5 centímetros de tecido acima da cabeça.
3. Dobre a parte superior sobre a testa e as pontas direita e esquerda ao longo do corpo.
4. Pegue o retângulo de tecido colorido e enrole-o na cintura para fazer uma saia. Prenda as pontas inferiores do lenço na saia para prendê-las.
5. Coloque a pequena amostra de tecido ou fita na frente da saia para fazer um avental. Enrole a linha no sentido horário ao redor da cintura para prender as pontas do cachecol, a saia e o avental.

Usando sua Motanka para Magia

Depois que sua *motanka* estiver concluída, você vai precisar cuidar dela. Não é uma decoração, nem estritamente um brinquedo; no entanto, se precisar de conforto, pode segurá-la e sentir o calor do amor de seus ancestrais ao seu redor. Quando não estiver cuidando dela, você pode colocá-la em um lugar de reverência em sua casa. Tradicionalmente, uma *motanka* é mantida no *pokut'*, o canto do altar doméstico onde os ancestrais são homenageados.

Se você deseja proteção geral para sua casa ou para seus entes queridos, pode criar uma *motanka* e colocá-la em seu altar ancestral, e pode criar outras para fins mágicos específicos. Se o seu ente querido estiver doente, você pode enrolar uma *motanka* especial e colocá-la ao seu lado na cama para tirar a doença. Uma vez recuperados, tradicionalmente você deve queimar a *motanka* para destruir a doença. Você também pode usar uma *motanka* para mudar o clima. Se desejar controlar as forças da natureza, pode fazer uma *motanka* para chamar a chuva ou conter tempestades devastadoras.

A Ajuda dos Ancestrais

Você conhece a letra dos Beatles "*I get by a little help from my friends*"? Bem, criar uma *motanka* permite que você obtenha uma pequena ajuda de amigos em lugares muito altos. Se quiser falar com seus entes queridos que passaram para a forma de espírito, pode falar com sua *motanka* e pedir seu apoio. Se desejar que seus ancestrais o ajudem a realizar todas as suas tarefas diárias com eficiência, pode fazer uma *motanka* com braços extras. E, é claro, se tiver uma missão difícil a cumprir, como entrar na floresta para encontrar Baba Yaga, pode trazer sua *motanka* para companhia e orientação útil ao longo do caminho

Capítulo 3

Domovyk: O Espírito da Casa

Quando Vasylyna acordou na manhã seguinte, sua mãe não a chamou para buscar a madeira nem para pedir sua costura, porque seu espírito havia partido para o Outromundo. O pai de Vasylyna voltou para casa e juntos choraram e sofreram. Quando chegou a hora, eles enterraram a mãe de Vasylyna.

Por alguns anos, Vasylyna e seu pai viveram e trabalharam, choraram e riram juntos e, ao longo desse tempo, ela se tornou uma grande ajuda para ele. Mas um viúvo próspero não fica solteiro por muito tempo, logo, seu pai se casou novamente. A madrasta de Vasylyna tinha duas filhas. Todos se mudaram e a madrasta se tornou a nova dona da casa.

Como acontece com qualquer grande mudança, com certeza haveria conflitos. Vasylyna e seu pai tinham um jeito de fazer as coisas, e a madrasta e suas filhas tinham o jeito delas. O pai de Vasylyna queria paz em casa, por isso, pediu a Vasylyna que cumprisse as ordens de sua nova mãe. Quando o pai estava lá, a madrasta e suas irmãs eram doces como mel, mas quando o pai saía a negócios, as três davam ordens a Vasylyna e a tratavam como uma criada. Durante todo o dia elas tornavam sua vida uma miséria, mas quando chegava a noite, Vasylyna tirava sua motanka do bolso, dava a ela um pedaço de pão e um gole d'água e a abraçava enquanto dormia e se lembrava de sua mãe.

Todas as meninas cresceram, como as crianças crescem, e por mais bondosa que Vasylyna fosse, sua beleza irradiava com igual intensidade. Chegou a hora de as irmãs mais velhas de Vasylyna começarem a aceitar pretendentes, mas cada jovem que ia visitá-las via Vasylyna e não mais se interessavam por suas meias-irmãs mais velhas. Não seria bom que a filha mais nova se casasse primeiro, e a madrasta e as irmãs ficaram com inveja, e essa inveja se transformou em crueldade. Sempre que o pai estava ausente, a madrasta e suas filhas tiravam dela os vyshyvanky, os complexos bordados que sua mãe havia feito e, em vez disso, davam a ela roupas remendadas e manchadas que não tinham bordados protetores. Elas davam a Vasylyna tarefas ainda mais sujas e difíceis em casa, zombavam e abusavam dela, mas ainda assim os rapazes que passavam viam sua natureza amável e gentil brilhando e ignoravam as irmãs. Finalmente, a madrasta concluiu que nada serviria a não ser se livrar de Vasylyna para sempre, e então ela elaborou um plano.

Quando o pai estava fora, a madrasta disse a Vasylyna que eles haviam vendido a casa e estavam se mudando para uma cabana de madeira isolada, uma khatynka, longe da aldeia, na orla da floresta. Quando elas estavam prontas para partir, a madrasta pediu a Vasylyna que trouxesse uma brasa viva do antigo fogo para colocar no fogão a lenha da nova casa para abençoá-la. Vasylyna falou com Domovyk, o espírito da casa que morava atrás do fogão, pedindo-lhe que lhe desse uma brasa para levar para a nova casa. O barbudo tímido saiu de trás do pich e deu a ela uma brasa viva do fogo, colocando cuidadosamente a brasa brilhante em uma panela de ferro forte para ela carregar. Vasylyna pegou o pote e convidou o Domovyk para a nova casa.

"Didus, Didus, não fique aqui, venha com a nossa família para a nossa nova casa!" Mas o Domovyk balançou a cabeça tristemente, recuou para trás do pich e não pôde ser seduzido a sair.

Baba Yaga Compartilha a Sabedoria do Domovyk

Acho que você está prestes a conhecer meus irmãos, os espíritos. Não sei se já sabe disso, mas algumas criaturas de outros mundos poderão ser encontradas nesta jornada que está agora fazendo comigo, e nem todas serão... como devo dizer... nem todas serão seres muito "afáveis". Então, acho melhor você conhecer um dos mais amigáveis primeiro, só para se aquecer.

O que vocês, jovens, não percebem é que o mundo inteiro está cheio de espíritos. Existem espíritos nas águas, nas árvores, nas rochas, no clima. Mas não apenas na natureza. Não! Há espíritos que vivem também em espaços mais domesticados: nos campos, nos quintais, nos celeiros e até nas casas. Trate esses espíritos com o respeito e a reverência que eles merecem e tudo correrá bem para você. Mas se preferir, seja desrespeitoso, rude, cruel e, bem, depois de um tempo, eles podem ignorá-lo ou, pior ainda, iniciar uma rebelião ativamente.

O primeiro espírito que você vai encontrar é o seu *Domovyk*. O *Domovyk* é o espírito da casa, um homenzinho minúsculo com cabelos grisalhos desgrenhados, barba longa e olhos brilhantes.[21]

Como muitos espíritos, o *Domovyk* dominou a arte de mudar de forma. Sim, ele pode escolher aparecer diante de você como um homenzinho, mas também pode aparecer em sua casa como um gato, um cachorro, um sapo, um pássaro, um rato ou até mesmo uma cobra.[22] O *Domovyk* é um sujeito tímido, então, na maioria das vezes, ele se tornará invisível e, quando estiver visível, você só será capaz de detectá-lo pelos sons que ele faz enquanto mexe em suas coisas ou corre pela sua casa.[23]

Mesmo que ele não seja visto pela maioria das pessoas, adultos superdotados, crianças pequenas e animais podem vê-lo em sua verdadeira forma. O *Domovyk* gosta muito de crianças pequenas e de animais de estimação sob seus cuidados em casa, e muitas vezes se tornará visível para eles para que possam brincar juntos. Se você vir seu animal de estimação olhando para o nada, ouvir seu filho conversando quando não há ninguém na sala com ele ou vê-lo brincando com uma criatura invisível, ele pode estar se comunicando com seu *Domovyk*.[24]

Se tiver sorte ou talento o suficiente para vê-lo, ele pode parecer um pouco familiar para você. O *Domovyk* pode ter uma semelhança familiar ou aparecer como uma versão minúscula de um ancestral masculino forte e positivo seu. Ele estará vestido como um típico camponês do velho país, com calças largas, camisa bordada e um cinto trançado na cintura, mas os pés peludos estarão descalços. Não são apenas os pés dele que são peludos; ele estará coberto de cabelos desgrenhados da cabeça aos pés.

---

21. Claude Lecouteux, The Tradition of Household Spirits: Ancestral Lore and Practices (Rochester, VT: Inner Traditions, 2013).

22. Yulia Buyskykh, "Domovyk u Tradytsiynykh Viruvannyakh Ukrayintsiv: Pokhodzhennya Obrazu," Etnichna Istoriya Narodiv Yevropy 26 (2008): 120–127

23. Dixon-Kennedy, Encyclopedia of Russian and Slavic Myth and Legend.

24. Louis Herbert Gray, Mythology of All Races Volume 3 (London: M. Jones, 1918).

Isto é uma coisa boa! Sua pilosidade fala sobre seu bem-estar. Quanto mais cabelo ele tiver, mais feliz ele fica e mais próspera será sua casa.[25]

Mesmo que não o veja pessoalmente, é possível encontrar sinais de que um *Domovyk* está morando em sua casa. Se vir pegadas desgrenhadas na neve ao redor de sua casa em uma noite de inverno, ouvir alguém chamando seu nome quando não houver ninguém por perto ou até mesmo sentir o toque de uma mão peluda... bem, provavelmente é o seu *Domovyk*. E se for um toque, preste atenção! Se estiver frio e eriçado, ele está avisando de que precisa tomar precauções, mas se o toque for quente e macio, será abençoado com boa sorte.[26]

Antigamente, os *Domovyk* viviam atrás do *pich*, o grande forno de barro ou tijolo a lenha que usávamos para cozinhar nossa comida e nos aquecer durante os invernos frios. O fogo no *pich* é o espírito de nossos ancestrais, e o *Domovyk* é o espírito guardião da lareira. Hoje em dia, ele pode se hospedar em qualquer lugar afastado: uma lareira, é claro, ou um sótão, ou um porão – algum lugar onde possa ficar escondido com segurança quando houver pessoas por perto.[27]

Agora, se deseja construir um bom relacionamento com seu *Domovyk*, lembre-se de que a primeira regra para interagir com os espíritos é mostrar respeito. Quando falar com ele, use suas melhores maneiras. Refira-se a ele como o Mestre da Casa, ou, se construiu um parentesco mais próximo com ele, pode chamá-lo de *Didus* ou *Grandad*. Esse respeito é importante. Um *Domovyk* negligenciado ou desrespeitado deixará a família saber de seu desagrado: esconder itens, derramar sal, bater portas, uivar, gemer ou derrubar móveis. Se o seu *Domovyk* está chateado, você precisa consertar as coisas. Se ele ficar descontente por muito tempo, ele deixará sua casa completamente e com ele irá sua proteção ancestral.[28]

---

25. Gilchrist, Russian Magic.
26. Elizabeth Warner, Russian Myths (London: British Museum, 2002).
27. Bruce Friend Adams, Edward James Lazzerini, and George N. Rhyne, The Supplement to the Modern Encyclopedia of Russian, Soviet, and Eurasian History (Gulf Breeze, FL: Academic International Press, 1995).
28. Ronesa Aveela, A Study of Household Spirits of Eastern Europe (North Billerica, MA: Bendideia Publishing, 2019).

No entanto, um *Domovyk* respeitado e amado protegerá a casa. Um *Domovyk* satisfeito manterá afastados os espíritos malignos ou problemáticos. Ele pode, inclusive, contribuir para o bem-estar da família, avisando-a da chegada de visitas ou alertando-a de que há uma boa notícia a caminho, por exemplo. E pode acordá-los se houver um incêndio, afastar ladrões e até fazer algumas tarefas domésticas enquanto eles dormem. Sim, um *Domovyk* tratado com atenção e gentileza, torna-se um membro valioso da família, oferecendo forte proteção espiritual e trazendo generosas bênçãos a todos.

Madame Pamita ensina a Mágica do Domovyk

Ao longo dos anos, tive experiências na natureza em que senti, ouvi e até vi criaturas de outros mundos; sempre descrevi essas experiências como "encontros de fadas". Mas essas experiências sempre aconteceram quando eu estava longe da civilização e sempre vi esses seres como espíritos da natureza selvagem. Isto é, até meu *Domovyk* exigir minha atenção "pegando emprestado" a chave de latão do meu cofre enquanto eu a segurava na mão e caminhava do meu quarto para o carro. Depois de deixar ofertas por algumas semanas e conversar para descobrir o que ele precisava, finalmente ele devolveu a chave, colocando-a na grama do lado de fora da minha porta – um lugar que eu já havia procurado dezenas de vezes antes.

Desde aquele passo em falso não intencional com o espírito da minha casa, desenvolvi um relacionamento feliz com meu *Domovyk*, montando um altar especial para ele em minha lareira e garantindo que esteja bem alimentado, honrado e contente. Os espíritos ancestrais da casa costumam nos avisar quando querem começar um relacionamento conosco e quando precisam de nossa atenção – eles continuam martelando a mensagem até que a enfiemos em nossas cabeças duras. Se você começar a ver alguns fenômenos inexplicáveis em sua casa, pode ser um sinal de que seu *Domovyk* precisa de sua atenção e de que ele está pronto para conhecê-lo.

Domovyky Hoje

Embora um espírito doméstico possa parecer algo encontrado apenas em filmes e não um conceito conectado ao mundo moderno, um número surpreendente de pessoas honra seu *Domovyk* de pequenas maneiras: reconhecendo sua presença quando ouvem barulhos em casa, conversando com ele, sentado por alguns minutos com ele antes de partirem em uma viagem.[29] Acredita-se que mesmo esses pequenos acenos para o espírito da casa trazem energia positiva para o lar e a família, mas existem muitas outras maneiras de construir e aprofundar seu relacionamento com ele.

Convidando seu Domovyk para Sua Casa

Se você nunca teve um *Domovyk* ao vivo em sua presença, pode convidar um para lhe trazer bênçãos. Antes de começar, lembre-se de que, ao convidar um *Domovyk*, você está convidando seus ancestrais para sua casa.[30] Este será um relacionamento para toda a vida – um relacionamento no qual não deve entrar sem sentir um senso de compromisso. Manter um relacionamento com seu *Domovyk* não exige muito, mas assim como adotar um animal de estimação, só se deve iniciar esse processo se quiser continuar.

Para começar, vista-se com suas melhores roupas e convide seu *Domovyk* para vir até você:

Vovô Domovyk,
Por favor, entre em nossa casa,
e cuide de sua família.

Convidando um Domovyk de volta para sua Casa

Caso acredite que já teve um *Domovyk* alguma vez, mas ele foi embora, vai precisar fazer um ritual semelhante para fazê-lo voltar. Vista-se com suas melhores roupas, saia e grite:

Vovô Domovyk, volte para nós.
Faça da nossa casa um lar e cuide de nós!

---

29. Gilchrist, Russian Magic.

30. Buyskykh, "Domovyk u Tradytsiynykh Viruvannyakh Ukrayintsiv: Pokhodzhennya Obrazu," 120–127.

Movendo um Domovyk para uma nova casa

Quando você se muda para uma nova casa, é importante convidar seu *Domovyk* para acompanhá-lo. Afinal, ele é da família. Existem dois métodos para transportar o *Domovyk*. Se você tiver uma lareira, fogueira ou fogão a lenha, pegue uma brasa do fogo na antiga casa e convide seu *Domovyk* para acompanhá-lo. O convite adequado é dizer:

Domovyk, Domovyk, não fique aqui.
Venha junto com nossa família.

Quando chegar à sua nova casa, coloque a brasa de sua antiga casa na nova lareira e convide seu Domovyk para se instalar, dizendo:

Bem-vindo, avô, à sua nova casa.

Se você não tem lareira, fogão a lenha ou fogueira, pode convidar o *Domovyk* a segui-lo trazendo uma vassoura da casa antiga para a nova. Pegue uma vassoura de palha que você usou em sua antiga casa e varra ritualmente o chão já limpo. Depois de fazer isso, segure a vassoura e faça um convite para o seu *Domovyk*.

Vovô Domovyk!
Venha comigo!

Uma nova mansão nos espera,
paredes quentes nos esperam.
Venha comigo!

A comida lá será farta,
e a cozinha ficará iluminada.
Venha comigo!

Coloque a parte escovada da vassoura em um saquinho de pano (uma fronha é perfeita para isso) e leve para a casa nova. Desembrulhe a vassoura velha e coloque-a ao lado de uma vassoura nova de palha durante a noite, para que seu *Domovyk* possa entrar.[31]

31. Aveela, *A Study of Household Spirits of Eastern Europe*.

Como livrar sua casa de um estranho Domovyk

Se você chegar a uma nova casa e a família anterior tiver deixado seu *Domovyk* para trás, pode ser difícil para você e seu *Domovyk* se mudarem pacificamente. Dois *Domovyky* de famílias diferentes lutarão e criarão o caos.[32] Depois que seu *Domovyk* se mudar, você pode banir o *Domovyk* da antiga família batendo nas paredes da casa com uma vassoura e pedindo ao seu *Domovyk* para ajudá-lo, gritando:

Estranho Domovyk, vá para casa!
Avô Domovyk, ajude-me a afugentar este intruso.

Outra maneira de preparar uma nova casa é espalhando sementes de papoula ou realizando *obkuryuvannya*, fumigação pela queima de ervas secas. Queime cardo seco, absinto ou urtiga para limpar o velho *Domovyk* antes de convidar o seu a entrar. Uma alternativa para queimar ervas é fazer água benta embebendo essas ervas frescas em água e borrifando essa água pela casa.

Dedicando um espaço ao seu Domovyk

Para fazer oferendas ao seu *Domovyk*, você vai precisar de uma tigela consagrada e dedicada, um pouco de comida e um local consagrado onde irá alimentá-lo. Uma vez que tenha chamado seu *Domovyk*, encontre-o em seu local consagrado. Se você tem uma lareira ou fogão a lenha em sua casa, isso equivale ao *pich*, e você pode usá-los como seu lugar de honra. Se uma lareira não for uma opção, pode encontrá-lo no sótão ou no porão. E se não tiver nenhuma dessas opções, encontre um canto tranquilo da casa com uma pequena mesa ou prateleira, coloque uma pequena estatueta de um *Domovyk* sobre ela e coloque suas oferendas lá. Pequenas estátuas de gnomos, bonecos trolls ou outras estatuetas semelhantes funcionam bem no lugar de uma estatueta *Domovyk*.

Encontre uma pequena tigela de cerâmica ou um pires para dedicar a ele. O prato pode ser aquele que já usado antes, mas uma vez que o dedicar a ele, será apenas dele. Ao colocar o prato pela primeira vez, você

32. Warner, Russian Myths.

pode recitar uma bênção especial, deixando-o saber que este é o prato dele e que é aqui que suas oferendas a ele serão colocadas.

Este é o seu prato, vovô Domovyk, e será definido aqui.
Isso é comida para você, meu amado ancestral,
você e eu compartilhamos esta casa e esta mesa.

Embora o prato deva ser designado, quando não estiver em uso ele deve ser armazenado com os pratos que o restante da família usa para tornar, simbolicamente, o *Domovyk* como um membro aceito da família.[33]

Oferecendo Comida para o Seu Domovyk

Não é preciso necessariamente preparar comida especial para o seu *Domovyk* toda vez que fizer uma oferenda. Na verdade, compartilhar com ele o que está preparando é uma maneira próxima e aconchegante de alimentá-lo, assim como compartilhar uma refeição com um ente querido. Oferecer a ele um canto do seu sanduíche, um pedaço de pão ou um pires de leite pode ser a coisa certa para conectar-se a seu *Domovyk*.

Um *Domovyk* é pequeno, então as ofertas podem ser pequenas. Uma mordida, um pedaço, uma colher de chá – essas quantidades alimentarão generosamente um espírito. Seu *Domovyk* fica feliz em comer o que a ele for oferecido, mas você pode descobrir que ele tem preferências especiais. Se deixar de fora os alimentos que o *Domovyk* preferir, pode prepará-los especialmente para ele. Existem alimentos que geralmente parecem ser bem recebidos por *Domovyky*: assados, como pães, doces e biscoitos; guloseimas no café da manhã, como panquecas, mingau, iogurte ou grãos cozidos; doces, como balas ou mel; e bebidas, como leite, chá adoçado ou água, são as favoritas dos Domovyky.[34]

Alimentos caseiros feitos com ingredientes locais de qualidade são preferíveis aos embalados e produzidos em massa e excessivamente processados, cheios de ingredientes artificiais. Alimentos preparados com suas próprias mãos e cheios de amor e felicidade alimentarão o *Domovyk*

33. Aveela, *A Study of Household Spirits of Eastern Europe.*

34. Aveela, *A Study of Household Spirits of Eastern Europe.*

com mais energia do que aqueles comprados em lojas ou feitos quando você estava ansioso ou estressado.

Quando fizer uma oferenda ao seu *Domovyk*, é importante se dirigir a ele e dizer que a comida é para ele. O *Domovyk* não é um ladrão, então se não o deixar saber que é dele, ele não vai tocar a comida. Ao colocar a oferenda, diga algo em voz alta para alertá-lo, como:

Vovô Domovyk,
Eu trouxe pratos deliciosos, pratos doces.
Compartilha esta comida comigo.

Ou,

Avô Domovyk,
Trouxe-lhe um prato delicioso, um prato farto.
Compartilha esta comida comigo.

Agende suas Ofertas

Não é necessário alimentar seu *Domovyk* todos os dias. Oferecer comida a cada poucos dias ou uma vez por semana é suficiente. Não deixe a comida fora por muito tempo para que ela fique mofada ou estragada. Você pode deixar uma oferenda e retirá-la um ou dois dias depois, sem substituí-la por comida nova imediatamente. Defina um cronograma para alimentar seu *Domovyk*. Se puder alimentá-lo uma vez por semana, atenha-se a isso. Se o alimentar três dias seguidos, mas não o alimentar novamente por um mês, ele pode ficar incomodado e começar a esconder itens ou criar distúrbios durante a noite. E se ele for constantemente esquecido, pode sair de casa e você terá que atraí-lo de volta.

Se possível, faça sua oferenda pela manhã e deixe-a durante a noite, para que seu *Domovyk* possa fazer sua refeição em paz e com privacidade. Se não tiver um horário que permita passar alguns minutos com seu *Domovyk* pela manhã, escolha um horário diferente para seus encontros.[35]

35. Aveela, *A Study of Household Spirits of Eastern Europe.*

Removendo ofertas de comida

Quando você faz uma oferenda ao seu *Domovyk*, o que acontece? Às vezes, a comida ou bebida vai parecer intocada, às vezes pode parecer menor, às vezes pode desaparecer. Saiba que, mesmo que pareça intocada, a força vital da comida foi absorvida pelo *Domovyk*. O *Domovyk* é um espírito e come o espírito da comida.

Você pode deixar sua oferta para ele, desde que seja fresca. Uma vez estragada, pode remover qualquer comida ou bebida restante e agradecer ao seu Domovyk:

Obrigado, vovô Domovyk,
pela honra demonstrada por comer conosco.
Estamos sempre felizes em vê-lo.

Se sobrar comida, ela é tradicionalmente oferecida aos animais de estimação da casa, desde que seja seguro para eles comerem. Se não tiver animais de estimação, é apropriado deixar para os seres vivos do lado de fora. Pegue migalhas de pão e espalhe-as para os pássaros, despeje oferendas de água nas plantas ou despeje leite em outro prato para os animais beberem. Água ou comida também podem ser deixadas na base de uma árvore, pois as árvores são capazes de receber e transformar os restos de nosso trabalho de feitiço.

Deixando um Domovyk temporariamente

Um *Domovyk* gosta de um lar limpo, bem cuidado e feliz, com amor e vida. Deixado para trás em uma casa abandonada, ele fica zangado e carrancudo e pode até queimar a propriedade até o chão. Por isso, ao viajar, é importante avisar seu *Domovyk* que você voltará e não o deixará para trás.[36]

Antes de sair de casa, sente-se na sua mala por alguns minutos para sinalizar ao seu *Domovyk* que você voltará. Ao sentar, limpe sua mente para receber mensagens, garantias e qualquer conselho que ele tenha a oferecer. Caso não encontre algum item ao fazer as malas, significa que o *Domovyk* o escondeu para que você saiba que não precisa ser levado.

36. Aveela, *A Study of Household Spirits of Eastern Europe.*

Apaziguando um Domovyk Infeliz

Domovyk feliz pode trazer boa sorte para uma casa, portanto, se você tem um espírito de casa infeliz, é uma boa ideia mudar as coisas. Um *Domovyk* negligenciado ou desrespeitado deixará a família saber de seu descontentamento, causando travessuras, fazendo barulhos altos ou, se muito descontente, até mesmo causando destruição.[37] Se o seu *Domovyk* está chateado, você precisa consertar as coisas, pois se ele ficar infeliz por muito tempo, deixará sua casa completamente e levará suas bênçãos com ele.

Antes de dormir, pergunte ao *Domovyk* o motivo de ele estar insatisfeito, a resposta virá em seu sonho. Sente-se em sua cozinha e converse com seu *Domovyk*, dizendo a ele que vai corrigir a situação. Mantenha sua casa arrumada, certifique-se de que não haja brigas e mantenha a harmonia no lar. Depois de abordar essas coisas, deixe de lado uma oferta e seu *Domovyk* deve voltar ao seu ritmo feliz.[38]

Sinais de um Domovyk satisfeito

Os sinais dramáticos de um *Domovyk* infeliz podem ser bastante fáceis de identificar, mas há sinais sutis a serem observados para saber se o seu *Domovyk* está satisfeito. Batidas suaves no chão, paredes ou teto, pisos rangendo ou portas abrindo e fechando são comuns de serem ouvidos. Animais de estimação ou crianças podem olhar para algo que parece invisível para você ou brincar com amigos invisíveis. Objetos podem ser movidos ou desaparecer e, em seguida, serem devolvidos rapidamente. As luzes podem piscar, ligar e desligar ou tremeluzir levemente. Você pode ouvir um grunhido ou uma tosse ou sentir uma sensação agradável, mas incomum, de que há mais alguém em casa.[39] Nenhuma dessas coisas vão lhe parecer assustadoras ou perturbadoras, apenas incomuns e interessantes.

---

37. Buyskykh, "Domovyk u Tradytsiynykh Viruvannyakh Ukrayintsiv: Pokhodzhennya Obrazu," 120–127.

38. Howard Percy Kennard, *The Russian Peasant* (New York: AMS pr, 1980).

39. Linda J. Ivanits, *Russian Folk Belief* (Armonk, NY: M. E. Sharpe, 1992).

Os presentes do Domovyk

É adorável desenvolver um relacionamento com seu *Domovyk* apenas para se conectar ao mundo espiritual e a seus ancestrais; no entanto, existem belos presentes de serviço que seu *Domovyk* pode oferecer a você.

Proteção contra pessoas maliciosas

Quando um *Domovyk* é habilitado em uma casa, pessoas com más intenções não poderão entrar. Assim que elas cruzarem a soleira, o *Domovyk* enviará sinais para você. As coisas que a pessoa negativa pega em casa, como talheres ou copos, escorregarão de suas mãos. Se a pessoa for excepcionalmente maliciosa, o *Domovyk* começará a expulsá-la de casa.

Babá

Se houver crianças pequenas ou animais de estimação em casa, o *Domovyk* cuidará e brincará com eles. *Domovyky* são muito protetores com esses inocentes e os impedirão de entrar em situações perigosas, distraindo-os de brincar com utensílios domésticos que possam prejudicá-los.[40]

Lembretes

Quando estabelecer um relacionamento forte com seu *Domovyk*, ele o acordará de manhã a tempo de se preparar para o dia e o alertará se você esqueceu alguma coisa antes de sair de casa.

Seu Domovyk é família

Embora o trabalho principal do *Domovyk* seja proteger espiritualmente a casa e as pessoas e animais de estimação que moram lá, nunca se esqueça de que ele também é uma família. Ter esse espírito positivo em casa o protegerá contra problemas, brigas na família ou qualquer outro tipo de negatividade. Convide o seu *Domovyk*, mantenha-o feliz, aproveite todas as coisas boas que ele traz para você e para seus entes queridos, mas também sinta o calor amoroso que ele traz. Ao receber esse ser amigável em sua vida diária, você começa a acessar o reino espiritual e todas as belas possibilidades que ele lhe oferece.

---

40. Ivanits, *Russian Folk Belief.*

A importância dos Antepassados

Ao longo deste livro, você vai descobrir como os espíritos ancestrais são profundamente importantes nas práticas de magia popular. Eles são nossos protetores e guias do Outromundo, o reino espiritual onde reside Baba Yaga. Como guardiã deste reino, ela atravessa o mundo dos vivos e o mundo dos espíritos e pode lhe dar acesso à magia encontrada lá. Se você tem uma árvore genealógica detalhada que remonta a dez gerações ou não tem nenhuma informação sobre sua linhagem familiar, assim mesmo terá ancestrais que remontam a milhares de gerações. Pense com admiração em toda a magia que o trouxe aqui hoje e em todo o apoio que tem de seus espíritos ancestrais, que olham para você com amor e orgulho.

Capítulo 4

Rozdorizhzhya: A Encruzilhada

Vasylyna saiu pela porta e se juntou à madrasta e às meias-irmãs, e elas começaram a caminhar com a carroça cheia de seus pertences em direção à nova khata. Ela se arrastava, carregando a panela com a brasa no frio, enquanto a madrasta e as meias-irmãs a intimidavam pelo caminho. Finalmente, elas chegaram à cabana pequena, escura e empocirada, mas assim que Vasylyna estava trazendo a brasa abençoada pela porta para que pudessem acender seu novo fogo, suas irmãs a fizeram tropeçar e ela caiu em um banco de neve na beira do caminho. A tampa da panela de ferro voou e a brasa caiu na neve e foi instantaneamente apagada.

"Sua garota estúpida!" a madrasta gritou. "Agora nao teremos luz para ver e nem fogo para nos aquecer. Certamente morreremos congeladas por causa de sua falta de jeito."

Vasylyna se ofereceu para voltar ao vilarejo para pegar uma nova brasa de um vizinho, mas a madrasta foi astuta e disse: "É tolice voltar para o vilarejo quando temos um vizinho muito mais próximo. Vá para a floresta e encontre Baba Yaga. Roube um pouco de fogo dela e traga de volta para nós."

Que escolha Vasylyna tinha? Ela poderia ficar e congelar com sua madrasta e meias-irmãs atormentando-a, ou poderia arriscar roubar um pouco do fogo de Baba Yaga. Então, ela vestiu um xale extra, arrumou uma cesta com pão e sal para comer durante a viagem, certificou-se de que sua motanka estava no bolso e partiu para o caminho da floresta escura.

Vasylyna caminhou cada vez mais fundo na floresta, mantendo-se no caminho e nunca se aventurando fora dele. Mas então chegou a uma encruzilhada, um lugar onde o caminho se bifurcava em duas direções. A menina ficou alarmada. Como encontraria Baba Yaga? Qual caminho deveria seguir?

Enquanto estava na encruzilhada tentando decidir, Vasylyna sentiu um calafrio passar por ela como se houvesse olhos espreitando-a, embora não pudesse ver nenhuma criatura viva por perto. Ela começou a ficar ainda mais ansiosa. O medo e a preocupação com seres invisíveis e com a perda cresceram tanto, que ela decidiu que enfrentar a ira de sua madrasta era preferível aos perigos do Outromundo na floresta.

Ela se virou, deu alguns passos para voltar, quando sentiu um puxão no bolso. Vasylyna parou, pegou sua boneca e a segurou perto do coração para que ela não sentisse tanto medo. Então enfiou a mão na cesta para lhe dar uma pitada de pão. A boneca comeu o pão e falou para uma atônita Vasylyna:

Não há necessidade de enfrentar a ira de sua família.
Vá para a esquerda no caminho da floresta.
Mova-se rapidamente com seus próprios pés,
Baba Yaga você deve encontrar.

Vasylyna ficou surpresa ao ouvir a boneca falar, mas ela sabia que suas palavras continham grande sabedoria. Então segurou a boneca ainda mais perto e se virou. Ela se apressou ao passar pela encruzilhada, pegando a estrada à esquerda e continuando seu caminho.

Baba Yaga Compartilha a Sabedoria da Rozdorizhzhya

Ah, a encruzilhada! Todos devem encontrar sua *rozdorizhzhya*, sua encruzilhada. É verdade! Não importa quantos amigos tenha ou quão grande seja sua família, você viaja pela vida sozinho, e a experiência de vida que tiver vai depender das escolhas que fizer. Você vira à esquerda ou à direita? Volta para uma vida que é miserável só porque é segura e conhecida, ou avança para o desconhecido? Bem, posso lhe dizer uma coisa: não há aprendizado, nem experiência, nem sabedoria adquirida sem entrar em território não testado. Isso é algo que sempre foi verdade.

É o mesmo que me encontrar. Se você chegou a este livro procurando respostas a serem entregues em uma bandeja de prata, bem, sinto muito por você, porque o caminho para me encontrar é o seu único caminho e requer ousadia, inteligência e trabalho. Para você, pode significar uma curva à esquerda e, para outra pessoa, pode ser uma curva à direita. O que vou dizer é que o caminho para me encontrar só pode ser encontrado através dos testes, através das experiências. Se quiser ganhar meus dons, você tem que conquistá-los. E seu primeiro teste é a encruzilhada. Você vai avançar ou retroceder? Esquerda ou direita? Está disposto a entrar no centro da encruzilhada, ou vai ficar no meio do caminho?

Para me conhecer, você deve entender o liminar, que é o "intermediário". O liminar repousa fora do familiar e reside no estranho e no desconhecido. Há momentos que são liminares – um crepúsculo que não é nem dia nem noite, ou o tempo entre a infância e a idade adulta. Existem espaços que são liminares – a borda do campo que se mistura com a floresta, a soleira de uma porta que não está nem dentro nem fora, ou a encruzilhada que leva a novas direções.

Quando sair do conhecido e entrar no desconhecido você entrará no meu domínio. Os tempos e espaços liminares são mágicos. Eles se abrem para todas as possibilidades e são passagens para atravessar os mundos, mas também são arriscados e imprevisíveis. Portanto, como aquele que reina sobre o liminar, também sou considerada perigosa e caprichosa.[41] E sim, posso ser, mas também posso ser infinitamente bela, prestativa, poderosa e milagrosa. Essa parte da minha história foi esquecida.

A *rozdorizhzhya* é um local sagrado e mágico, um local liminar, um portal entre o mundo material e o Outromundo, o mundo dos *Mavky*, os espíritos errantes.[42] É um espaço que pode fortalecer seus feitiços e adivinhações, mas também um local complicado, onde as coisas podem dar errado para quem não sabe. A *rozdorizhzhya* pode ser usada para atrair abundância, mas também pode ser um local para pegar uma maldição. É um lugar onde as adivinhações e encantamentos são ampliados, onde talismãs e amuletos são pendurados ou enterrados para empoderamento. A encruzilhada é um lugar onde todos os lugares e direções se encontram, onde o tempo não tem sentido e onde a magia crepita no ar. Tome cuidado e siga as regras do reino espiritual, pequenino, e tudo ficará bem –, mas desrespeite os *Mavky* ou carregue uma atitude de arrogância, e você pode se meter em problemas.

41. Johns, *Baba Yaga*.

42. Kononenko, *Slavic Folklore*.

Rozdorizhzhya é um lugar onde o incomum pode acontecer. Ouça com atenção e poderá ouvir os *Mavky*. Este é o lugar onde enterrávamos nossos entes queridos que tiveram uma morte ruim, uma morte que foi inesperada e veio muito cedo por assassinato, ou embriaguez, ou até mesmo por suas próprias mãos. Esses espíritos precisam de acesso fácil aos outros reinos, então os enterramos na encruzilhada na esperança de que encontrem seu caminho.[43]

A sorte pode vir de usar ou mesmo tocar um objeto abençoado. Da mesma forma, maldições, doenças e eventos traumáticos podem ser anexados a itens e a si mesmo se você pegar um objeto amaldiçoado. Na encruzilhada, as pessoas deixam maldições, má sorte e *prychyna* para trás. Isso significa que há itens deixados na encruzilhada, como dinheiro, pacotes de feitiços e oferendas, e eles podem conter alguma energia questionável. Se uma pessoa tem uma grande maldição ou uma doença terrível, ela pode ter que pagar um alto preço aos espíritos. O pagamento para eliminar a doença pode ser algo como deixar uma joia fina ou um *gadget* caro e tentador. Portanto, por mais atraente que seja aquela deliciosa bugiganga parada na encruzilhada, não a pegue; nem toque nela. Você pode estar pegando a doença ou má sorte de outra pessoa. Mesmo que seja apenas o feitiço ou intenção positiva de alguém, você não quer atrapalhar o trabalho de ninguém. Esse presente é para os *Mavky*, não para você. Deixe os espíritos cuidarem disso.

Na encruzilhada, você decide seu destino e se arrisca a entrar no desconhecido. É um lugar onde também se encontra força e coragem, e onde, num abrir e fechar de olhos, pode mudar o seu destino. É um lugar de magia poderosa, de fato. Nós, as Bruxas, adoramos a encruzilhada. Por quê? Bem, onde o véu entre o visível e o invisível é fino, podemos acessar os espíritos, realizar adivinhações e conjurar alguns feitiços poderosos. É o lugar onde podemos deixar nossos itens mágicos, tanto abençoados quanto amaldiçoados. A encruzilhada é de fato um lugar sagrado de poder – se você conhece as complexidades de trabalhar com suas energias.[44]

43. W. F. Ryan, *The Bathhouse at Midnight: An Historical Survey of Magic and Divination in Russia* (Stroud, PA: Sutton, 1999).

44. Hubbs, *Mother Russia*.

Madame Pamita ensina a Magia da Rozdorizhzhya

Quando eu era uma garotinha, sentia a magia da encruzilhada como se emergisse de algum profundo conhecimento ancestral. Meus amigos e eu não tínhamos medo de encruzilhadas, mas quando os adultos nos levavam pelas ruas da cidade, fazíamos pequenos rituais ao passar por cruzamentos para tornar a viagem mais emocionante: levantávamos nossos pés das tábuas do assoalho do carro ou fechávamos os olhos e prendíamos a respiração.

Não foi até que comecei a estudar magia na adolescência que aprendi sobre o poder da encruzilhada: o lugar onde a Deusa grega Hécate governava ou onde alguém poderia fazer um acordo com um demônio em troca de talento. À medida que meus estudos mágicos se expandiram, descobri que essa crença no poder da encruzilhada faz parte da magia popular de muitas culturas e está profundamente enraizada nas práticas mágicas eslavas.

A Rozdorizhzhya Hoje

Grande parte da velha Magia da *rozdorizhzhya* veio de nossos ancestrais agrários, que tinham um estilo de vida rural. No entanto, isso não significa que as crenças sobre o poder da encruzilhada ficaram para trás, quando as pessoas deixaram de trafegar por estradas de terra e se mudaram para as cidades. Embora a maioria das pessoas não realize os antigos rituais em cruzamentos movimentados da cidade, muitas pessoas hoje tiveram uma Baba ucraniana advertindo-as a não comer ao atravessar a rua ou a nunca pegar nada caído em uma encruzilhada. A ideia de pegar dinheiro encontrado perto de um cruzamento da cidade é impensável para a maioria dos ucranianos, que têm uma sensação real de que, se o fizessem, estariam pegando o azar de outra pessoa. O poder da encruzilhada nunca foi realmente esquecido.

Tipos de Rozdorizhzhya

Um aspecto único de trabalhar com a *rozdorizhzhya* é que cada tipo tem uma energia diferente. Hoje, com a maioria de nós vivendo em cidades com ruas pavimentadas, a magia das encruzilhadas exige que saiamos, voltemos a ter contato com a natureza e entremos em áreas menos domesticadas, os reinos da selvagem Baba Yaga. Embora não precise se aprofundar na floresta virgem para fazer essa mágica, você encontrará muito poder ao sair da cidade e entrar em um ambiente mais natural. Antes de começar este trabalho, você pode querer fazer alguma exploração para encontrar alguns caminhos de terra adequados com encruzilhadas isoladas onde pode fazer seus feitiços em particular. É claro que as áreas rurais podem ter muitos caminhos mágicos, mas mesmo os videas das grandes cidades podem encontrar caminhos em jardins tranquilos, em trilhas para caminhadas ou em parques onde podem fazer sua mágica.

Caminhos não pavimentados

Os ucranianos rurais acreditavam que diferentes encruzilhadas tinham energias diferentes e que as encruzilhadas mais poderosas eram trilhas não pavimentadas. As estradas de terra têm uma energia aberta e selvagem, elas se conectam intimamente com a Mãe Terra e podem dar os melhores resultados à sua magia.

Encruzilhadas em forma de X ou +

A encruzilhada padrão onde quatro estradas se encontram é adequada para qualquer tipo de trabalho ou cerimônia de *rozdorizhzhya.*

Encruzilhada em forma de T

Uma encruzilhada com a forma da letra T tem um beco sem saída, energia bloqueada e, portanto, bloqueia qualquer magia que você possa tentar ali. Se tentar fazer feitiços lá, poderá descobrir que eles não funcionam. Não é recomendado como um lugar para fazer trabalho mágico e não conta como mais uma quando você está contando encruzilhadas para magia de jornada.

Encruzilhada em forma de Y

Uma estrada bifurcada é diferente de uma interseção em T. É bastante mágica e especialmente boa para encontros espirituais. Esta é uma das encruzilhadas favoritas das Bruxas e é especialmente boa para adivinhação e leitura da sorte.

Encruzilhada em forma de estrela

Uma encruzilhada com cinco ou mais estradas se encontrando é bastante poderosa. Quanto mais estradas se encontram, mais concentrada é a energia. Essas encruzilhadas incomuns adicionam força a qualquer trabalho que é feito aqui. Em particular, uma encruzilhada de sete estradas é útil para mudar seu destino, e uma encruzilhada de oito estradas é tão poderosa que uma pedra retirada dali é um objeto de poder que pode ser usado em ritos sagrados e magia de proteção.

Regras Gerais para Trabalhar na Encruzilhada

Ao escolher uma encruzilhada para fazer o trabalho espiritual, existem algumas recomendações sobre como encontrar o local perfeito. Escolha uma encruzilhada especial para trabalhar de forma consistente. Selecione uma que seja de fácil acesso, dia ou noite. As encruzilhadas mais poderosas magicamente são encontradas em trilhas e caminhos não pavimentados, e as estradas mais antigas são mais potentes do que as mais novas.

As Encruzilhadas Funcionam Sozinhas

A magia da encruzilhada geralmente é feita como uma prática solitária. Para que o feitiço da encruzilhada seja eficaz, você deve caminhar até ela e voltar para casa em silêncio reverente. Não traga amigos ou faça seu trabalho de feitiço em um caminho movimentado com outras pessoas por perto. Traga apenas o necessário para o feitiço. Não traga nada que vá consumir e evite trazer qualquer coisa de ida e volta. Deixe tudo para o feitiço.

Evite comer ou beber

Nunca coma na encruzilhada. A encruzilhada é um lugar onde a atividade espiritual de todos os tipos é alta, portanto, alguma energia complicada pode estar vagando por aí. Quando comemos, não apenas absorvemos os nutrientes dos alimentos, mas também a força vital deles. Pode haver alguma energia perdida que se liga ao seu lanche e, bem, você não quer dar carona a um caroneiro. Guarde seus lanches para depois do ritual e coma-os longe das encruzilhadas. Se precisar levar água ou comida para a caminhada, deixe-a à beira da estrada antes de chegar ao cruzamento e recupere tudo no regresso.

Guarde seu dinheiro no bolso

A encruzilhada é um portal, e os espíritos ali são atraídos por coisas energéticas. Ostentar dinheiro atrai os espíritos, e não o deixar para eles é considerado falta de educação. Os espíritos podem se vingar de seu insulto, tirando sua prosperidade de você. Se estiver em uma encruzilhada, guarde seu dinheiro na bolsa ou carteira e só retire o dinheiro que vai deixar como oferenda.

Cubra seus bocejos

Certifique-se de não bocejar com a boca aberta quando estiver na encruzilhada. Se fizer isso, poderá criar um ponto de entrada para uma entidade errante, que pode se instalar em seu corpo e sugar sua energia vital. Se isso acontecer, pode descobrir que a má sorte o segue. Esse problema pode ser facilmente evitado cobrindo a boca ao bocejar ou certificando-se de suprimir o bocejo até sair do cruzamento.

Evite cuspir

Não desrespeite os espíritos da encruzilhada cuspindo ali. Há um velho ditado que diz que se cuspir na encruzilhada, cuspirá sua própria vida. Quando você deixa sua saliva ali, deixa uma conexão direta com seu espírito e corpo. Cuspir também implica uma maldição, e essa ação dupla de ofender os *Mavky* e deixar para eles uma conexão com você é muito tentadora para os espíritos trapaceiros que podem estar por perto. Com essa conexão, eles têm a oportunidade de fazer você pagar por seu comportamento ofensivo.

Vá para a encruzilhada com um propósito

Evite vadiar na encruzilhada sem um propósito. Se você ficar parado em uma encruzilhada sem motivo, estará se abrindo para pegar problemas que outros deixaram lá.

Não olhe para trás

Depois de trabalhar na encruzilhada, resista à tentação de olhar por cima do ombro para o seu trabalho. Se estiver fazendo um pagamento aos espíritos, jogue uma moeda ou moedas sobre o ombro esquerdo quando voltar para casa e não olhe para trás. Fazer isso seria dar uma olhada proibida no mundo dos espíritos, o que os ofenderia.

Da mesma forma, não volte para a encruzilhada apenas para verificar seu trabalho, e não continue fazendo o mesmo feitiço na mesma encruzilhada dia após dia, a menos que especificado de outra forma. Fazer uma encruzilhada de trabalho por mês costuma ser suficiente. Fazer mais de um trabalho em um ciclo lunar pode diluir sua intenção.

Rozdorizhzhya Jornada Mágica

Faça uma jornada por um caminho e você poderá encontrar mais de uma *rozdorizhzhya*. Conte as encruzilhadas ao deixar sua casa ou outro ponto de partida e descobrirá que cada uma delas é usada para um tipo diferente de feitiço. Idealmente, você vai querer fazer este trabalho em trilhas naturais de terra, não em estradas pavimentadas. Se você mora em uma área rural, encontrar esses caminhos deve ser fácil. Se mora na cidade, procura um percurso pedestre em ambiente natural e começa a percorrê-lo à descoberta dos seus recantos de magia.

Contando as Encruzilhadas

Comece a caminhar e contar as encruzilhadas pelas quais passar. Selecione as encruzilhadas com base na primeira e vai contando, segunda, terceira e assim por diante. Você pode usar um caminho que já percorreu várias vezes ou seguir o caminho que normalmente faz ou, caso não conheça bem a área e quer ter a certeza de não se perder, pode planejar sua rota com um mapa.

Se você conhece bem a área e se sente seguro, também pode escolher seu caminho intuitivamente. Ao chegar à primeira encruzilhada, escolha a direção com base na sua intuição ou girando no sentido horário no centro da encruzilhada, com os olhos fechados. Quando girar o suficiente para se desorientar, pare, abra os olhos e siga o caminho à sua frente. Se o caminho o levar de volta por onde veio, os espíritos estão lhe dizendo que hoje não é o dia de fazer seus feitiços.

Trabalhe apenas em uma das encruzilhadas da jornada e só vá até a encruzilhada onde deseja trabalhar. Por exemplo, se estiver fazendo um feitiço de dinheiro na terceira encruzilhada, vá apenas até ela, faça seu trabalho e depois volte para casa.

Estes são rituais pessoais sagrados. Enquanto espera pelo seu bom resultado, não fale muito sobre o trabalho que fez. Na verdade, é preferível que não conte a ninguém sobre o seu feitiço. Qualquer trabalho na encruzilhada, além da adivinhação, deve ser feito sozinho para que possa se concentrar e comungar com o mundo espiritual sem distração.

Focando seu trabalho de Rozdorizhzhya

Mantenha seu trabalho de *rozdorizhzhya* focado. Não tente fazer mais de um feitiço de encruzilhada por vez. Se tiver mais de um problema que gostaria de trabalhar na encruzilhada, faça um a cada lunação (um mês ou um ciclo da Lua). As encruzilhadas só funcionam se sua intenção for séria e você tiver uma necessidade real. Por exemplo, se você é rico e faz magia com dinheiro, os espíritos podem julgá-lo ganancioso. No mínimo, eles podem não atender ao seu desejo e, se sentirem que você está realmente fora da linha, podem até tirar sua prosperidade.

Escolha apenas um desses trabalhos para fazer de cada vez. Visite a encruzilhada onde estará trabalhando com antecedência para que possa planejar seu trabalho cuidadosamente. Siga as recomendações, mas altere-as se os espíritos lhe disserem que querem algo diferente. Faça o que fizer, não deixe lixo em nenhuma encruzilhada. Lixo, especialmente plástico não compostável, deixado em uma encruzilhada irá perturbar os espíritos. Deixe algo de valor, algo natural que possa ser consumido com segurança pela vida selvagem ou algo que se desintegre inofensivamente e alimente a terra.

Primeira Encruzilhada

A primeira encruzilhada que encontrar em sua jornada pode ser usada para encantar sua família e seu lar. Você pode trazer paz doméstica, saúde, proteção e prosperidade para sua casa deixando ofertas de moeda ou notas durante o dia. Fale seu desejo em voz alta e deixe o dinheiro no centro da encruzilhada.

Quanto maiores os problemas que deve superar, maior a denominação que deve deixar. Por exemplo, se você tiver apenas um pequeno problema, pode deixar uma nota de um real, mas se sua vida familiar for repleta de brigas, discussões e separações, talvez queira deixar uma nota de vinte, cinquenta ou até mesmo uma nota de cem reais, dependendo do grau da infelicidade. Se não tiver certeza, comece com uma denominação menor e, se não houver resolução, espere um mês entre os trabalhos e faça ofertas subsequentes de denominações cada vez mais altas. A crença é que quem pegar o dinheiro levará o conflito para casa e sua família ficará livre.

Segunda Encruzilhada

A próxima encruzilhada que encontrar pode ser usada para feitiços de amor. Você pode atrair um novo amor para sua vida, trazer de volta um antigo amante ou melhorar seu relacionamento amoroso. Traga um pedaço de fio de lã vermelha fiado à sua mão e sussurre nele o seu desejo (você aprenderá mais sobre fiação no capítulo 12). Encontre uma árvore ou arbusto próximo e peça aos espíritos e ao espírito da árvore que tragam seu amor até você. Fale seu desejo três vezes e dê um nó em cada desejo. Faça este feitiço a qualquer momento entre o pôr e o nascer do sol.

Terceira Encruzilhada

A terceira encruzilhada que você encontra é um lugar para a magia do dinheiro. Diga o seu desejo e retire o número de moedas correspondente ao número de estradas e adicione uma. Por exemplo, uma encruzilhada X típica tem quatro estradas, então você tiraria quatro moedas mais uma para um total de cinco moedas. Deixe uma moeda no início de cada estrada e uma no centro da encruzilhada. Fale seu desejo ao deixar cada moeda. Faça este feitiço funcionar entre o amanhecer e o meio-dia.

Quarta Encruzilhada

A quarta encruzilhada é um lugar para fazer feitiços para obrigar as pessoas que lhe devem dinheiro a lhe pagar. Quando você chegar à encruzilhada, pegue um pedaço de pau ou uma pedra próxima e escreva o nome da pessoa na terra. Este trabalho deve ser realizado depois da meia-noite e antes do amanhecer.

Quinta Encruzilhada

A quinta encruzilhada é para o trabalho de justiça. Se alguém o prejudicou e você deseja que ele receba seus justos merecimentos, faça este feitiço para que o perpetrador receba a punição apropriada, espiritual ou legal.

A qualquer hora do dia, leve para a encruzilhada um pedaço de carne crua, uma moeda e uma colher de pedreiro. Cave um buraco o mais próximo possível do centro da encruzilhada e enterre o pedaço de carne no chão. Ao fazer isso, diga este encantamento três vezes: "*Que* (nome da pessoa) *receba sua justa recompensa*". Depois de enterrar a carne, pegue sua espátula e volte por onde veio, sem olhar para trás em seu trabalho. Jogue a moeda por cima do ombro esquerdo e diga: "*Está tudo pago!*"

Sexta Encruzilhada

A sexta encruzilhada é usada para atrair sorte ou trazer de volta a boa sorte que secou. Esta encruzilhada deve ser em forma de X. Vá até lá ao entardecer, fique no centro e diga o seguinte encantamento:

Boa sorte, estou com saudades.
Eu me curvarei às quatro direções e sorrirei para cada um de vocês.
Volte para mim, boa sorte; vá embora, infortúnio.

Curve-se para cada uma das quatro estradas e depois volte para casa. Repita este ritual por três dias seguidos para trazer de volta a boa sorte.

Alguns outros trabalhos especiais na Rozdorizhzhya

Como um espaço liminar, a *rozdorizhzhya* pode ser um lugar complicado, mas grandes riscos levam a grandes recompensas. Sim, você pode encontrar os espíritos lá à meia-noite, mas existem muitas outras maneiras de acessar o poder da encruzilhada para desejos, feitiços e outros trabalhos menos arriscados.

Alívio da Tristeza e do Sofrimento

Se você está inconsolavelmente triste e não consegue deixar de lado sua dor, pode deixar sua dor de cabeça na encruzilhada. Pegue um lenço para enxugar suas lágrimas. Quando estiver completamente úmido, recolha a poeira dos cantos de cada cômodo de sua casa e coloque-a no lenço.

Adicione uma pitada de cinzas de sua lareira. Se não tiver lareira, queime incenso ou ervas secas em sua casa e use uma pitada dessas cinzas. Dê um nó no lenço e deixe-o na encruzilhada à meia-noite durante a Lua minguante para aliviar sua dor.

Cura Espiritual

Quando os rios e lagos começam a derreter, acredita-se que os corvos carregam seus filhos do ninho para se banhar no rio antes do nascer do sol. Há um ditado que diz que quem toma banho antes dos filhos do corvo na Quinta-feira Santa terá saúde o ano todo. Quem vê um corvo se banhando e tira pelo menos uma gota d'água desse corvo ficará saudável por toda a vida, pois o corvo é um dos zeladores das Águas da Vida e da Morte.

Para eliminar doenças e proteger a saúde, use água de uma fonte viva no primeiro degelo. Você pode mergulhar na água gelada antes do amanhecer, mas um método melhor é trazer um balde cheio para casa e adicioná-lo ao banho nas primeiras horas antes do amanhecer. Depois do banho e antes do nascer do sol, pegue um pouco dessa água do banho, leve-a para a encruzilhada e despeje-a ao amanhecer, para que qualquer doença saia do corpo e seja levada pelos espíritos famintos. Sabendo que as pessoas podem estar deixando essa água nas encruzilhadas, as pessoas cautelosas evitam passar pelas encruzilhadas na manhã da Quinta-feira Santa, para não pisar nessa água e inadvertidamente pegar a doença descartada de outra pessoa.[45]

Adivinhação do amor na Rozdorizhzhya

Embora a maioria dos trabalhos em encruzilhadas requeira solidão, a leitura da sorte é fortalecida quando realizada em grupo. Reúna alguns amigos e vá para a encruzilhada com uma toalha branca à meia-noite. Comece o ritual pegando um pedaço de pau e traçando um círculo na terra no centro da encruzilhada, certificando-se de que seja grande o suficiente para conter todos. Sente-se em grupo dentro do círculo e coloque a toalha sobre a cabeça como uma tenda. Cada pessoa deve se

---

45. Oleksa I. Voropaj, *Zvychayi Nashoho Narodu: Etnohrafichnyy Narys* (Kiev, Ukraine: Vydavnycho-Polihrafichne Tovarystvo Oberih, 1993).

revezar, chamando seu próprio nome um por um. Então, todos escutam um som vindo de um animal, como um cachorro ou uma coruja, para prever a fortuna amorosa daquela pessoa.

- Se você ouvir um som alto, significa que conquistará o amor de alguém.
- Se você ouvir um som rouco, uma pessoa mais velha se apaixonará por você.
- Se você ouvir um som distante, seu amor virá de longe.
- Se o som estiver por perto, então seu verdadeiro amor mora perto de você.

Cada membro do grupo deve chamar seu nome e, quando todos ouvirem sua sorte, você pode tirar a toalha e apagar o círculo. Se alguém ficar com medo e deixar o círculo antes que todos tenham ouvido sua sorte, acredita-se que as previsões não se realizarão.[46]

Protegendo uma comunidade contra doenças

Se houver uma doença generalizada e você deseja proteger sua comunidade, é possível fazer um ritual de limpeza e proteção para todos queimando zimbro na encruzilhada. Vá para a encruzilhada ao meio-dia, perto da área que deseja proteger e queime feixes de zimbro seco. Tome precauções extras se a sua encruzilhada estiver em uma área seca propensa a incêndios.

Removendo sua própria doença

Uma das coisas mais tradicionais que se pode fazer na encruzilhada é realizar um ritual para se livrar de uma doença. No dia da Lua nova, o enfermo deve ir ao centro da encruzilhada e gritar o nome da doença. A cada dia, a pessoa deve ir até lá e repetir o ritual por um ciclo lunar completo de 28 dias. Diz-se que os espíritos levam a doença embora e a pessoa fica boa.

Tanto a Lua cheia quanto a Lua nova aumentam o poder da encruzilhada, portanto, trabalhar essa magia por meio de duas Luas novas e uma Lua cheia fortalecerá o trabalho do feitiço. Como toda magia de cura, ela pode trazer cura direta do reino espiritual, mas é mais provável que traga

---

46. Olga Kruchkova, *Slavic Seasonal Rituals and Divinations* (Teaneck, NJ: Babelcube, 2019).

sincronicidades – os curandeiros, os tratamentos ou as informações de que você precisa para curar seu corpo, mente ou espírito.

Se não houver tempo para esperar pelo ciclo da Lua cheia, traga um pequeno frasco de vidro, uma espátula e um pequeno pedaço de papel com o nome da sua doença escrito. Cave um pouco de terra da encruzilhada, coloque a terra na jarra com o pedaço de papel e enterre a jarra no buraco. Saia sem se virar e não conte a ninguém sobre o seu ritual. Feito isso, diz que a doença passará após a primeira chuva que cair naquela encruzilhada.

Removendo a doença de um ente querido

Se um ente querido está doente e não pode sair de casa para ir à encruzilhada, você pode remover qualquer causa espiritual da doença fazendo o trabalho de encruzilhada em seu nome. Pegue uma moeda ou nota e, com o enfermo sentado em uma cadeira ou deitado em uma cama, dê três voltas em volta dele. Imediatamente leve a moeda ou nota para a encruzilhada, sem falar com ninguém enquanto vai lá e volta.

Quando chegar à encruzilhada, volte para casa e jogue o dinheiro por cima do ombro esquerdo, dizendo: *"Está pago!"* Deixe a quantidade de dinheiro refletir a gravidade do problema. Se alguém vir o dinheiro e pegá-lo, pegará a doença e aliviará aquele para quem o feitiço foi lançado.

Limpando problemas de uma casa

Faça uma atraente vassoura de galhos ou palha e varra a poeira de todos os cômodos de sua casa. Recolha o lixo e leve com a vassoura para a encruzilhada e deixe lá. Quando alguém pegar a vassoura e levá-la para casa, levará consigo seus problemas.

Removendo uma maldição

Se você recebeu uma maldição e está disposto a passá-la para outra pessoa em vez de sofrer mais, pode deixá-la na encruzilhada. Pegue um item valioso que atraia a atenção de alguém que está andando na estrada. Uma joia é ideal, embora qualquer item de valor que alguém possa pegar funcione. Em casa, coloque este item entre duas velas e repita o seguinte encantamento seis vezes durante a Lua minguante:

Secura, miséria, má sorte, problemas,
infortúnios e maldições, afaste-se de (nome).
Eu te tiro de mim e te transfiro para (nome do objeto).
Quem pegar o (nome do objeto) vai levar você com ele.

Apague as velas, pegue o objeto e seis moedas e caminhe em silêncio até uma encruzilhada. Coloque o objeto de valor no centro da encruzilhada. Ao voltar para casa jogue as seis moedas por cima do ombro, dizendo: "*Pago!*"

Deixe a encruzilhada sem olhar para trás e sem falar até chegar em casa. Quem pegar o objeto receberá a maldição.[47]

Banindo a Pobreza

Leve uma moeda e um botão feito de madeira, concha ou outro material natural de alguma roupa velha e gasta para a encruzilhada à meia-noite, quando a Lua estiver minguando. Caminhe em direção à encruzilhada em silêncio. Ao chegar, vire as costas para a encruzilhada e o rosto para sua casa e diga o seguinte encantamento:

A pobreza me venceu. Não vivo um dia sem medo.
Desça do meu telhado, pobreza, e fique na
encruzilhada onde você não vai incomodar ninguém.

Jogue o botão e a moeda por cima do ombro esquerdo e vá para casa. Não diga uma palavra até chegar em casa e não olhe para trás por cima do ombro.

Feitiço de Desejo Simples

Quando você está em uma viagem e chega a uma encruzilhada, pode fazer um desejo simples. Quando chegar à próxima encruzilhada em seu caminho, faça o mesmo desejo novamente. E quando chegar a uma terceira encruzilhada, faça o desejo mais uma vez. Esse desejo repetido em três encruzilhadas consecutivas em uma única jornada é poderosamente potencializado para se tornar realidade.

---

47. Oleksandr Bosyy, "Svyashchenne Remeslo Mokoshi," em *Tradytsiyni Symvoly Ta Mahichni Rytualy Ukrayintsiv (Typolohiya. Semantyka. Mifostruktury)* (Vinnytsya, Ukraine: Vydavnytstvo-drukarnya «Dilo» FOP Rohal's'ka IO, 2011), 39–40.

Desejando na Rozdorizhzhya

Comece este trabalho assim que os primeiros raios do amanhecer estiverem surgindo. Reúna um punhado de moedas, um pequeno pão caseiro, uma pequena vela de cera de abelha e fósforos. Caminhe até a encruzilhada vestindo suas roupas do avesso. Acenda sua vela pouco antes do amanhecer e diga o seguinte encantamento:

Nasce o irmão sol, brilha a alegria do povo, eu estou numa encruzilhada.
Eu chamo os espíritos, eu me dirijo aos espíritos, exijo sua ajuda.

Vão, espíritos, para o fogo.
Venham até mim e fiquem atrás de mim.
Aguce seus ouvidos, ouça meu desejo: (declare seu desejo).

Quando o novo dia chegar, então vocês,
espíritos, saiam de seus aposentos,
deem a volta ao mundo, encontrem o que procuram,
tragam-no para mim, tragam para realizar o meu desejo.

Agora, festejem e celebrem, conheçam o próximo dia,
lembrem-se de mim com uma palavra gentil,
não esqueçam do meu pedido,
recebam seu pagamento e não exijam mais nada.

Coloque o pão na encruzilhada, volte-se para sua casa e jogue as moedas sobre o ombro esquerdo. Apague a vela com os dedos umedecidos e volte para casa sem olhar para trás e sem reagir se ouvir algum farfalhar atrás de você. Guarde a vela. Quando seu desejo se tornar realidade, volte para a mesma encruzilhada e, silenciosamente, queime o resto da vela para completar o feitiço e selar sua boa sorte.

Deixando a negatividade na Rozdorizhzhya

Vá para a encruzilhada ao meio-dia e sussurre tudo aquilo que deseja se livrar. Fique no centro da interseção, vire-se no sentido horário, de frente para cada uma das estradas, e diga o seguinte encantamento para cada estrada:

Eu me virarei em todas as direções; vou orar em todas as direções.
Minhas palavras serão ouvidas, minhas orações serão atendidas.
O mal me deixa, sopra com o vento e queima com o sol.

Caminhe de volta para casa e acenda uma vela de cera de abelha em seu altar para selar seu feitiço.

Satisfazendo seu desejo

Em uma noite clara, quando a Lua estiver visível, vá para a *rozdorizhzhya* em completo silêncio. Traga oferendas de vinho e moedas para os espíritos do Sul e do Oeste. Certifique-se de que ninguém o veja andando. Se encontrar outra pessoa, volte para casa e tente novamente na próxima noite clara.

Quando chegar na encruzilhada, fique no meio e coloque as moedas na estrada mais próxima ao Oeste. Despeje o vinho na estrada mais próxima ao Sul. Encare a Lua e diga:

Não fico nem no campo nem na floresta,
mas onde meus sonhos se tornam realidade.

O poder das quatro estradas é tecido em um nó.
Este lugar é dotado de poder.

Eu não roubo esse poder, não o empresto,
mas por direito o compro com moedas abençoadas

(curve-se em direção às moedas no Oeste)

e com o vinho doce

(curve-se em direção ao vinho derramado no Sul).

Quero que meu desejo seja realizado.
Troque esses presentes por (diga seu desejo).

Depois de fazer sua petição, saia sem se virar, mesmo que ouça que está sendo chamado pelo nome. Se os espíritos receberem seu presente, em três dias você receberá o que deseja. Caso contrário, reformule seu desejo e faça o ritual novamente.

Ganhando Sabedoria e Conhecimento Psíquico

Se você for um praticante de magia experiente, poderá entrar em contato com o espírito do vento e receber insights. Vá para a encruzilhada em um dia de vento e diga a seguinte invocação:

Peço aos ventos dos campos e das florestas, ventos das montanhas, ventos do gelo e ventos das encruzilhadas.

Tempestades e brisas suaves, reúnam-se e digam-me (faça suas perguntas aos ventos).

Ouça o vento depois e veja se consegue distinguir as palavras ou obter impressões sobre o seu pedido. Se tiver alguma dificuldade na primeira vez que fizer isso, persista e tente novamente até ouvir ou sentir a resposta.

Encontrando um Espírito na Rozdorizhzhya

O trabalho espiritual mais arriscado e gratificante a ser feito em uma *rozdorizhzhya* é encontrar os espíritos lá à meia-noite. Vá sozinho, traga seus amuletos de proteção com você (seu *oberehy* e sua *motanka*) e planeje chegar um pouco antes da meia-noite. Encontre um lugar confortável para sentar e esperar. Você pode encontrar um ancestral, um professor ou talvez um *Mavka*. O espírito que aparece pode estar em qualquer forma, incluindo a mudança de forma em um animal. Esteja preparado, pois na encruzilhada vai encontrar o espírito que está destinado a encontrar.

Quando encontrar esse espírito, poderá fazer três perguntas e eles serão obrigados a lhe dar respostas verdadeiras. Prepare suas perguntas com antecedência para não ficar com a língua presa no momento crítico.

Depois de fazer suas perguntas, você está obrigado ao espírito. Se quiser evitar esta obrigação, que é recomendada, deve deixar uma oferenda na encruzilhada. Deixar dinheiro ou joias valiosas é tradicional como oferenda para a encruzilhada *Mavky*. Deixe a oferenda ao ar livre. Se outra pessoa pegar, assume a obrigação e você fica livre e desembaraçado de qualquer contrato com o espírito que contatou.

Baba Yaga e a Rozdorizhzhya

De muitas maneiras, a energia da *rozdorizhzhya* reflete muito de Baba Yaga e sua magia. As encruzilhadas possuem um poder selvagem que pode trazer bênçãos incríveis, mas se tratadas de forma descuidada, podem trazer consequências involuntárias. Alguns estudiosos veem uma conexão direta entre Baba Yaga e Hécate, a Deusa grega associada aos espaços liminares ao mundo dos mortos e às encruzilhadas.[48] Dizem que se você for a uma encruzilhada em forma de Y à meia-noite, encontrará Hécate, mas o mesmo pode ser dito de Baba Yaga.

Se você tem mesmo a intenção de encontrar Baba Yaga, vá para uma *rozdorizhzhya* à meia-noite com suas perguntas preparadas. Vá com respeito e uma oferenda e veja se ela aparece. Ela pode aparecer como uma velha, ou pode mudar para a forma de um animal. Não importa como ela apareça, se vier com o devido respeito, você ganhará grande sabedoria em seu encontro.

48. M. K. Matossian, "In the Beginning, God Was a Woman," *Journal of Social History* 6, no. 3 (January 1973): 325–343, https://doi.org/10.1353/jsh/6.3.325.

Capítulo 5

Lisovyk: O Senhor da Floresta

Depois que Vasylyna foi um pouco mais longe na estrada, ela se sentou sob um carvalho, puxou sua boneca, alimentou-a com um pouco de pão e deu-lhe um gole de orvalho de uma folha, e então a abraçou.

"Minha boneca, o que eu faço? Não sei onde encontrar Baba Yaga, e ficar sozinha na floresta é perigoso."

E novamente, a sábia boneca falou:

Mesmo que seja difícil de fazer, você deve ver sua jornada.
Encontrar Baba Yaga será bom, mas primeiro atenda
ao Senhor da Floresta.

A boneca disse a ela para deixar um pouco de pão e sal para o Lisovyk, o espírito da floresta, e esperar. Então, Vasylyna puxou um dos pães de sua cesta, salpicou um pouco de sal por cima e o envolveu no lindo rushnyk que sua mãe havia bordado tantos anos antes. Ela aninhou tudo nas raízes da árvore, sentou-se, observou e esperou.

A noite começou a cair, a luz na floresta começou a diminuir e a Lua surgiu. À luz da Lua prateada, os olhos de Vasylyna começaram a pregar peças nela. O vento começou a soprar em rajadas e as árvores começaram a se mover e a balançar, parecendo ganhar vida.

Ela concentrou os olhos nas árvores e lembrou a si mesma que era apenas sua imaginação. Ou foi? Uma das árvores realmente parecia estar se movendo lentamente cada vez mais perto dela. À medida que se aproximava dela, ela pôde ver que não era uma árvore, mas um homem gigante. Sua pele era tão bronzeada e envelhecida quanto a casca áspera de um velho carvalho, sua longa barba e cabelos tão verdes quanto o musgo pendurado.

Vasylyna ficou surpresa e com medo desse homem gigante, mas conforme ele se aproximava, seus olhos verdes brilhantes irradiavam bondade e seus movimentos tímidos e gentis acalmavam seus medos.

"Boa noite, bom senhor. Meu nome é Vasylyna. Você é o Senhor da Floresta?" ela disse enquanto abaixava a cabeça de forma respeitosa. O Lisoviy Cholovik, o Homem da Floresta, falou com uma voz que soava como o rangido de madeira velha.

"Isso eu sou, e meu nome é Chuhaister. O que uma garotinha como você está fazendo na floresta sozinha tão tarde da noite?"

Vasylyna pegou o pão embrulhado no rushnyk, ofereceu-o a Chuhaister e explicou sua situação enquanto ele mordiscava o pão.

"Eu sei onde Baba Yaga mora. Posso acompanhá-la em parte do caminho", disse ele gentilmente. Então Chuhaister e Vasylyna caminharam lado a lado pela floresta. Chuhaister cantou lindas canções tristes sobre falcões e pombas, rosas e carvalhos, e sua voz cantada soava como o canto dos pássaros e o farfalhar do vento nas folhas. Vasylyna aprendeu as canções e cantou com ele enquanto caminhavam pela noite. Finalmente, eles encontraram uma caverna onde Chuhaister acendeu uma fogueira e fez uma cama de musgo para Vasylyna, e ela se aconchegou e adormeceu profundamente.

Baba Yaga Compartilha a Sabedoria do Lisovyk

Você pode encontrar o *Lisovyk* na floresta, mas minha própria história também começa lá. A floresta é de onde eu venho. Nascemos ao mesmo tempo que o Sol, a Lua e as setenta e sete Estrelas Irmãs. Nascemos como uma das três irmãs. Como todos os nascimentos múltiplos, tínhamos nossas próprias identidades, mas também éramos identificados como uma unidade. Todos nós nos tornamos conhecidos como Baba Yaga.

E os humanos, oh, eles eram tão diferentes naquela época. Você sabe quando uma velha diz: "*Na minha época, as pessoas tinham maneiras muito melhores*"? Bom, é verdade. Eles não eram esses caçadores de curiosidade ou aqueles que me temiam ou os exibicionistas tentando me destruir. Como se pudessem!

Não. Naquela época, os humanos me amavam e me respeitavam. Eu era a avó deles, a sábia e poderosa. Era para mim que eles cantavam, pedindo ajuda na caça e proteção na mata. Eles sabiam quem eu era: a *Hospodynya Lisu*, a Senhora da Floresta.[49] Antes que as pessoas me deixassem para se tornar plantadores, fazendeiros e pastores, eu era a fonte de comida, água e abrigo. Honra-me, e eu poderei abençoá-lo. Desrespeite-me? Amaldiçoa-me? Ah, faça isso, e eu poderei destruí-lo.

Todo o poder que emanava de mim, ainda hoje o faz. Eu sou a Mãe dos Animais, filha da *Maty Zemlya*, a Mãe Terra. Os antigos amavam e respeitavam minha floresta, construindo seus altares sob minhas árvores e enterrando seus mortos em meus bosques.[50] Para começar a me conhecer, você precisa conhecer meu domínio sagrado.

Primeiro, você deve se familiarizar com a floresta. Se você vive na selva, já tem esse conhecimento. A escuridão da noite de Lua nova, a respiração das árvores, os ruídos dos escondidos. Se vive na civilização, esse conhecimento ainda pode chegar até você. Saia e observe as plantas e os animais. Toque uma árvore com uma mão amorosa. Faça uma caminhada solitária. Acampe no deserto. Saia da segurança de dentro de casa e conecte-se da maneira que puder com a vida selvagem lá fora. A floresta é um local de Iniciação, a entrada para a terra dos espíritos, e quando você entra em minha casa, aí sim começa realmente sua Iniciação espiritual. Você quer ser uma *Vidma*, aquela que sabe? Então deixe a Iniciação começar.

Ao se conectar com a natureza de maneira autêntica, uma das lições da natureza será aprendida: você só pode impor sua vontade até certo ponto. É sempre um compromisso. Tente demasiadamente manter o selvagem fora e você sofrerá. O encontro com a natureza é sempre um casamento. Você tem que dançar com a natureza. Como uma *khorovod*, uma dança circular, você não pode seguir seu próprio caminho. Você segue o que está à sua esquerda e conduz o que está à sua direita.

Antigamente, os antigos dependiam da natureza para tudo, mas também precisavam de proteção contra os perigos da natureza: mau tempo, feras famintas e espíritos perigosos. Então, eles chamaram a mim,

---

49. Johns, *Baba Yaga*.

50. *Ethnologia Slavica*, vol. 1 (Bratislava, Slovakia: Slovenske pedagogicke nakl., 1969).

a Senhora da Floresta, para ajudá-los, para protegê-los. Eles me fizeram oferendas e cantaram canções para mim. Oh, como eles me elogiavam e lisonjeavam. Seus *Molfars* e *Molfarkas*, seus magos xamânicos, comungavam comigo, cantavam sua primeira canção na língua dos pássaros e no choro dos animais e traduziam minhas mensagens para meus filhos. Sim, eles eram todos meus filhos – as feras, os pássaros, os peixes e até os humanos. Meu trabalho era garantir que meus filhos se dessem bem, que todos fossem alimentados, que todos fossem protegidos e que todos progredissem e prosperassem.

Quando o herói ou a heroína da história precisavam da ajuda dos animais, eles vinham até mim. Quando os caçadores precisavam de comida, era a mim que eles chamavam. Fizeram-me oferendas de pão e sal, símbolo de boa vontade – uma humilde oferenda de bênção para quem a recebe.

Antigamente, todos os nossos rituais aconteciam na natureza, nos bosques sagrados ou perto das lagoas sagradas que eram adoradas. As pessoas sabiam muito bem naquela época que as árvores eram seres sencientes com alma. Ninguém ousava cortar uma árvore, caçar um animal ou mesmo colher uma flor sem primeiro pedir minha permissão.[51]

Agora, em tempos mais recentes, sou a Mulher da Floresta, a *Lisova Baba*, a irmã dos *Lisovyky*, os Senhores da Floresta, e aquela a quem as mães imploram quando seus filhos choram durante a noite.[52] Os *Lisovyky* são meus guardiões da floresta. Mesmo alguém tão mágico quanto eu não pode estar em todos os lugares o tempo todo e, infelizmente, embora meu objetivo seja a paz na floresta, às vezes meus filhos, os humanos e as feras, precisam de proteção ou direção. Então meus Homens da Floresta estão lá para proteger quem precisa de proteção e orientar quem precisa de orientação e, se necessário, eles se posicionam se houver alguém saindo da linha.

Se você entrar na floresta, como reconhecerá meus guardiões? Em sua verdadeira forma, eles aparecem nus ou apenas com uma simples vestimenta branca. Eles são gigantes, e têm uma pele tão áspera quanto

---

51. Stanisław Rosik and Anna Tyszkiewicz, *The Slavic Religion in the Light of 11th- and 12th-Century German Chronicles (Thietmar of Merseburg, Adam of Bremen, Helmold of Bosau): Studies on the Christian Interpretation of Pre-Christian Cults and Beliefs in the Middle Ages* (Leiden, Netherlands: Brill, 2020).

52. Johns, *Baba Yaga*.

a casca de uma árvore, olhos esmeraldas brilhantes e barbas verdes como grama. Eles podem carregar grandes porretes de madeira – para melhor proteger seu lar na floresta. Alguns têm corpos peludos como seus primos mais domésticos, os *Domovyky*, e outros têm chifres ondulados como os de um carneiro. Se você vir esses chifres, preste atenção, pois aquele com chifres dourados é o líder dos *Lisovyky* e deve receber respeito extra.[53]

No entanto, os *Lisovyky* nem sempre são fáceis de detectar. São metamorfos poderosos e podem crescer até a altura das árvores mais altas ou encolher para serem pequenos o suficiente para se esconder atrás de uma folha de grama. Eles podem aparecer e desaparecer à vontade e podem se transformar em qualquer animal da floresta: lebre, lobo, urso, corvo ou javali, por exemplo.[54] A coruja com chifres é uma das favoritas deles, e eles podem aparecer como uma ou ter uma em seu ombro. Se você for esperto o suficiente para localizar uma coruja com chifres em uma árvore, esse é o *Lisovyk* guardando sua floresta, e tal árvore nunca deve ser cortada.

Mestre metamorfo que é, o *Lisovyk* não se limita a apenas se transformar em um animal. Ele pode se transformar em um abeto flamejante ou mesmo em um cogumelo, particularmente o *mukhomor*, o cogumelo com manchas vermelhas e brancas que vocês chamam de agário-das-moscas, aquele usado para viagens oníricas.

A forma mais complicada que o *Lisovyk* pode assumir é a de um humano – um pobre camponês, talvez. A única maneira de você ter a certeza de que ele é um *Lisovyk* e não um novo vizinho é se ele tiver algum pequeno detalhe fora do lugar: sapatos nos pés errados, roupas do avesso ou ao contrário, botões faltando nas roupas ou não usar a faixa. Ou pode haver sinais mais óbvios em seu corpo: uma sobrancelha ou orelha faltando, ou uma verruga que se move de um lugar para outro em seu rosto. Existem também outros sinais mais místicos, como suas pegadas sendo varridas pelo vento no momento em que ele levanta o pé, ou ficar de pé na luz do Sol e não projetar sombra.[55]

53. Dixon-Kennedy, *Encyclopedia of Russian and Slavic Myth and Legend.*

54. Kennard, *The Russian Peasant.*

55. Warner, *Russian Myths.*

Lisovyky são geralmente espíritos solitários. Eles são territoriais e vagam sozinhos pela floresta. Alguns dizem que se dois *Lisovyky* tiverem uma disputa por território, eles vão jogar um jogo de cartas. O *Lisovyk* perdedor deve enviar seus esquilos e lebres para a floresta do vencedor.[56]

O *Lisovyk*, como a natureza, é ambíguo. Para as pessoas que respeitam a floresta, ele é benevolente, protegendo-as do perigo e guardando seu gado ou ovelhas. Mas para aqueles que desrespeitam nossa casa, ele tem um jeito sutil de repreendê-los. Ele pode imitar a voz de seus entes queridos chamando seu nome, levando você para fora do caminho cada vez mais fundo na floresta. E ele pode mudar os marcadores de estrada e caminhos obscuros para mantê-lo vagando em círculos. Na melhor das hipóteses, isso pode significar que você está atrasado e frustrado, mas intrusos muito desrespeitosos podem ser conduzidos cada vez mais fundo na floresta até que a floresta os aceite.[57]

Se você for enganado por um *Lisovyk* dessa maneira, sente-se em um toco ou tronco caído próximo, tire as roupas e coloque-as de volta do avesso ou de trás para frente; além disso, coloque os sapatos nos pés errados. Cante *"focinho de ovelha, lã de ovelha"* enquanto caminha, e ele não será mais capaz de induzi-lo a andar em círculos.

Para me encontrar, você terá que vir até minha casa na floresta, portanto, terá que se mover pelo reino de *Lisovyk*. Você pode apenas querer passar pela mata sem ser molestado, para isso, basta respeitar a floresta e deixar uma oferenda para ele. No entanto, você pode querer conhecer um *Lisovyk* e fazer amizade com ele. Caçadores e pastores que atravessam a floresta regularmente são conhecidos por obter grandes benefícios ao fazer amizade com os *Lisovyky*: caçadas bem-sucedidas, tendo os *Lisovyk* cuidando de seus rebanhos ou até mesmo aprendendo os segredos da magia. Então, respeite o Senhor da Floresta e você pode não apenas estar seguro enquanto viaja, mas também pode ganhar uma poderosa sabedoria.

---

56. Ryan, *The Bathhouse at Midnight.*
57. Gilchrist, *Russian Magic.*

Madame Pamita ensina a Magia do Lisovyk

Minhas próprias histórias de encontro com espíritos da floresta aconteceram do outro lado do mundo, desde as belas florestas de abetos das montanhas dos Cárpatos. Meu conhecimento ancestral dos caminhos da floresta se traduziu em ver os espíritos em uma floresta de sequoias na costa da Califórnia com a mesma facilidade com que meus avós ucranianos podiam vê-los nos pinheiros.

Mesmo quando criança, eu sentia a vida sobrenatural na floresta. Por meio de minha própria exploração intuitiva, aprendi que se você encontrar um lugar tranquilo na floresta entre as árvores e se sentar para ouvir, vai começar a sentir a força vital da floresta, a personalidade de cada árvore individualmente e receber profundos downloads de sabedoria.

Quando me abri para esse conhecimento profundo, comecei a ver os espíritos da floresta: pequenos guardiões de plantas, gigantes semelhantes a árvores e seres de tamanho humano apareciam. Eles diziam algo para mim em um idioma que eu não conseguia entender, então eu recuei de volta para a floresta. Os espíritos da floresta estão à sua disposição se você estiver disposto a conhecê-los e honrá-los.

O Lisovyk Hoje

A maioria das pessoas modernas que vivem nas cidades estão, infelizmente, longe de ter a capacidade de ver os espíritos da floresta. Alguns podem pensar que o Senhor da Floresta é apenas um personagem de conto de fadas; no entanto, eles não perderam o conhecimento interior de que as árvores têm algo especial a oferecer à humanidade. Voltando aos tempos antigos, os povos eslavos adoravam nos bosques e tinham profundas conexões espirituais com a floresta. Essa relação amorosa com as árvores não foi totalmente esquecida. Em muitos países eslavos, incluindo a Ucrânia, a *dendroterapiya* (dendroterapia) é um método alternativo popular de cura que descende das antigas práticas de adoração de árvores.[58]

---

58. I. M. Mineyev, *Entsiklopediya Traditsionnoy Narodnoy Meditsiny: Napravleniya* (Moscow, Russia: Metody. Praktiki. AST, 2002).

Na dendroterapia, o contato com as árvores oferece benefícios energéticos de cura. Se você está interessado em conhecer o *Lisovyk* em sua forma física ou apenas deseja se beneficiar da conexão com as árvores, a dendroterapia é um excelente lugar para começar sua jornada.

Técnicas de Dendroterapia

Na dendroterapia, acredita-se que cada espécie de árvore oferece um tipo diferente de energia. Algumas árvores são vistas como doadoras que oferecem energia quando nos sentimos esgotados, enquanto outras são vistas como árvores receptoras, as chamadas árvores vampíricas, que retiram energia negativa ou indesejada. Qualquer tipo de árvore pode ser parceira para fins de cura, mas existem algumas árvores tradicionais que são conhecidas por serem doadoras ou receptoras.[59] Para obter uma lista de árvores dendroterapêuticas comuns, consulte o Apêndice I.

Quando estiver procurando por uma árvore para fins terapêuticos, primeiro encontre uma árvore saudável que esteja a pelo menos dezoito pés (seis metros) de outras espécies de árvores, para que você se conecte com a energia limpa de sua árvore. A alguns metros de distância, mantenha as palmas das mãos voltadas para a árvore. Se esta for a árvore apropriada para a sua cura, você vai sentir um leve puxão energético em suas mãos em direção a ela. Caso sinta calor ou formigamento nas palmas das mãos, isso indica que a árvore tem uma grande reserva de energia para compartilhar e está disposta a trabalhar com você.

Assim que estiver pronto para passar um tempo com a árvore com intenção de cura, encontre-se com ela de uma a duas horas após o nascer do sol ou uma a duas horas antes do pôr do sol e use roupas feitas de fibras naturais, para facilitar a transmissão de energia. Vá sozinho com uma intenção pacífica e positiva de se encontrar com sua árvore e receber a cura.

Trabalhando com árvores doadoras

Trabalhe com uma árvore doadora quando se sentir cansado, esgotado, deprimido ou doente (exceto por inflamação) ou se precisar de mais energia. Para começar a trabalhar com uma árvore doadora, fique a um

59. P. N. Yudina, "Derev'ya-Tseliteli," *Dialog Kul'tur* (2016): 169–171.

ou dois pés de distância (quarenta a cinquenta centímetros) do lado sul da árvore, feche os olhos e faça mentalmente seu pedido de cura. Depois de pedir ajuda, aproxime-se e toque a testa ou a bochecha no tronco e inspire e expire lenta e profundamente por dois a vinte minutos, imaginando cada respiração atraindo luz prateada, azul ou violeta para o seu corpo. Você pode abraçar ou segurar a árvore para obter apoio extra, para receber mais energia ou apenas para demonstrar amor.

Trabalhando com Árvores Vampíricas

Trabalhe com um receptor ou árvore vampírica quando estiver ansioso ou superexcitado, tendo problemas para dormir, sofrendo de inflamação ou sentindo-se excessivamente emocional. Fique a um ou dois pés de distância (quarenta a cinquenta centímetros) do lado norte da árvore e faça seu pedido mental. Suba até a árvore, vire-se e incline-se contra ela, tocando as palmas das mãos no tronco de cada lado atrás de você. Visualize a árvore extraindo e transmutando a energia indesejada. Fique com a árvore dessa maneira por dois a quinze minutos.

Após o contato com uma árvore vampírica, você pode querer passar um tempo com uma árvore doadora para se reabastecer com energia saudável e equilibrada. Se isso não for possível, afaste-se da árvore vampírica indo para uma área aberta, fique de pé com os pés afastados, levante as mãos para o Sol e respire profundamente por um ou dois minutos.[60]

Efeitos da Dendroterapia

Ao fazer dendroterapia, preste atenção às sensações que você experimenta. Você pode sentir a energia fluindo pelo seu corpo, uma leve tontura agradável ou sensações de leve frescor ou calor. Seu corpo pode se sentir mais leve, você pode se sentir relaxado e ligeiramente sonolento ou, inversamente, pode se sentir energizado, elevado e alegre. Mesmo que não perceba nenhum sentimento especial, a troca de energia ainda está ocorrendo e beneficiando você. Ter essa conexão íntima com o reino das árvores também o abrirá para encontrar o *Lisovyk*.

60. Mineyev, *Entsiklopediya Traditsionnoy Narodnoy Meditsiny.*

Honrando a Floresta

Lisovyky são belos espíritos da floresta. Para encontrá-los, você naturalmente terá que passar algum tempo entre as árvores. Encontre uma área natural repleta de árvores, quanto mais selvagem melhor, e planeje passar algum tempo lá. Se você puder passar alguns dias acampando, ficando dia e noite na floresta, é mais provável que aprimore seus sentidos e localize o *Lisovyk*, e é mais provável que ele confie em você o suficiente para ser visto.

Antes de conhecer o *Lisovyk*, você faria bem em mostrar seu respeito por sua casa. Quando estiver na floresta, comporte-se como se fosse um convidado educado. Não xingue, não faça barulho excessivo, não deixe lixo, não perturbe os animais ou danifique intencionalmente qualquer coisa.

Antes de cortar uma árvore ou mesmo quebrar um galho, deixe uma oferenda para o *Lisovyk* ou peça permissão a ele, e nunca machuque um velho abeto, pois dizem que é onde reside o espírito do *Lisovyk*.

Alimente as árvores para estabelecer boas relações com elas e com os *Lisovyky*. Deixe ovos mexidos na base de uma árvore, quebre um ovo cru contra um tronco de árvore ou despeje *kompot* (suco feito de frutas secas cozidas) ou cerveja nas raízes de uma árvore como oferenda.

Oferendas para o Lisovyk

Depois de mostrar respeito pela casa dele e fazer uma oferenda a uma árvore, você está pronto para fazer uma oferenda direta a ele. Deixe um presente de comida em uma encruzilhada na floresta, em um toco de árvore, em um tronco caído ou no alto dos galhos de uma árvore. Oferendas apropriadas são pão caseiro com sal, *kasha* (mingau), *nalysnyky* (crepes), *salo* (barriga de porco) ou *krashanky* (os ovos vermelhos sobre os quais você aprenderá no capítulo 13). Deixe a comida e volte um ou dois dias depois. Se sua oferenda acabou, significa que o *Lisovyk* a recebeu, que você estabeleceu um relacionamento positivo com ele e que está seguro para fazer seu trabalho ou viajar pela floresta. Se sua oferta não for tocada, espere mais alguns dias e verifique novamente. Se ainda estiver lá na sua terceira visita, faça uma oferenda diferente em um novo local da floresta e tente novamente.

Conhecendo o Lisovyk

Se você pretende encontrar o *Lisovyk* e aprender com ele, vai precisar conhecê-lo e ganhar sua confiança. Como a maioria das amizades, pode levar algum tempo até que ele sinta que pode compartilhar seus segredos com você, mas siga estas orientações e poderá abrir a porta para esse conhecimento mágico.

O *Lisovyk* às vezes pode ser tímido, então você pode obter outros sinais antes de vê-lo. As pegas são consideradas seus mensageiros especiais, avisando-o sempre que houver estranhos na floresta. Se uma pega emite seu chamado áspero e estridente, está deixando-o saber que você está por perto. Nesse caso, você pode se preparar para vê-lo ou chamá-lo para sair.

Curve-se, olhe entre as pernas e diga: *"Eu andei, encontrei, perdi"*. Esta frase é irresistível para um *Lisovyk*. Se alguém estiver por perto, ele aparecerá momentaneamente atrás de uma árvore e dirá: *"Você descobriu!"* e depois desaparece. Este primeiro encontro, embora breve, permitirá que o *Lisovyk* o veja. Deixe uma oferenda por perto e ele saberá que você é respeitoso e confiável.

Em sua próxima visita, vá para o mesmo lugar onde viu o *Lisovyk* e mais uma vez se incline e olhe entre as pernas, mas desta vez diga:

Lisovyk, Senhor da Floresta, venha a mim agora.
Não como um lobo cinzento, não como um corvo negro,
não como um abeto flamejante, mas como homem.

Se o *Lisovyk* estiver por perto, ele aparecerá. Veja se consegue fazê-lo rir, e talvez ele fique e fale com você. Ofereça a ele um pouco de sua comida ou tabaco e use suas melhores maneiras. A menos que um *Lisovyk* se apresente a você e compartilhe seu nome, chame-o por seu título honorífico. Pode se referir a ele como o Senhor da Floresta, ou Mestre da Floresta ou o Gentil.

O *Lisovyk* pode então tocar flauta para você, imitando os sons dos pássaros em sua bela música. Ele pode o convidar para dançar e, se o fizer, não recuse. Sua dança animada permite que ele se transforme em um redemoinho. Aqueles que se recusam a brincar com ele podem ser derrubados pelo tornado, mas aqueles que dançam com ele, e dançam bem, frequentemente recebem presentes e bênçãos por seus esforços.

Quando estiver pronto para compartilhar sua sabedoria, ele pode lhe ensinar as línguas secretas dos animais para que você possa falar e entendê-los. Essas chamadas secretas também permitirão que você faça jornadas espirituais, onde poderá se comunicar com ancestrais e espíritos animais. Ele pode compartilhar com você os segredos do *mukhomor*, o cogumelo agário-das-moscas, e como usá-lo em ritos e rituais. Independentemente do conhecimento arcano que ele compartilhe com você, será imensamente valioso e elevará sua prática mágica.

Conexão com as árvores

Passar um tempo com o reino das árvores e com o *Lisovyk* o levará ao mundo da floresta tão familiar para Baba Yaga. Entre em contato com a *Lisovyky* e conheça sua casa. Seja um hóspede amoroso e respeitoso. Reserve algum tempo para observar as árvores ao seu redor, passe um tempo ao ar livre na natureza e toque as árvores com amor e bondade. Baba Yaga conhece intimamente os espíritos das árvores. Ela sabe que cada árvore tem consciência e personalidade únicas. Se você criar o hábito de se comunicar e se conectar com esses poderosos seres sencientes, abrirá as portas para mundos profundamente mágicos.

Capítulo 6:

Rusalky: Os Espíritos do Lago

Quando Vasylyna acordou, o Sol estava começando a nascer, o fogo havia se reduzido a brasas e Chuhaister não estava em lugar nenhum. Ela espiou para fora da caverna e viu um vasto tapete de árvores da floresta e um lago azul brilhante que tinha água fresca e limpa. Então desceu até a beira do lago, tirou a motanka do bolso e deu a ela um pedaço de pão e um gole de água fresca e limpa.

Vasylyna começou a sentir o pânico crescendo dentro dela quando percebeu que estava perdida bem no meio da floresta e ainda não tinha visto nenhum vestígio de Baba Yaga ou de sua casa. Ela deu um pulo e começou a andar rapidamente em uma direção ao redor do lago e depois voltou atrás e foi na outra direção, sem saber para onde deveria ir. Ela estava prestes a voltar novamente quando sentiu um movimento em seu bolso. Vasylyna pegou sua motanka e falou com ela. "Minha boneca, o que eu faço? Não sei onde encontrar Baba Yaga, tenho que levar o fogo para casa e agora realmente não sei como encontrá-la."

E a motanka respondeu-lhe:

Descanse, levante-se, Baba Yaga você encontrará.
E o fogo dela tomará, mas primeiro vá
cumprimentar os Espíritos do Lago.

E a boneca disse a ela para pendurar seu pano lindamente bordado, seu rushnyk, nos galhos de uma bétula perto da água. Vasylyna obedeceu e então se sentou na praia, observou e esperou.

Enquanto ela descansava pacientemente, o sol subia cada vez mais alto no céu e ficava cada vez mais quente; Vasylyna ficou sonolenta com o calor do sol. Enquanto cochilava, ela pensou ter ouvido os ecos de pessoas rindo ao longe e os sons de água espirrando. Os ruídos suaves e alegres a despertaram de seu cochilo. Ao olhar para o outro lado do lago, ela pôde ver um grupo de belas mulheres de cabelos compridos usando coroas de flores verdejantes e juncos na cabeça, nadando e brincando no lago. Eles nadaram alegremente em direção a Vasylyna e, ao se aproximarem, a chamaram: "Olá, garotinha! Por que você não vem brincar com a gente? A água está tão fresca e agradável."

Vasylyna respondeu: "Vocês são os Espíritos do Lago?"

"Sim", elas responderam. "Nós somos os Rusalky. Venha! Junte-se a nós para um mergulho."

"Eu trouxe um presente para você", disse Vasylyna, e ela tocou o junco pendurado no galho. Ao ver o lindo bordado, um Rusalka saiu da água, nu e molhado, puxou o pano da árvore e arrulhou de admiração pelo bordado fino. Um dos espíritos da água se voltou para Vasylyna: "Obrigada por este lindo presente. O que você está fazendo aqui sozinha no meio da floresta?"

"Estou procurando a casa de Baba Yaga", disse Vasylyna.

"Ah, nós sabemos onde ela mora. Apenas na floresta do outro lado do lago. Venha nadar conosco e nós a levaremos até lá e mostraremos o caminho."

Então Vasylyna tirou a roupa e as colocou com sua motanka na cesta que continha o pão. Os espíritos da água carregaram sua cesta para ela e juntos nadaram para o outro lado do lago. Quando chegaram à outra margem, os Rusalky mostraram a Vasylyna o caminho a seguir para chegar à casa de Baba Yaga e depois nadaram com o rushnyky, brincando e rindo enquanto avançavam.

Baba Yaga Compartilha a Sabedoria dos Rusalky

Você conheceu meus guardiões da floresta, agora é hora de conhecer suas contrapartes aquáticas, os *Rusalky*. Eles são escorregadios, esses espíritos da água. Então, você acha que sabe tanto? Que são apenas sereias? Você tem muito a aprender, pequeno.

Em primeiro lugar, os *Rusalky* são antigos, talvez até os espíritos mais antigos que conhecemos. A mãe deles, *Berehynia*, aquela representada no bordado pela Árvore da Vida, foi o primeiro espírito divino, a mãe de todos, e suas filhas, bem, elas não vêm muito depois. Os *Rusalky* vivem e brincam em nossas águas sagradas – rios, lagoas e lagos – e têm pernas em vez de rabos de peixe. Eles se assemelham a mulheres humanas em todos os aspectos, exceto por sua pele pálida sobrenatural e pela tonalidade verde de seus cabelos úmidos. [61]

Essas belas criaturas sempre se reúnem em grupos, nadando sedutoramente ou brincando na água, seminuas, em roupas transparentes, ou sem usar nada. Você espera que elas nadem totalmente vestidas? Bem, elas nunca estão completamente nuas – elas usam coroas de flores no cabelo.

Costumam ser encontradas na água, mas também pisam em terra firme de vez em quando, para fazer as danças tradicionais, cantar ou apenas rir e fofocar enquanto lavam suas roupas na beira do rio ou fiam fibras para fazer roupas mágicas para si. Elas se sentam nos galhos das árvores perto da água ou em balanços feitos de galhos baixos e pedem aos transeuntes que lhes deem roupas.

Rusalky são frequentemente encontradas admirando seus reflexos em águas paradas ou acariciando seus longos cabelos soltos com pentes mágicos. Como todas as Bruxas e espíritos, um *Rusalka* deixa seu cabelo fluir livremente, nunca prende em uma trança nem cobre com um lenço.

Se o cabelo de um *Rusalka* ficar seco, ele morre, então eles geralmente se reúnem em ou perto de lugares aquosos. Se esses espíritos viajam por terra, levam seus pentes com eles. Um *Rusalka* pode produzir uma torrente de água passando o pente pelo cabelo, regando a terra e mantendo-se vivo. Se alguém encontrar um pente na margem de um rio, certamente é um pente perdido por um *Rusalka*. Se você encontrar este tesouro, é realmente um sortudo, pois ele lhe dará o dom da clarividência e o poder de cura.

Antigamente, as pessoas sabiam que esses espíritos eram os guardiões das águas e os honravam. Os *Rusalky* viveram nos rios e nos lagos durante o outono e inverno e emergiram na primavera e no verão para trazer sua umidade vital e fertilidade para os campos. Mais recentemente, porém, a propaganda foi de que esses trapaceiros eram os espíritos inquietos de mulheres que se afogaram ou os fantasmas vingativos de meninas que morreram antes de serem batizadas.[62] Sim, eles podem ser caprichosos, mas chamá-los de vingativos? Bem, isso é apenas fofoca maligna.

61. Gilchrist, *Russian Magic.*

62. Hubbs, *Mother Russia.*

Como um belo rio fluindo ou as águas enganosamente calmas de um lago, sua aparência sedutora e seus modos encantadores podem levar ao perigo para as pessoas que não os tratam com honra. Se você decidir se banhar em um rio em um dos dias sagrados dos *Rusalky* sem prestar o devido respeito, pode encontrar alguém o convidando para nadar apenas para afogá-lo, ou um *Rusalka* pode subir na praia e fazer cócegas em você até a morte.[63] Não diga que não avisei sobre ter boas maneiras.

Os *Rusalky* são simplesmente espíritos da natureza e, se você os honrar como deveria, poderá vê-los, até mesmo interagir com eles e receber suas bênçãos. Eles surgem na primavera e permanecem ativos até o outono, principalmente durante a Lua cheia. Eles vagam pela terra para abençoar os campos de centeio em flor com belos cantos e palmas alegres e, se ficarem satisfeitos com as oferendas que lhes são dadas, criam uma colheita abundante. A agitação das hastes no campo indica onde eles estão dançando e isso é visto como um sinal positivo de sua visita. No entanto, se forem desrespeitados ou desagradados por algum motivo, podem enviar mau tempo ou alguma outra praga para as plantações.[64]

Os espíritos da água e a própria água são vistos com reverência. Toda a água vem de uma fonte milagrosa, oferecendo cura e nutrição. Águas mágicas, como as lendárias "Águas da Vida e da Morte", curam feridas mortais ou trazem um cadáver de volta à vida. Sacrifícios e oferendas são feitos para os espíritos de poços e águas sagradas. Panos e fitas são amarrados em árvores perto de poços. Alimentos, dinheiro e até joias são jogados nas águas como presentes para os espíritos da água. Em troca, os espíritos e as águas fornecem cura e bênçãos. Você também faria bem em homenagear minhas irmãs aquáticas, os *Rusalky*, pois elas trazem vida e abundância, diversão e alegria para aqueles que as respeitam.

---

63. Kononenko, *Slavic Folklore.*

64. Johns, *Baba Yaga.*

Madame Pamita ensina a Magia dos Rusalky

Nascida sob um signo de água, Câncer, pareço gravitar em direção a corpos d'água para a cura. Tenho a sorte de morar a uma curta distância do Oceano Pacífico, aquela extensão de água deslumbrante e quase inconcebivelmente vasta. Mesmo que esteja praticamente do lado de fora da minha porta, nunca perco minha admiração pelo que chamo de "mamãe oceano": tão vasto, tão misterioso e tão poderoso.

Quando se cresce passando os verões brincando no oceano, é muito fácil conhecer o poder da água. Mesmo em dias normais, há todos os tipos de ameaças potenciais na água: correntes que podem puxá-lo mais longe do que deseja, água-viva que pode picá-lo e, é claro, as grandes ondas que o empurram para baixo e o derrubam, como uma camiseta velha na máquina de lavar. Qualquer um que navegou sobre o mar, fez *rafting*, colocou esquis aquáticos nos pés ou andou de caiaque em uma trilha de águas interiores, irá lembrá-lo de que as águas da natureza podem ser incrivelmente gloriosas, mas exigem seu respeito. Essa é a mensagem dos *Rusalky*: brinque com a gente, curta nossa beleza, mas não se esqueça que quem detém o poder somos nós.

Rusalky Hoje

Como acontece com a maioria dos espíritos, fazer uma oferenda aos *Rusalky* é uma forma poderosa de desenvolver um relacionamento com eles. Tradicionalmente, os meses de verão – quando os lagos, lagoas e rios correm – são a melhor época para este trabalho. Os feriados especiais de *Rusal'nyy Tyzhden'* (Semana da Sereia) e *Kupala* são quando você provavelmente os encontrará.

Nos tempos modernos, a crença nos *Rusalky* pode nem sempre ser literal, mas esses feriados tradicionalmente pagãos são celebrados na Ucrânia para homenagear esses espíritos. E, embora você não tenha medo de ser afogado por espíritos, Deus o livre de desobedecer a uma Baba que lhe diz para não nadar em um lago nesses dias sagrados especiais.

Usar lindas coroas de flores é uma maneira consagrada pelo tempo de celebrar os *Rusalky*. Nos últimos anos, essas coroas, chamadas *vinoky*, tornaram-se um poderoso símbolo de identidade cultural. Fazer, usar e aproveitar dessas coroas de flores, tornaram-se passatempos populares, e as coroas de flores foram até adotadas como alta moda.

Comemorando Rusal'nyy Tyzhden'

O Festival do início do verão de *Rusal'nyy Tyzhden'* homenageia os *Rusalky*. Nessa época, o centeio floresce e a colheita é celebrada com festas de fertilidade. Há quem acredite que existe uma conexão entre este festival e o festival romano das rosas, chamado "Rosalia". E que Rosalia foi adaptado para uma celebração de uma semana para homenagear o *Rusalky* chamado "*Rusalia*". No entanto, há muitas evidências de que a crença nos *Rusalky* e suas celebrações de fertilidade são anteriores ao tempo dos romanos. Depois que o cristianismo foi introduzido, o feriado sincretizado tornou-se uma festa móvel coordenada com o Pentecostes, que ocorre em um domingo quarenta dias após a Páscoa. A segunda-feira seguinte até a próxima segunda-feira é chamada de Semana da Sereia – a época em que os *Rusalky* caminham pela terra, abençoando os campos férteis.[65]

Este festival se sobrepõe e se entrelaça com *Zeleni Svyata* (Festa Verde), outro festival de fertilidade, quando as casas são tradicionalmente decoradas com ramos verdes do início do verão. Galhos de tília, bétula e bordo são pendurados pela casa, e os pisos são cobertos com gramíneas perfumadas, como absinto e cálamo, para trazer saúde, proteção e prosperidade ao lar.[66]

Estes feriados eram celebrados e, em tempos passados, era proibido realizar qualquer trabalho, especialmente tecelagem, costura, lavagem de linho, ou mesmo fazer cercas de salgueiro, durante este tempo. Trabalhar em qualquer artesanato têxtil era considerado ofensivo para os *Rusalky*, conhecidos por serem mestres tecelões. Acreditava-se que os *Rusalky* tiraria a abundância daqueles que desrespeitassem essas proscrições.

Durante a Semana da Sereia, os jovens circulavam pelos campos carregando tochas e decorando a terra com galhos verdes como oferendas aos *Rusalky*, para evitar danos climáticos e garantir colheitas férteis. Guirlandas eram penduradas em celeiros, galhos verdes eram usados para decorar os chifres do gado e *obkuryuvannya*, a fumaça da queima de ervas, era usada para fumigar o gado para protegê-lo de forças malévolas.

65. S. V. Bezuhla, "Narodni Uyavlennya pro Rusalok u Konteksti Svyatkuvannya Triytsi u Skhidnykh Slov'yan," *Visnyk Student·S'koho Naukovoho Tovarystva DonNU Imeni Vasylya* 1, no. 7 (2015): 43–48.

66. *Ukraine: A Concise Encyclopedia* (Toronto, ON: University of Toronto, 1963).

Nessa época mágica, jovens solteiros e moças se reuniam nos campos, florestas ou perto de riachos para comemorar. Eles traziam comida e carregavam efígies de bonecas feitas de árvores jovens como oferendas aos *Rusalky*. As mulheres se vestiam como *Rusalky*, canções e danças em homenagem aos espíritos da Água eram executadas e os jovens se entregavam a jogos de paquera. As jovens ofereciam guirlandas aos *Rusalky*, pedindo maridos amorosos, e faziam coroas de flores para pendurar na floresta para adivinhar o futuro.[67]

Durante essas festas, acreditava-se que os *Rusalky* saíam da água para dançar, cantar e também abençoar os campos e as florestas. Eles atravessariam entre a água e a terra até o final de junho e, durante essas semanas, muitas pessoas ouviriam suas vozes no farfalhar da brisa ou seus passos dançantes no barulho da água corrente.[68]

Comemorando Kupala

Os *Rusalky* podem ser vistos novamente durante as férias de verão de *Kupala*. Este antigo festival é celebrado hoje em 6 e 7 de julho, mas acreditava-se que originalmente era celebrado no Solstício de Verão. Durante esse período, os *Rusalky* dançam nos campos à luz da Lua e convidam os pastores para brincar com eles. Evidências dessas festas noturnas foram encontradas em círculos de grama mais escura e luxuriante nos campos.

Na celebração de Kupala, as mulheres sábias acordam antes do amanhecer para colher ervas e flores, pois acredita-se que este seja o momento em que seus poderes de cura estão no auge. À medida que o dia avança, as mulheres também tecem coroas de flores que incluem essas plantas curativas, e os foliões usam essas coroas de flores para se abençoar ao longo do ano. Mais tarde, à noite, as jovens colocam suas coroas de flores na água como uma adivinhação do amor. Durante o dia, as pessoas nadam nas águas e uma fogueira sagrada é acesa com um fogo vivo criado pela fricção de gravetos. Durante toda a noite, o povo dança e canta em torno desta fogueira e salta pelas chamas como um antigo

---

67. Y. E. Smolyns'ka, "Perezhytky Prymityvnoyi Obryadovosty v Ukrayins'komu Pobuti. (Peredmova d-r. Ist. Nauk. Prof. Valentyny Borysenko).," *Etnichna Istoriya Narodiv Yevropy* 15 (2003): 77–93.

68. Gray, *Mythology of All Races Volume 3.*

ritual de purificação. Casais pulam de mãos dadas na chama como um rito para consolidar seu relacionamento.[69]

Durante esses dias de verão, os *Rusalky* vagam entre a terra e a água até as primeiras geadas do inverno, quando voltam para sua casa aquática antes que ela congele.

Conhecendo os Rusalky

Como a maioria dos espíritos, *Rusalky* são criaturas tímidas, mas você pode ter a oportunidade de encontrar um durante os meses de verão. Carregue absinto se quiser evitar encontrar um *Rusalka* ou salsa se quiser ter um encontro com um. Quando encontrar uma, ela pode perguntar: "*Absinto ou salsa?*" Se você mostrar o absinto, ela desaparecerá. Se você mostrar a salsa, ela dirá: "*Você é meu querido!*" e pode ainda tentar seduzi-lo.

Hortelã também é atraente para os *Rusalky*. Jogar um raminho no rio e dizer "*há hortelã em você!*" pode atraí-los para a superfície e eles dirão: "*Você é nosso (mãe/pai)!*" Hortelã e salsa cultivadas em seu jardim podem atraí-los e, ao mesmo tempo, apaziguar os mais travessos deles.

Honrando os Rusalky

Uma maneira de mostrar aos *Rusalky* suas boas intenções é assar pão de centeio com água benta (consulte o capítulo 19 para obter mais informações sobre águas sagradas). Asse o pão e deixe-o no parapeito da janela quando ainda estiver quente do forno. O delicioso aroma do pão quentinho vai atraí-los para sua casa e, como espíritos, eles se alimentarão do aroma. Tradicionalmente, você levaria pão para um campo ao nascer do sol como oferenda aos *Rusalky*, mas alternativamente você pode levá-lo a um rio, riacho, lago ou lagoa, ou oferecê-lo em um jardim para alimentar os *Rusalky* e convidá-los a abençoar a terra.

Como os *Rusalky* são tecelões e gostam de tecidos, você pode presenteá-los com um lenço, novelos de fios feitos à mão ou um pedaço de cânhamo fino ou pano de linho que eles possam costurar em uma camisa.

---

69. L. F. Artyukh, "Vohon' i Voda v Systemi Zvychayevykh Zaboron," *Narodna Tvorchist' Ta Etnolohiya 3* (2012): 31–41.

Pendure sua oferenda nos galhos das árvores onde você suspeita que elas possam morar. Um bom local pode ser galhos que se projetam sobre rios, lagos ou nascentes.[70] Se você escolher uma fonte sagrada, pode espirrar água nas pálpebras para se purificar ritualmente da negatividade e deixar uma moeda na água ou amarrar fitas nos galhos das árvores próximas como pagamento pela bênção da água.[71]

Durante a Semana da Sereia, você pode homenageá-las trazendo mudas frescas para sua casa no estilo tradicional. Levístico e folhas de cálamo podem ser espalhadas pelo chão, hortelã pode ser pendurada na porta ou no altar de sua casa, e a parte externa de sua casa pode ser decorada com ramos de tília, bétula e bordo.

Para desenvolver um relacionamento com esses espíritos da água, você pode limpar a margem de um rio ou lago, nadar em águas naturais ou deixar oferendas que respeitam a natureza, como moedas, pão ou cascas de ovo tingidas de amarelo com açafrão, em um corpo de água que é sagrado para você.

Claro, uma das maneiras mais belas e antigas de se comunicar com esses espíritos é tecer uma *vinok*, uma coroa de flores ou junco, e usá-la; dá-las como oferenda nas florestas, campos, rios ou lagos; ou usá-las como uma ferramenta de adivinhação.

Magia Vinok

As *Vinoky* fazem parte de uma magia antiga. Existem registros de coroas mágicas que remontam a três mil anos, mas acredita-se que o uso de coroas de flores na magia remonta ainda antes da história escrita. As grinaldas eram usadas não apenas para adornar, mas para abençoar e proteger o usuário.[72]

Tradicionalmente, a *vinok* é tecida com doze flores e folhagens mágicas em festivais e feriados especiais. Essas doze plantas especiais variam de aldeia para aldeia, mas uma lista de variações geralmente aceitas pode ser encontrada no Apêndice I. Durante séculos de tradição, assim que amanhece na manhã de *Kupala*, as mulheres saem, lavam o rosto com

70. Matossian, "In the Beginning, God Was a Woman," 325–343.

71. Gilchrist, *Russian Magic*.

72. Halyna Hryhorivna Stel'mascuk, *Ukrainian Folk Headwear* (L'viv, Ukraine: Apriori, 2013).

orvalho coletado de flores de milefólio e vão para as florestas e campos para coletar flores para coroas e ervas para cura.[73]

No entanto, grinaldas mágicas podem ser criadas a qualquer momento. As ervas e flores usadas em uma *vinok* têm uma linguagem e expressam seus desejos e intenções. Você pode usar as flores, plantas e ervas listadas no Apêndice I como orientação, mas se não puder encontrá-las em sua área local ou se estiverem fora da estação, substitua-as por outras plantas mágicas de sua escolha.[74]

Existe um método tradicional de coleta de plantas para fins mágicos. Ao colher as ervas e flores para a sua *vinok*, você deve tomar cuidado extra para honrar a planta e a *Maty Zemlya*, a Mãe Terra.[75] Comece ajoelhando-se no chão ao lado da planta. Em seguida, crie um círculo protetor colocando um colar de ouro ou de prata ao redor da base da planta. Como alternativa, coloque quatro moedas de prata no chão em quatro lados da base. Depois de fazer isso, coloque as mãos na terra de cada lado da planta e peça à planta e à Mãe Terra para compartilhar sua magia e poder com você. Corte apenas alguns galhos de cada planta, nunca cortando uma planta completamente, a menos que esteja recuperando uma raiz. Toque os pedaços de sua planta nas moedas de prata ou na corrente, depois coloque as mãos de volta na terra e agradeça à Mãe Terra e à planta. Depois que essas etapas forem concluídas, você poderá recuperar suas moedas ou correntes e passar para a próxima planta.

Vinoky não precisam necessariamente ser usadas. Você pode fazer uma *vinok* especial e pendurar em sua porta ou janela, para proteger a casa e a família de toda negatividade, doença ou infortúnio.

---

73. Victoria Williams, *Celebrating Life Customs around the World: From Baby Showers to Funerals* (Santa Barbara, CA: ABC-CLIO, 2017).

74. Victoria Williams, *Celebrating Life Customs around the World: From Baby Showers to Funerals* (Santa Barbara, CA: ABC-CLIO, 2017).

75. Alla Dmytrenko, "Zbyrannya Trav i Arkhayichni Elementy Svitohlyadu Polishchukiv," *Etnichna Istoriya Narodiv Yevropy* 11 (2001): 14–18.

Como fazer uma Vinok

1. Corte hastes longas e não remova as folhas para que sua *vinok* fique exuberante e cheia.
2. Comece com um pequeno grupo de suas hastes mais fortes, mais longas e mais cheias.
3. Amarre uma ponta e comece a trançá-los em uma longa trança. Você pode usar grama, casca flexível, linha, barbante ou fitas para amarrá-los da maneira mais autêntica, ou elásticos ou laços torcidos para facilitar.
4. Adicione hastes extras à medida que avança, entrelaçando-as na trança até que seja longa o suficiente para envolver o topo da cabeça.
5. Amarre a outra ponta e, em seguida, amarre as duas pontas juntas.
6. Adicione flores e folhas adicionais, tecendo as hastes em sua coroa original.
7. Adicione fitas longas e fluidas ao local onde as duas extremidades são unidas.

Adicionando fitas à sua Vinok

Tradicionalmente, as fitas eram adicionadas apenas às *vinoky* do casamento, mas em tempos mais recentes, as pessoas as adicionam a qualquer coroa de flores que gostariam de deixar ainda mais bonita. As cores das fitas também são magicamente significativas, portanto, você pode escolher cores para expressar as intenções de sua magia. Consulte o Apêndice II para obter uma lista de cores de fita para sua *vinok* e seus significados. Você pode escolher até doze cores diferentes de fitas e, se tiver cabelo comprido, trance-o em uma única trança nas costas e corte as fitas um pouco mais longas do que o comprimento do cabelo para que sua trança possa aparecer timidamente.[76]

76. Stel'mascuk, *Ukrainian Folk Headwear.*

Cuidados na Criação da sua Vinok

A *Vinok* é um item mágico, portanto, há algumas considerações especiais que devem ser observadas. Quem tece sua *vinok* coloca sua energia nela. Idealmente, você deve tecer a sua própria vinok, irmãos mais velhos ou pais amorosos podem tecer uma *vinok* para uma criança. Se você tiver a oportunidade de ter uma coroa de flores tecida por uma mulher grávida, ela será dotada de poderes mágicos de fertilidade e abundância. Muitas vezes, quando as pessoas planejam fazer uma adivinhação de grinaldas, elas tecem duas grinaldas: uma para usar na cabeça e outra para a adivinhação.

Cuidados posteriores com a sua Vinok

Vinoky nunca devem ser jogadas fora descuidadamente. Uma coroa de flores sempre deve ser descartada ritualmente de alguma forma: queimada em uma fogueira, jogada na água ou em um poço, pendurada em uma árvore ou levada a um cemitério, por exemplo. *Vinoky* também podem ser levadas para casa e penduradas em árvores, no jardim, para aumentar a fertilidade; penduradas perto da porta ou enfiadas no beiral para proteger a casa; ou jogadas sobre a cabeça no telhado como um talismã protetor para a família.

Coroas também podem ser armazenadas e secas. Se ervas comestíveis foram usadas, elas podem ser preparadas em uma decocção ou chá. Esta poção pode ser consumida, adicionada a um banho mágico, usada como enxágue de cabelo para promover a beleza ou derramada em um campo ou jardim para protegê-lo do mau tempo ou de pragas. Ervas secas também podem ser queimadas para *obkuryuvannya*, a incensação de pessoas, animais ou da casa.

Adivinhação de Amor com Vinok

Para realizar uma adivinhação com uma *vinok*, colha suas ervas e flores frescas ao amanhecer em *Kupala*. Crie sua coroa de flores e use-a ao longo do dia e, ao pôr do sol, flutue-a suavemente na superfície de um rio. Se desejar, você pode colocar uma vela flutuante no centro da guirlanda e elas flutuarão juntas no rio.[77] Ao colocar sua coroa de flores na água, diga um desses encantamentos tradicionais ou palavras semelhantes de sua própria invenção.

Flua, flua, coroa de flores.
Lindamente tecida com pervinca.
Vá para o meu amor, vá para o meu amor.

Ou,

Oh, em Kupala eu flutuo minha grinalda na água.
Eu, uma bela jovem, arranquei raízes.
Flutua, grinalda, nas ondas azuis.
Eu colecionei flores e teci grinaldas.
Flutua, grinalda de flores,
para onde mora meu verdadeiro amor.

Uma vez colocada na superfície da água, a forma como sua coroa de flores flutuante lhe dará um prognóstico de relacionamento para os próximos doze meses.[78]

- Se você flutuar suas coroas de flores com outras pessoas e as coroas permanecerem juntas, o próximo ano será sobre amizades íntimas.
- Se a coroa girar no lugar, não haverá mudança em sua situação amorosa.
- Se a coroa flutuar rio abaixo, o amor virá de longe.
- Se a coroa afundar no rio logo após o lançamento, você se apaixonará este ano.

77. Pen'kova and Boyko, "Tradytsiya Kupal's'koho Vinkopletennya v Ukrayini: Istoriya Ta Transformatsiya v Druhiy Polovyni KHKH St," 255–268.

78. Pen'kova and Boyko, "Tradytsiya Kupal's'koho Vinkopletennya v Ukrayini: Istoriya Ta Transformatsiya v Druhiy Polovyni KHKH St," 255–268.

- Se sua coroa de flores flutuar no centro do rio e ficar lá, sua situação amorosa permanecerá a mesma este ano.
- Se a sua guirlanda voltar para a praia onde a lançou, você voltará para um antigo amor.
- Se a coroa permanecer flutuando por muito tempo, será um ano excepcionalmente feliz.
- Se flutuar sua coroa de flores com amigos, a pessoa cuja coroa permanecer flutuando por mais tempo será a mais feliz este ano.
- Se a coroa flutuar pelo rio ou pelo lago até a margem oposta, você terá um sério compromisso amoroso este ano.

Adivinhação da Família com Vinok

Durante a Semana da Sereia ou na noite de *Kupala*, crie coroas de flores para cada um dos membros de sua família e pendure-as na floresta durante a noite para os *Rusalky*. Na manhã seguinte, volte para inspecioná-las. O comportamento de cada coroa vai indicar o tipo de ano que a pessoa terá. Se os caules não estiverem quebrados e a verdura ainda estiver fresca, é um bom presságio. Se a coroa de flores murchou, o ano pode ter grandes ou pequenos desafios, dependendo de quão desbotada ela ficou. Se for o caso, desamarre a guirlanda para "desatar" o destino da pessoa e quebre as pontas dos galhos para desfazer os laços com esse desfecho.[79]

Ritual de Amizade com Vinok

Coroas de flores podem ser usadas em rituais para consolidar uma amizade. Com um grupo de amigos, teça guirlandas de ervas e flores e amarre-as com lenços. Encontre uma cerejeira, ou uma macieira ou outra árvore frutífera em um jardim ou pomar e pendure uma coroa de flores em um de seus galhos. Dois amigos que desejam ser *kumy* (família adotiva ou melhores amigos) devem se olhar através da coroa e se beijar no rosto. Após o beijo, eles podem passar itens preciosos pela coroa para emprestar

79. Pen'kova and Boyko, "Tradytsiya Kupal's'koho Vinkopletennya v Ukrayini: Istoriya Ta Transformatsiya v Druhiy Polovyni KHKH St," 255–268.

um ao outro – por exemplo, lenços, anéis, colares ou fitas. Deste ponto em diante, eles podem se referir um ao outro como *kum* ou *kuma* – em outras palavras, melhores amigos.[80]

Conexão com a Água

O *Rusalka* é o complemento de Baba Yaga. Enquanto na superfície possam parecer opostos – jovens e brincalhonas *versus* velhas e rabugentas – elas têm mais em comum do que aparentam. Ambas são espíritos liminares da natureza e potencialmente perigosas: *Baba Yaga* do elemento Terra e da floresta, *Rusalka* do elemento água e dos corpos d'água. Ambas são fiandeiras e tecelãs mestres, e ambas usam o cabelo solto e quebram as normas da sociedade.

Não é de admirar que Baba Yaga se refira a elas como suas irmãs. Elas são a versão mais ensolarada de sua personalidade obscura. Talvez, metamorfa que é, ela possa assumir a forma dessas lindas sereias aquáticas sempre que o tempo esquentar e ela quiser nadar.

---

80. S. V. Bezuhla, "Narodni Uyavlennya pro Rusalok u Konteksti Svyatkuvannya Triytsi u Skhidnykh Slov"yan," *Isnyk Student·S'koho Naukovoho Tovarystva DonNU Imeni Vasylya Stusa* 1, no. 7 (2015): 43–48.

Capítulo 7

Zaklynannya: As Palavras Mágicas

Do outro lado do lago, Vasylyna deitou-se ao sol para se secar. Quando pegou o pão, ela viu que só restava uma pequena crosta. Então, ela pegou sua motanka novamente e deu a ela um pouco de pão e água.

"Minha boneca, não temos mais nada para comer a não ser um último pedaço de pão. Se não encontrarmos Baba Yaga logo, passaremos fome."

E a motanka respondeu:

Anime-se, querida menina, e nunca tema.
A Bruxa da floresta está muito perto.
Vista-se e coma e não demore,
juntas, encontraremos o caminho.

Então Vasylyna fez o que a boneca ordenou. Ela se vestiu, comeu o resto do pão e juntas entraram na floresta.

Vasylyna e a boneca abriram caminho pela floresta, seguindo o caminho que os Rusalky lhes havia mostrado. Sempre que chegavam a uma encruzilhada, a boneca a orientava e dizia para onde virar. O sol começou a se pôr e a floresta estava ficando cada vez mais escura e a trilha mais difícil de encontrar. Vasylyna estava ficando com frio, com fome e muito cansada, mas a boneca a incentivou.

Finalmente, ao longe, ela pôde ver uma luz na encosta da montanha entre os abetos e a boneca disse a ela que aquela era a casa de Baba Yaga. Os ventos começaram a soprar ao redor delas, e elas podiam ouvir o canto triste dos corvos e o uivo de lobos distantes e as duas se apressaram para chegar à casa antes do anoitecer.

Assim que o sol mergulhou atrás das montanhas, elas chegaram a uma clareira e lá tiveram uma visão que fez Vasylyna parar bem onde estava. Havia uma pequena cabana escura com um quintal e uma cerca em volta. Mas esta não era uma casa comum. A cerca era feita inteiramente de ossos brancos e brilhantes. No topo de cada um desses postes de cerca havia um crânio, alguns humanos e alguns animais, e das órbitas vazias de cada crânio brilhava uma luz sobrenatural. O portão da cerca tinha um trinco feito de pequenos ossos de uma mão humana. Vasylyna hesitou, mas a boneca a incitou a tocar na trava. Ao seu toque, os ossos da mão se soltaram do poste da cerca e o portão se abriu lentamente, como se movido por um espírito invisível. Vasylyna encontrou coragem, atravessou o portão e entrou no quintal.

Uma vez lá dentro, Vasylyna pôde ver claramente khata, a pequena cabana de Baba Yaga, pelo brilho das lanternas sinistras. Era uma cabana minúscula – não mais do que um casebre de um quarto. No entanto, ela se erguia sobre duas enormes pernas de frango que pisavam e arranhavam a terra abaixo. A cabana ficou de costas para Vasylyna, e nem uma porta nem uma janela podiam ser vistas. Vasylyna juntou toda a sua coragem e caminhou até o outro lado da casa para encontrar a porta, mas não importava para onde andasse, a cabana se virava e ficava de costas para ela, sem janelas. Vasylyna sentiu a boneca puxando sua saia e a motanka sussurrou para ela as palavras de um feitiço e pediu a Vasylyna que as falasse. Então, com uma voz clara e confiante, Vasylyna falou para a cabana:

"Khatynka, khatynka, vire as costas para
a floresta e a frente para mim."

A essas palavras, a cabana virou-se para ela, o telhado de palha desgrenhado, a porta e as janelas parecendo um rosto surpreso. Ela se agachou o suficiente para permitir que Vasylyna tocasse a maçaneta da porta. Vasylyna enfiou a motanka de volta no bolso, estendeu a mão para a porta e a abriu.

Baba Yaga Compartilha a Sabedoria das Zaklynannya

Agora você conhece a minha companheira de toda a vida, minha *khata*, minha *khatynka*, minha pequena cabana na floresta cercada por postes de ossos com lanternas de caveiras no topo. Seus sentimentos de pavor ou mesmo curiosidade podem se transformar em terror quando perceber que há uma lacuna esperando por apenas mais um crânio. Quem mora aqui pode estar procurando aquele último crânio humano para coletar todo o conjunto. Todos nós amamos completar uma coleção, não é mesmo?

Esses ossos ao redor da minha *khatynka* são um sinal de que tenho boas conexões no mundo espiritual. Algumas pessoas até dizem que minha casa é a porta de entrada para o Outromundo, que quando você cruza o limiar da minha *khata*, está saindo da terra dos vivos para a terra dos espíritos.

Minha casinha é mais que um abrigo ou uma porta de entrada, é minha companheira e minha guardiã. Isso mantém afastados os intrusos... bem, pelo menos aqueles que não conhecem o sussurro correto, o encantamento, as *zaklynannya*. Não quero me gabar, mas até você terá que admitir que criar uma cabana viva é uma magia magistral e, bem, controlar essa Magia sem sequer levantar um dedo – comandar todo esse poder com uma mera frase – isso por si só deve dizer como as palavras podem ser poderosas.

As palavras podem se tornar uma de suas ferramentas mais poderosas. As palavras estão sempre prontas – você não precisa cultivá-las, criá-las ou comprá-las. Elas podem curar uma pessoa ou amaldiçoá-la com uma doença, salvar alguém do perigo ou destruí-la. Encantamentos podem ser lançados em água ou ervas, objetos ou substâncias, pessoas ou espíritos. As *zaklynannya* certas podem transformar um humano em um animal, em uma árvore ou em uma pedra. Quem conhece o poder da palavra também pode ser transformado pelas *zaklynannya*, pode voar no ar, não se afogar na água, não queimar no fogo. Com as palavras certas, você pode invocar com segurança espíritos como os *Rusalky* ou o *Lisovyky* ou se proteger do complicado *Mavky*. Sim, aquele que conhece os segredos das *zaklynannya* pode controlar o Universo.

Eu tenho um pequeno segredo para compartilhar sobre as palavras. Todas elas são poderosas. Temos um ditado: "Uma palavra não é um pardal. Uma vez que você a deixe voar, nunca mais a pegará de novo". Pense nas palavras que você usa antes que elas saiam de sua boca, pequenino. Mesmo o comentário mais improvisado pode criar realidades profundas.

E há segredos ainda mais profundos por trás disso. Suas palavras têm essa capacidade. Você não precisa repetir o encantamento de outra pessoa como um papagaio. Aprenda com os antigos e depois confie em si mesmo para criar suas próprias palavras de poder. Você criará encantamentos que terão a capacidade de curar ou prejudicar, proteger ou convidar, amarrar ou cortar, criar ou destruir, controlar ou libertar.

Depois de entender o poder das *zaklynannya*, você pode fortalecer suas ferramentas, suas poções, suas ervas. Pode adicioná-las aos elementos que usa em sua magia: Ar, Fogo, Água ou Terra. Você pode até invocar a ajuda e assistência do vento, das nuvens, do Sol, da Lua e das estrelas. Pode comandar os espíritos e até contornar as poderosas barreiras colocadas pela minha guardiã, a *khatynka*.

O quê? Você não sabe quais palavras usar? Não se preocupe, pequenino; seus espíritos ancestrais vão guiá-lo e vão sussurrar as palavras que precisa falar em seu ouvido. Diga-as com coragem e com respeito. Se fizer isso, minha cabana, e realmente toda a vida, fará o que você mandar.

Madame Pamita ensina a Magia das Zaklynannya

Quando eu era jovem, minha mãe sempre me contava histórias sobre minha *babusya* e como ela realizava um ritual incomum de cura. O que minha mãe descreveu foi uma lembrança de sua infância tantas décadas antes. Era apenas um fragmento nebuloso ao qual ela não conseguia se referir, mas ela me contava que minha avó segurava uma tigela com água sobre a cabeça de alguém, despejava cera de abelha derretida na água e adivinhava a origem dos problemas da pessoa lendo a cera.

Este mistério fez um ninho no canto da minha mente. O que minha avó estava fazendo? Era adivinhação? Predição com velas? Quando a Internet era nova, tentei um pouco de investigação amadora e tudo que consegui encontrar foram referências a um jogo de adivinhação jogado na véspera do Dia de Santo André, quando as meninas pingavam cera de vela pelo buraco de uma chave mestra em uma tigela com água e lia as formas na cera para adivinhar com quem elas iriam se casar. Mas isso não batia. Minha mãe nunca falou sobre uma chave ou prognósticos de perspectivas conjugais.

Muitos anos depois, soube que minha avó estava fazendo o ritual de derramar cera, *vylyvaty visk*. Esta forma ucraniana de magia de cura é um tratamento espiritual realizado por uma mulher sábia mais velha da comunidade, conhecida como *Baba Sheptukha*, ou "avó sussurrante". Essas curandeiras espirituais realizam um rito em que sussurravam encantamentos na água e na cera para expulsar o medo, que é visto como a fonte dos problemas físicos ou emocionais de uma pessoa.[81]

Uma característica fundamental do ritual é o *zaklynannya*, as palavras faladas sobre a água. Invocando o Sol, a Lua, as estrelas e a Mãe Terra – bem como Deus Pai, Maria, Jesus e os santos – a *Baba Sheptukha* usa encantamentos cuidadosamente elaborados para atrair os medos de seus clientes para a água. Os elementos cristãos em alguns encantamentos parecem ser adicionados às invocações originais dos elementos da natureza, uma adição dos últimos dias feita para apaziguar os pais da igreja.

Depois de falar as palavras, a curadora corta a água com uma faca, efetivamente cortando e desativando o medo. Derramar a cera na água ajuda no processo de cura e permite que a curadora adivinhe a origem do problema. Finalmente, ela usa *zaklynannya* para expulsar o medo. Ela usa suas palavras para convidar o medo gentilmente a ir para longe ou comandá-lo com firmeza para ir embora.[82] Enquanto a água, a cera e a faca são ferramentas necessárias, as palavras direcionam a energia da cura e dizem para onde fluir.[83]

Descobrir essa prática foi como descobrir uma caverna cheia de joias preciosas. Finalmente, pude entender o que minha avó fazia tantos anos atrás, e isso aprofundou e enriqueceu profundamente minha crença na importância da palavra na magia.

---

81. Rena Jeanne Hanchuk, *The Word and Wax: A Medical Folk Ritual among Ukrainians in Alberta* (Edmonton, AB: Huculak Chair of Ukrainian Culture and Ethnography, 1999).
82. Deatra Cohen and Adam Siegel, *Ashkenazi Herbalism: Rediscovering the Herbal Traditions of Eastern European Jews* (Berkeley, CA: North Atlantic Books, 2021).
83. Sarah D. Phillips, "Waxing Like the Moon: Women Folk Healers in Rural Western Ukraine," *Folklorica* 9, no. 1 (2004), https://doi.org/10.17161/folklorica.v9i1.3744.

Zaklynannya Hoje

Houve uma época em que havia curandeiras em todas as aldeias da Ucrânia, e as *Babas Sheptukhy* eram respeitadas por suas contribuições à comunidade. Era tradicional que essas curandeiras transmitissem verbalmente suas *zaklynannya* especial da avó para a filha ou neta adulta, no intuito de preservar a continuidade da prática. Nas comunidades agrárias, poucas pessoas aprendiam a ler e escrever, então esses poderosos encantamentos foram memorizados e transmitidos em uma tradição oral que remonta a gerações.[84]

No século 20, uma combinação de forças ameaçou acabar com essa prática outrora próspera. A modernização, a supressão soviética dos ucranianos nativos e a assimilação dos ucranianos da diáspora tentando se encaixar conspiraram para erradicar esses rituais antigos. Felizmente, houve indivíduos que impediram que essas práticas desaparecessem: ucranianos nativos que continuaram a oferecer as curas em segredo e ucranianos da diáspora que mantiveram as tradições de sua terra natal.

Hoje, o interesse nos caminhos das *Babas Sheptukhy* está aumentando não apenas com as pessoas curando com *vylyvaty visk*, mas também com qualquer número de miríades rituais que incorporam as *zaklynannya* para curar, abençoar e remover *vroki e* expulsar *prychyna,* o mau-olhado e as maldições. As curandeiras modernas falam essas antigas palavras de poder para encantar objetos ou pessoas, para evitar o indesejável ou para induzir o desejado.[85]

O Poder da Vocalização

O método como você diz seus encantamentos é importante. Ao chamar espíritos, elementos, forças da natureza ou corpos celestes, pode parecer mais natural falar em voz alta e com autoridade. Por exemplo, ao convidar seu *Domovyk* para voltar para casa, poderá usar a voz natural que usaria ao chamar alguém para ir até você.

---

84. Ryan, *The Bathhouse at Midnight.*

85. I. Kolodyuk, "Suchasnyy Stan Polis'koho Znakharstva (Za Espedytsiynymy Materialamy Na Polissi)," *Volyn'-Zhytomyrshchyna* 13 (2005): 134–142.

No entanto, quando estiver realizando feitiços, encantando um objeto, abençoando comida ou bebida ou curando uma pessoa, sussurrar pode ser a maneira mais poderosa de usar sua voz. Sussurrar implica em intimidade, dá privacidade à sua magia e parece que você está dando uma energia mais concentrada e focada em seu objetivo.[86] Eu recomendo que, antes de fazer sua magia, você dê uma olhada em cada uma das opções: tente falar seu encantamento em voz alta e depois sussurre suas palavras. Veja como cada método se sente e sinta a sutil diferença no poder de cada um.

Forma e Fluxo do Zaklynannya

Um simples *zaklynannya* pode ser uma única frase, por exemplo, *"como este linho é estirado (na fiação), que todas as pessoas venham até mim e me cortejem!"*[87] Ou, *"Tão ardentemente e quente quanto queimam os fogões de cobre em brasa, que a serva de Deus (nome da mulher) asse e queime em todos os momentos, em todas as horas, de manhã cedo, tarde da noite... para que ela não seja capaz de viver sem o servo de Deus (nome do homem)"*.[88] Existem muitos encantamentos curtos em que um objeto é manipulado em magia simpática, representando, simbolicamente, o resultado que você deseja obter. Por exemplo: *"Assim como esta cera derrete, deixe a doença derreter"*.[89] No entanto, para um encantamento mais complexo, existe uma fórmula tradicional que dá um foco extra à sua magia.[90] Essas *zaklynannya* complexas consistem em vários segmentos usando a seguinte fórmula:

1. A saudação
2. O cumprimento
3. A jornada do Espírito
4. O pedido, requerimento ou proposta
5. O voto

---

86. Ryan, *The Bathhouse at Midnight.*

87. V. V. Zajvoronok, *Oznaky Ukrayins'koyi Etnokul'tury: Slovnykovyy Dovidnyk* (Kiev, Ukraine: Dovira, 2006).

88. Johns, *Baba Yaga.*

89. T. Parkhomenko, "Vykorystannya Vosku v Narodnomu Znakharstvi," *Etnokul'turna Spadshchyna Rivnens'koho Polissya* 1 (2001): 27–38.

90. Edina Bozóky, "Mythic Mediation in Healing Incantations," *Health, Disease and Healing in Medieval Culture* (1992): 84–92, https://doi.org/10.1007/978-1-349-21882-0_5.

A Saudação

Existem muitos seres diferentes que você pode cumprimentar, dependendo da assistência que você precisa. Por exemplo, você pode invocar elementos, corpos celestes, fenômenos climáticos, árvores, animais, insetos, espíritos, divindades, santos ou ancestrais para ajudá-lo em seu objetivo.

Também pode cumprimentar mais de um e de qualquer uma das categorias. Todas as saudações devem começar com *"bom dia/tarde/noite"*, conforme apropriado. Ao cumprimentar ancestrais ou espíritos, não se dirija a eles pelo nome, mas, sim, por seus títulos respeitosos. Dirigir-se a eles pelo nome abrirá um caminho para que eles se apeguem a você, o que pode ou não ser desejável. Aqui estão alguns exemplos:

"Bom dia, água benta."
"Boa tarde para você, lindo sol."
"Boa noite, carvalho e bétula."
"Bom dia, Mestre da Casa."
"Bom dia, Senhor da Floresta."
"Boa noite, ancestrais abençoados."

O Cumprimento

Após a saudação, costuma-se elogiar ou cumprimentar o espírito a quem se dirige, descrevendo seus dons em tom de apreço. Aqui vão alguns elogios:

Sol brilhante, você é santo.
Você é claramente lindo.
Você é puro, majestoso e digno de respeito.
Você ilumina montanhas e vales, terra e mar.

Ou,

Linda água, você corre rápido.
Você umedece os prados,
salpique as margens e regue todas as raízes.

Ou,

Irmã Estrelas, poeira da noite.
Você anda pelo mundo; você caminha pelas fronteiras.
Você vê pessoas boas e malfeitores.

A Jornada Espiritual

No encantamento, você pode descrever poeticamente uma jornada, agindo ou percorrendo longas distâncias em dimensões espirituais. Através das palavras, você pode tomar essas ações para recuperar ou dissipar algo ou alguém. Essa descrição de percorrer longas distâncias, entrar em mundos fantásticos e, simbolicamente fazer o trabalho espiritual, pode soar quase como um conto de fadas. Na realidade, trata-se de uma jornada espiritual para outros mundos para fazer sua magia. Aqui estão alguns exemplos de jornadas espirituais:

Eu irei a um campo claro e enfrentarei o Leste.
Há um rio nesse campo.
Vou lavar com aquela água.
Vou nadar com o amanhecer branco.
Vou tocar em uma estrela.
Vou me envolver com a linda Lua.
Eu serei adornado com a luz do Sol.
Vou entrar em campo aberto, para uma celebração.

Ou,

Eu me abençoo.
Eu saio da cabana pelas portas,
através da porta vou até o portão,
do portão vou a um amplo pátio,
através do pátio vou para um campo aberto.
No campo aberto, vou orar.
Neste campo aberto há doze ventos,
doze redemoinhos, secos, fortes e violentos,
que esmagam o campo na primavera.
No meio do verão, eles esmagarão o campo,
cortarão a grama, secarão a terra.

O Pedido, Solicitação ou Proposta

Uma vez que a jornada tenha sido feita, os seres no mundo espiritual podem ser abordados. A morada pode ser feita como uma ordem, se você está expulsando algo do mal; um pedido mais gentil, se estiver pedindo uma bênção ou dádiva; ou uma proposta, se houver alguma troca.

Eu direi, Mãe Terra, me dê seu sal,
tire tudo de ruim de mim,
deixe-me ficar de pé, dê-me vigor, dê-me coragem.
Meu rosto ficará claro,
meu cabelo ficará grosso, meu corpo ficará bem.

Ou,

Doença, você não recebe um lar aqui,
não recebe um porto pacífico.
Entre nos pântanos, nos lagos profundos,
nos rios velozes e nas florestas escuras.
Há camas para você lá,
colchões de penas com travesseiros de penas.
Há pratos de açúcar e bebidas de mel para você lá.
Lá você terá uma habitação.
Lá você terá paz.

Ou,

Carvalho, carvalho! Você é negro.
Você, carvalho, tem uma bétula branca.
Você tem gravetos para seus filhos
e a bétula tem gravetos para suas filhas.
Para você, carvalho e bétula,
deixe seus filhos fazerem barulho
para que meu filho durma e cresça.

O Voto

Para fortalecer o encantamento, um voto é feito no final, enfatizando que suas palavras têm poder e que sua vontade é forte. Esta é a frase que liga o encantamento à realidade. Sejam sussurradas ou faladas em voz alta, essas palavras devem ser ditas com coragem e confiança.

O que quer que eu faça, tudo ficará bem.
O que quer que eu pense, tudo se tornará realidade.
O que eu quiser, vai se tornar realidade!

Ou,

Que minhas palavras sejam pegajosas e duras,
mais firme que pedra,
mais grudentas que cola ou resina,
mais salgadas que o sal,
mais afiadas do que uma espada autocortante,
mais resistentes que o aço.
O que se pretende, será cumprido.

Ou,

Vou prender três vezes nove fechaduras.
Das três vezes nove fechaduras
removerei as três vezes nove chaves.
Eu lanço essas chaves no oceano-mar límpido,
e desse mar emergirá um pique de barbatanas douradas
e escamas de cobre, e ele engolirá minhas vinte e sete chaves,
e afundará nas profundezas do mar.
E ninguém deve pegar aquele pique,
ou descobrir as vinte e sete chaves,
ou abrir as fechaduras, ou me fazer algum mal.

Crie suas próprias Zaklynannya

Zaklynannya é uma parte tão importante da magia eslava que não importa o que você esteja fazendo ou criando, provavelmente haverá palavras que o acompanhe. Você encontrará muitas *zaklynannya* ao longo deste livro, mas entender a forma e o fluxo delas vai permitir que crie o seu próprio encantamento ou feitiço para qualquer situação que queira resolver magicamente. Eu recomendo escrever suas *zaklynannya* no papel com antecedência e aperfeiçoá-las antes de falar as palavras em seu ritual.

1. **A Saudação:** decida quais seres o ajudarão melhor em sua magia: um elemento, um animal, um espírito, uma parte da natureza ou uma divindade. Escolha aquele que está mais alinhado com a sua intenção e trate-o de forma respeitosa.

2. **O Cumprimento:** descreva os atributos de seu espírito de ajuda. Cumprimente-os com elogios honestos e imbua sua apreciação por eles com amor genuíno.
3. **A Jornada Espiritual:** imagine uma terra distante, um lugar mágico de conto de fadas: uma ilha distante e paradisíaca, um belo campo verde, uma montanha tão alta que ninguém pode alcançá-la, um céu embalando a Lua e as estrelas. Veja-se viajando para este lugar e realizando uma ação que vai representar, simbolicamente, sua intenção de abençoar, controlar ou proteger, seja deixando algo ou trazendo algo. Os contos de fadas ucranianos têm belas paisagens oníricas; portanto, se você se sentir preso e precisar de um impulso de imaginação, leia alguns contos de fadas para se inspirar.
4. **O Pedido, Solicitação ou Proposta:** faça uma proposta, pedido ou solicitação diretamente aos seres aos quais você está se dirigindo.
5. **O Voto:** faça um voto para fortalecer suas palavras. Na magia moderna, as pessoas costumam encerrar seu feitiço com frases: "É assim!", "Assim seja!", "Está feito!" Você pode incorporar essas frases confiantes em sua prática ou criar algo mais poético, usando metáforas ou imagens para simbolizar que sua intenção agora é uma realidade esperando para acontecer.

Depois de criar cuidadosamente seu *zaklynannya*, você pode usá-lo em seu trabalho de feitiço. Sussurre sobre os objetos para encantá-los; diga as palavras com entusiasmo ao se dirigir ao Sol, à Lua ou às estrelas; sussurre suavemente sobre suas velas, água ou outras ferramentas mágicas para abençoá-los; murmure sobre eles como parte de um ritual matinal ou noturno para conexão com os espíritos.

Capítulo 8

Khatynka e Pokut': A Cabana e o Altar

Vasylyna empurrou a porta com cuidado, mas ficou do lado de fora e espiou. Ela sabia que não devia ficar na soleira, mas não queria entrar na cabana sem saber quem ou o que estava lá dentro. A sala estava mal iluminada pelo fogo no pich, e ela mal conseguia discernir qualquer coisa dentro da cabana.

Quando seus olhos se ajustaram um pouco, ela pôde ver que a khatynka era realmente muito pequena – apenas um único quarto apertado com paredes caiadas de branco e talismãs protetores esculpidos nas vigas de madeira. Como em todas as cabanas de camponeses, o pich, o enorme fogão a lenha de barro, ficava no canto esquerdo, agachado e dominando o espaço como um gato rabugento enfiado em uma caixa pequena demais para ele. O pich era caiado de branco e pintado com símbolos coloridos diferentes de qualquer outro que Vasylyna já tivesse visto. À luz do fogo do forno, ela mal conseguia distinguir os desenhos místicos, desenhos com motivos de ervas e imagens enigmáticas pintadas no fogão. Pareciam símbolos de uma língua esquecida. Perto do pich, feixes de ervas e cogumelos foram pendurados para secar, como restos de decoração de uma festa.

Em outro canto havia um grande tear e um baú de madeira. Havia um cobertor inacabado no tear com desenhos intrincados e coloridos entrelaçados em um código mágico indecifrável. A arca ao lado do tear era feita de uma pesada madeira escura e pintada com gordas papoulas vermelhas e pássaros de fogo com penas esvoaçantes.

Em outro canto havia uma cama: um pequeno e aconchegante colchão de palha em uma prateleira, coberto com mantas de lã trançadas em cores vivas. Depois de suas longas viagens, a cama parecia muito convidativa e, embora não fosse sua casa, ela desejava se aconchegar sob as cobertas e ter um sono profundo.

No último canto, na diagonal do fogão, havia uma mesinha de madeira envolta em uma toalha bordada e ladeada por bancos no canto encostado nas paredes. Acima da mesa e no canto havia um pokut', o altar da casa. Uma imagem de uma Deusa antiga estava na prateleira de canto, e um rushnyk intrincadamente tecido estava pendurado acima dela. Nas sombras no banco abaixo do pokut' estava sentada uma mulher muito velha, imóvel como uma estátua. A única coisa nela que se movia era a espiral de fumaça do cachimbo que ela segurava na boca enquanto olhava para Vasylyna com os olhos semicerrados.

Baba Yaga Compartilha a Sabedoria da Khatynka e do Pokut'

Então, você finalmente pode dar uma olhada dentro da minha pequena cabana, minha *khatynka*, minha aliada, minha guardiã em suas pernas de frango. Minha cabana, como todas as casas, é uma coisa viva com seu próprio espírito. Sim, pequenino, mesmo objetos "inanimados", como uma casa, podem ser imbuídos de vida.

Quando construíamos nossas casas nos tempos antigos, colocávamos oferendas – ovos, pão, trigo, sal, moedas, lã, incenso – na fundação sob os cantos da casa para que ela pudesse proteger a família dentro. Em tempos ainda mais antigos, uma oferta de uma cabeça de galinha sacrificada – ou o crânio de uma ovelha, touro ou cavalo – poderia ser feita com cera de abelha, mel, pão e grãos. Sem essas oferendas, os "ossos" vivos da casa não se juntariam como um todo; a casa não estaria viva e não poderia funcionar para proteger as pessoas que viviam dentro dela, como faz a minha pequena *khata* com pernas de frango.[91]

Eu sei o que você está pensando: o que há com essas pernas? Bem, voltando aos tempos mais remotos, tínhamos cabanas especiais no meio da mata que criávamos para os rituais de Iniciação. Algumas delas seriam construídas para parecer um animal gigante, erguidas no alto de troncos de árvores que pareciam pernas e arquitetada com uma porta em forma de boca de um grande animal. Qualquer jovem Iniciado que entrava pela porta era "engolido" pela criatura ou monstro, sua antiga vida morria simbolicamente para que emergisse como um membro de pleno direito da comunidade.[92]

91. Lecouteux, *The Tradition of Household Spirits.*

92. Johns, *Baba Yaga.*

Espiritualidade, mistério e magia foram incorporados em todos os elementos da Iniciação. A entrada ritual na Terra dos Mortos era necessária para obter habilidades, segredos ou objetos do Outromundo. Dentro da cabana, com os anciãos da comunidade, o Iniciado aprenderia segredos espirituais e práticas mágicas e faria testes para ver se estava realmente pronto para ser um membro do grupo. Portanto, se você ousar entrar em minha cabana, estará entrando nos mistérios.[93]

Não fique parado na soleira como um tolo! A soleira é um espaço liminar, nem dentro nem fora, e se você não tomar cuidado, abre para sabe-se lá o quê. Na minha juventude, era onde enterrávamos nossos mortos, então ficar em um limiar é como estar em cima de uma sepultura; é gravemente desrespeitoso. Ha! E você pensou que eu não sabia contar uma piada.

De qualquer forma, esse espaço liminar é o motivo pelo qual pintamos nossos símbolos de proteção sobre a porta; penduramos feixes de urtigas frescas; enfiamos uma lâmina de faca, alfinetes ou agulhas no batente da porta; colocamos artemísia nos beirais; ou martelamos uma ferradura de ferro no lintel – para proteger nossos ancestrais e a casa de trapaceiros errantes, espíritos maliciosos e um ou dois ladrões estranhos.

Algumas pessoas tomam precauções extras ao cruzar os pontos liminares, benzendo-se a si mesmas em cruz, e nenhuma pessoa em sã consciência jamais apertaria as mãos ou faria negócios em um. Se você souber como trabalhar com esse espaço liminar, no entanto, ele pode ser útil. Por exemplo, se precisar livrar um ente querido de uma doença ou se ele estiver com *prychyna* e você não pode levá-lo à encruzilhada, o espaço liminar funcionará em socorro. Basta colocá-lo sobre esse espaço e lavá-lo com um pano úmido, deixando a água escorrer pela porta. Com a ajuda dos ancestrais, a maldição ou doença deixará o doente e o lar. Mas a menos que tenha experiência em se mover por esses espaços liminares como eu, os Três Mundos proíbem que você se sente em um limiar.[94]

Falando dos Três Mundos, você sabe sobre eles, certo? O mundo é dividido em três partes: o Mundo Inferior, o Mundo Intermediário e o Mundo Superior. Este não é o seu conceito de céu e inferno – esta é a terra

---

93. Hubbs, *Mother Russia*

94. Ryan, *The Bathhouse at Midnight.*

dos espíritos da natureza, a terra do mundo material e a terra dos espíritos etéreos. Vemos esses Três Mundos simbolizados pela Árvore do Mundo com suas raízes, troncos e galhos. Também vemos esses Três Mundos refletidos em nossa *khaty*: os pisos são o Mundo Inferior, as paredes são o Mundo Intermediário e o teto é o Mundo Superior.[95]

Aqueles desenhos que você vê esculpidos nas vigas de madeira e pintados nas paredes? Bem, uma casa não é considerada habitável até que esses encantos de flores, folhas e símbolos protetores sejam pintados nas paredes caiadas para confundir e afastar as forças do mal, da doença e da infelicidade. E a faixa vermelha pintada em todas as paredes logo acima do chão? Ah, torna-se um Círculo Mágico que mantém o mal a distância.

Portanto, não fique de fora. Você não pode ver nada. Entre, entre e dê uma boa olhada em minha casa. Minha pequena *khatynka* não é tão diferente da de qualquer outra pessoa nos velhos tempos. Você tinha um quarto, sim, e tudo acontecia lá dentro. Você cozinhava, trabalhava, tecia, costurava, comia e dormia. Isso nunca foi uma confusão obscura. Foi muito organizado. Cada *khata* camponês tinha as mesmas coisas necessárias colocadas em uma determinada ordem. Nesta sala, cada canto tinha um propósito: um canto para fiar e tecer no Norte, um canto para dormir no Sul, um canto para o *pich* usado para cozinhar e aquecer no Oeste, e um *pokut'*, ou casa altar, no Leste.

As direções eram críticas para as colocações desses cantos. Coloque os itens errados no canto ou na direção errada e você abrirá sua casa para todo tipo de dano espiritual. As pessoas comuns seguiam convenções estritas para a colocação dos cantos de suas casas quando eram construídas e as regras tradicionais para as quais as coisas pertenciam e em quais direções. Então, você pode ver por que minha casa girando e girando sobre suas pernas de galinha quebra as regras e inverte a ordem das coisas. Uma *khatynka* onde nada é estável, sim, mas também uma onde tudo é possível.

Enquanto todos os cantos têm seu poder e magia, o *pokut'* é o canto mais espiritual da *khata*.[96] Em muitos lares, é neste canto sagrado que o *ikona*, o ícone, é colocado em uma prateleira na parede e coberto com

95. Gilchrist, *Russian Magic*.

96. Johns, *Baba Yaga*.

um *rushnyk*. Dizem que essas imagens poderosamente mágicas de santos e divindades protegem e abençoam o lar de maneiras milagrosas. Mas os *pokut'* remontam antes mesmo dos dias em que eles trouxeram seus novos Deuses e santos para o povo. Os antigos Trypillians, uma cultura neolítica avançada centrada no que hoje é a Ucrânia, a Moldova e a Romênia, tinham altares caseiros no Leste que abrigavam as estatuetas de suas divindades.[97] O Leste é onde amanhece, portanto, sagrado em nossa conexão espiritual com o Sol. Nos tempos mais antigos, o canto leste da casa era o lugar de honra para o altar ancestral.

Ainda hoje, o *didukh*, o feixe sagrado de trigo que exploraremos mais no capítulo 20, é colocado no altar doméstico. O próprio nome *didukh* se traduz em "espírito do avô", e este feixe abençoado abriga os espíritos de nossos ancestrais durante as férias de inverno. Durante diferentes celebrações sazonais, o mingau de trigo *kutya*, os crepes macios *mlynets* e a bebida de frutas *uzvar* também são deixados para nossos espíritos ancestrais neste altar. A refeição em família realiza-se à mesa sob este altar, convidando os espíritos dos nossos entes queridos a jantar conosco diariamente e a partilhar as nossas ocasiões especiais.

Antigamente, quando as pessoas estavam mais em contato com o poder da *khata*, ao entrar em uma casa, fazia-se o sinal da cruz ao passar pelo limiar, aquele lugar liminar de magia caótica, e então se curvava ao *pich* e ao *pokut'* antes de socializar com as pessoas que ali viviam. Essa reverência era uma forma de homenagear a presença real dos santos e ancestrais neste canto, assim como tirar o chapéu e acenar para os mais velhos em sinal de respeito.[98]

Então, entre na minha *khata* e preste homenagem aos ancestrais no *pich* e no *pokut'*. Depois de entrar, você começa sua Iniciação nos mistérios das *Vidmy*, as Bruxas, e de Baba Yaga.

---

97. P. V. Pysarenko and O. I. Harmash, "Etnohrafichni Osoblyvosti Ukrayins'koho Narodu Ta Yikh Rol' u Stvorenni Ekoposelen' Na Terytoriyi Ukrayiny," *Isnyk Poltavs'koyi Derzhavnoyi Ahrarnoyi Akademiyi* 4 (2016): 83–88.

98. Gilchrist, *Russian Magic*.

Madame Pamita ensina a Magia da Khatynka e Pokut'

Não consigo me lembrar de uma época em minha vida em que não conhecesse um altar doméstico. Quando menina, lembro-me de visitar minha tia-avó e ver suas fotos de santos enfeitados com rendas *rushnyky* no canto de sua sala de estar. Em nossa própria casa, minha mãe criou um pequeno altar para Maria em um armário no corredor.

Seja um produto da minha criação ou apenas uma parte natural de ser uma Bruxa, onde quer que eu vá, pareço montar altares. Do lado de fora, na natureza, posso colocar um pouco de pão como oferenda aos espíritos em um toco de árvore, mas vou coletar algumas margaridas e bolotas para colocar em volta e torná-lo bonito. Em meu escritório no trabalho, tenho um altar comunitário para as petições de meus clientes enfeitados com talismãs mágicos para prosperidade, amor e saúde. E parece que cada cômodo da minha casa tem um ou dois altares para feitiços ou para homenagear os ancestrais. Eu até tenho um pequeno *pokut'* no canto leste da minha cozinha para homenagear meus espíritos favoritos e entes queridos que já faleceram. Fazer altares está no meu sangue. Incorporar esses pontos de alta energia espiritual onde eu trabalho e moro dá vida a esses espaços.

Decorar seus quartos, imbuí-los de Magia e criar espaços sagrados dará vida à sua casa. Você pode não conseguir enterrar moedas e trigo nas fundações de sua casa enquanto ela está sendo construída, mas pode fazer essas oferendas depois, enterrando-as no solo ao lado de seu prédio. Encontre um canto leste e monte um pequeno altar para seus ancestrais, seus espíritos ou suas divindades. Traga a magia para sua casa e você trará proteção, abundância e todos os tipos de bênçãos para sua vida.

Khatynka e Pokut' Hoje

Embora a maioria dos ucranianos morem em casas e apartamentos modernos nas cidades, ainda há veteranos que vivem em pequenas *khaty* tradicionais aquecidas por fogões a lenha. Há um grande carinho e saudade pela velha *khaty*. Na verdade, nos arredores de Kiev fica a antiga vila de Pyrohiv, que foi convertida em um Museu de 350 acres sobre a arquitetura popular e os costumes da Ucrânia. Este popular destino de "história viva" é dedicado à exibição e preservação de todos os estilos únicos de arquitetura tradicional e artes decorativas das diferentes regiões da Ucrânia.

A nostalgia do charme do passado aparece de formas menores na casa: flores pintadas nas paredes no estilo de arte popular Petrykivka, ovos decorados, bordados e, claro, o *pokut'*. Os ucranianos da diáspora, como meus avós, trouxeram consigo a prática do altar doméstico quando deixaram o velho país. Até o início do século 20, a maioria das casas na Ucrânia tinha um canto sagrado com um *ikona*, mas quando a antiga União Soviética começou a promover agressivamente o ateísmo e punir aqueles que o praticavam, muitas pessoas hesitaram em exibir artefatos religiosos. No entanto, o *pokut'* nunca foi embora. As pessoas substituíram o *ikona* em seu altar por figuras políticas mandatadas pelo estado ou colocavam uma imagem de algo não controverso, como uma pintura de flores, talvez inconscientemente remetendo à Árvore da Vida e à Deusa simbólica *Berehynia,* com os braços erguidos. Hoje, o povo ucraniano é livre para adorar como quiser, e tanto para aqueles que seguem o cristianismo tradicional quanto o antigo caminho pagão, o *pokut'* ainda é um importante centro espiritual em casa.

O poder do Pokut'

A crença no poder do *pokut'* é tão arraigada, que existe um juramento que nunca pode ser quebrado, que é dizer: *"Eu juro a você diante do canto sagrado"*. Dizer isso significava que você estava fazendo um voto diante de suas divindades e ancestrais. Antigamente, todas as atividades essenciais à linhagem eram realizadas no altar doméstico. Os bebês recém-nascidos eram banhados pela primeira vez, as noivas se enfeitavam antes do casamento e os velórios para aqueles que haviam passado para o reino espiritual eram todos feitos no *pokut'*.

Criando um Pokut'

Para criar um Espaço Sagrado em sua casa para honrar seus espíritos, divindades e ancestrais da maneira tradicional, você pode querer criar um *pokut'*. Embora não viva em uma casa eslava tradicional e não consiga cumprir todos os requisitos específicos do *pokut'*, você pode incorporar tantos elementos quanto puder. Sinta-se à vontade para fazer adaptações, se necessário.

Imagens

Embora os ícones de santos sejam frequentemente vistos no *pokut'*, o altar doméstico remonta a muito antes do advento do cristianismo. Colocar imagens de ancestrais, divindades ou espíritos honrados neste canto é uma forma ainda mais antiga de trabalhar com o *pokut'*.

As imagens consagradas, como os ícones, possuem diversas regras de como devem ser tratadas. Primeiro, uma imagem abençoada nunca deve ser vendida. Se o dono da imagem morrer, por exemplo, a imagem pode ser doada, enterrada com a pessoa ou deixada como oferenda em águas sagradas. As imagens nunca devem ser penduradas diretamente na parede, mas, sim, colocadas em uma prateleira. Essas imagens ganham vida em seu papel de guardiãs e protetoras, portanto, nunca são retiradas de casa, a menos que a família se mude ou a casa esteja em chamas. Ao mantê-las com a família e em seu lugar no lar, elas ganham seu poder.

Estante

Tradicionalmente, o *pokut'* seria criado em um canto, no lado leste ou sudeste da casa, diagonalmente na sala do fogão a lenha e acima da mesa de jantar. Neste canto, acima da mesa, estaria uma prateleira montada na parede. Esta prateleira era onde as imagens sagradas eram colocadas. Ao criar seu próprio *pokut'*, você pode instalar uma prateleira de canto único ou uma prateleira mais elaborada com dois ou três níveis. Antigamente, essas prateleiras eram esculpidas com símbolos mágicos: motivos geométricos entalhados, rosetas de seis pétalas, cruzes oblíquas ou símbolos solares para trazer proteção, abundância e saúde.

Para ser completamente autêntica, a prateleira deve ser montada no alto da parede, em direção ao teto e nunca abaixo da linha dos olhos. Idealmente, deve-se ter uma prateleira superior e uma inferior. Imagens sagradas, velas e um queimador de incenso podem ser colocados na prateleira superior e outros artefatos espirituais importantes na prateleira inferior.

Mesa

A mesa é um símbolo da unidade da família. É o lugar onde nos reunimos para compartilhar uma refeição, fazer reuniões e resolver problemas. Ter uma mesa perto do *pokut'* significa que você está convidando seus ancestrais para se juntarem à comunidade doméstica, para oferecer sua sabedoria, orientação e proteção. Idealmente, você pode colocar seu *pokut'* próximo à sua cozinha ou mesa de jantar, mas se isso não for possível, colocar uma pequena mesa perto do *pokut'* onde você possa sentar e comer uma refeição ritual e deixar oferendas também funcionará.

Existem algumas maneiras específicas pelas quais tratamos essa mesa *pokut'*. A mesa é vista como um lugar sagrado, então nada, exceto comida ou oferendas, deve ser colocado sobre ela. A mesa não deve ser usada como um aparador de bugigangas. Em particular, nunca se deve colocar as chaves sobre a mesa, porque acredita-se que isso provocaria brigas. Também não é bom colocar um chapéu na mesa, pois isso convidaria à doença.

A mesa deve ser coberta com uma toalha especial. Nunca se sente com as costas apoiadas na mesa, e nem é preciso dizer que nunca se deve sentar na própria mesa. Sentar-se à mesa, até para comer, é considerado um ato sagrado, que nos une aos nossos antepassados, pelo que deve ser tratado como tal. Quando você se senta à mesa para jantar com seus entes queridos, vivos e mortos, deve prestar atenção principalmente em falar com gentileza e nunca xingar ou ficar com raiva. Quaisquer decisões ou acordos familiares significativos podem ser selados por todas as partes sentadas nesta mesa, e qualquer voto feito no *pokut'* é considerado sagrado e inviolável.

Banco

Antigamente, os convidados de honra que entravam na casa eram solicitados a se sentarem no *pokut'* e oferecia-se pão e sal, símbolo da hospitalidade. Tradicionalmente, bancos longos e sem encosto eram colocados contra qualquer parede, encontrando-se no canto. Este ponto no canto, logo abaixo do *rushnyk* e das imagens, era considerado o lugar mais reverenciado e honrado da casa. Era reservado para pessoas que estavam passando por uma transição de vida: um bebê recém-nascido, um casal ou um falecido em transição para a vida após a morte.

Rushnyk

Enquanto o *rushnyky* tecido ou bordado com símbolos sagrados pode ser exibido nas paredes da casa, o melhor e mais longo *rushnyk* é reservado para o *pokut'*. Este pano ritual é colocado sobre a imagem para que os espíritos se vistam com suas melhores roupas e sejam tratados com respeito e luxo. Tradicionalmente, este *rushnyk* é pendurado acima do ícone ou imagem principal como uma pequena tenda ou cortina e desce até o banco.

Água

Garrafas de água sagrada são coletadas e armazenadas atrás das imagens para quando surge a necessidade de bênção ou cura. Se alguém está doente, recebe água benta para beber e seu leito é enxugado com água benta para eliminar a doença. A água sagrada é usada em inúmeras formas mágicas que são discutidas em detalhes no capítulo 19.

Vegetação

Durante a primavera, salgueiros e flores de cerejeira são colocados em vasos no *pokut'*. No verão, especialmente durante a semana em homenagem aos *Rusalky*, feixes de flores e folhagens, como centáureas, menta ou hortelã, pervinca e levístico, são colocados ao redor do *pokut"*. Em outras épocas do ano, flores de papel podem ser usadas para decorar e adicionar um pouco de cor, ou papoulas secas podem ser adicionadas para fortalecer a conexão com o reino espiritual. Durante os meses de inverno, o feixe de trigo seco, chamado *didukh,* é colocado neste canto. O *didukh* representa os ancestrais e dá uma morada temporária àqueles que vêm visitá-los no Solstício de Inverno.

Ovos

Vistos sempre como uma oferenda apropriada no santuário-lar, os ovos vermelhos, que são chamados de *krashanky*, os decorados, chamados de *pysanky* e os de madeira ou ovos de porcelana são lindos amuletos para adicionar ao seu altar para trazer bênçãos e proteção.

Vela

Uma vela de cera de abelha abençoada pode ser guardada e usada no *pokut'*. Há uma vela especial feita durante o feriado *Stritennya* (reunião) ou *Hromnytsya* (*gromnitsia*). Este feriado corresponde à Candlemas e ocorre em 2 de fevereiro no Hemisfério Norte, pelo calendário gregoriano, usado pela maior parte do mundo, ou 15 de fevereiro no antigo calendário juliano usado pela Igreja Ortodoxa. É o dia em que o inverno e a primavera se encontram. Velas de cera de abelha, chamadas *hromnytsi* (raios), são feitas neste dia sagrado. A mesma vela pode ser abençoada ano após ano, ganhando força a cada ano que é abençoada neste dia especial de reunião.

Essas velas são criadas amolecendo levemente a cera de abelha e enrolando-a em torno de um pavio de linho caseiro e, em seguida, envolvendo a vela acabada com fibras de linho e fio de linho vermelho feito em casa. Quando não estão em uso, as *hromnytsi* são guardadas atrás das imagens sagradas e levadas para serem acesas em rituais especiais. Por exemplo, se o clima colocar a casa em perigo, a vela pode ser acesa e colocada no *pokut'* para proteger a casa de inundações, incêndios, tornados ou de ser atingida por um raio. Se um ente querido tem medo do trovão, a *hromnytsi* pode ser acesa e circulada em volta da cabeça para aliviá-lo desse medo. *Hromnytsi* também são usadas para apoiar a cura espiritual e alívio da febre, insônia e inflamação.

Essas velas também podem ser acesas para ajudar em tempos liminares – se houver um parto difícil, por exemplo, ou para vigiar o espírito de alguém que morreu recentemente. Quando uma pessoa morre, uma *hromnytsi* é colocada em suas mãos e é acesa para iluminar seu caminho para a vida após a morte, para que possam encontrar o caminho para o mundo espiritual. Sem essa luz, acredita-se que seu espírito vagará no escuro e não conseguirá encontrar seus entes queridos do outro lado.[99]

Comida

Pão, sal, *kutya* (mingau de trigo e semente de papoula) e *uzvar* (suco fervido feito de mel e frutas secas) são deixados no *pokut'* como oferendas aos espíritos.[100] Tradicionalmente, são as crianças que oferecem comida aos antepassados. Duas vezes por ano, no Solstício de Inverno/Véspera de Natal e Equinócio de Primavera/*Provody*, uma tigela com *kutya* e uma colher para cada membro da família eram deixadas na mesa durante a noite para alimentar os ancestrais e permitir que os espíritos participassem do jantar e se sentissem honrados e bem-vindos. Uma adivinhação faria parte desse ritual. Na manhã seguinte, se a colher de alguém virasse de cabeça para baixo, era sinal de que essa pessoa se juntaria aos espíritos

99. Y. M. Rudenko, "Oberehove Pryznachennya Stritens'koyi Svichky Yak Osnovnoyi Rytual'noyi Zakhysnytsi," *Termyny Rynochnoy Ékonomyky: Sovremennyy Slovar'-Spravochnyk Delovohocheloveka* (2020): 180–183.

100. Kononenko, *Slavic Folklore.*

dentro de um ano. *Kutya* também foi oferecido no *pokut'* aos entes queridos quarenta dias após sua morte como uma refeição para celebrar sua Iniciação no mundo dos espíritos.[101]

Amuletos e ferramentas mágicas

Os amuletos também podem ser mantidos no santuário doméstico para uso no trabalho espiritual. Amuletos como enfeites de palha trançados e cotovias primaveris feitos de massa de pão, chamados *zhayvoronky*, eram frequentemente colocados no *pokut'* para bênçãos e abundância. Arte de corte de papel, *vytynanky*, também pode ser adicionada para proteção e bênçãos para a família.[102]

Feitiços de proteção podem ser feitos no *pokut'*. Colocar água e uma vela de cera de abelha em uma jarra de cobre no *pokut'* à noite era feito para evitar que a casa pegasse fogo. Algumas pessoas usam uma lamparina de azeite pendurada na prateleira mais baixa para manter vigília. E muitas pessoas guardam seus tesouros mais valiosos escondidos ao redor do *pokut'*, sabendo que esse espaço é inviolável.

Rituais do Pokut'

Existem muitos pequenos rituais que envolvem o *pokut'*. Antigamente, quem entrava em uma casa tirava o chapéu e fazia reverência ao santuário. Você também pode acenar para este canto para cumprimentar seus ancestrais quando entrar na sala.

Quando uma criança nascia, sua primeira cerimônia de integração à família era realizada no *pokut'*. Uma tigela cerimonial com *kutya* era oferecida aos ancestrais e o recém-nascido era carregado ao redor da mesa sob o santuário três vezes para iniciá-los na família. Trazer novos membros da família para o *pokut'* pode ser uma bela forma de convidar as bênçãos dos espíritos e incluí-los como parte da linhagem familiar.

---

101. Volodymyr Halaychuk, "Narodnyy Kalendar Zarichnenshchyny v Obryadakh, Zvychayakh Ta Fol'klori.," *Naukovi Zoshyty Istorychnoho Fakul'tetu L'vivs'koho Universytetu* 13–14 (2013): 43–83.

102. Mykhaylo Stankevych, "Vytynanky i Shtuchni Kvity: Porivnyal'nyy Aspekt," *Vytynanky i Shtuchni Kvity: Porivnyal'nyy Aspekt* (2008), http://dspace.nbuv.gov.ua/handle/123456789/16748.

Em um lar feliz e abençoado, a família não iria varrer a porta, pois isso acabaria com sua boa sorte. Eles varriam da soleira em direção ao *pokut'*, para que todas as suas bênçãos ficassem com eles. Quando a vida estiver indo bem para você, varra em direção ao *pokut'* e depois pegue a poeira de lá, mas não deixe sua vassoura debaixo do *pokut'*, pois isso seria considerado um insulto aos espíritos.

Quando um membro da família falecia, acreditava-se que seu espírito ficaria de três a quarenta dias no *pokut'*. Deixe oferendas especiais como *kutya* ou *uzvar* para seus entes queridos no *pokut'* durante este período delicado para honrá-los e ajudar seu espírito na vida após a morte.

A Magia da Khatynka e do Pokut'

Assim como Baba Yaga faz, você pode ver sua casa como um guardião senciente com vida e espírito próprios. Criar um *pokut'*, altar doméstico e outros pontos mágicos pessoais em sua casa, onde você possa honrar seus espíritos ou divindades, é uma maneira graciosa de trazer vida à sua casa, aprofundar sua conexão com seus espíritos e tornar a magia parte de sua vida diária. Fazer uma oferenda para sua casa pode despertar seu poder protetor e ajudá-lo a construir um relacionamento com ela. Qualquer que seja a magia que fizer em sua casa, seja com espíritos ou com a própria casa, você criará conexões com poderosos aliados mágicos que podem apoiá-lo em sua jornada espiritual.

Capítulo 9

Vidma: A Bruxa

A luz do fogo não era muito brilhante, então levou um momento para que Vasylyna pudesse distinguir as feições da velha enrugada sentada diante do pokut'. Quando conseguiu enxergá-la, ela pôde vê-la com seu longo nariz bicudo e cabelo emaranhado e oleoso, fumando seu cachimbo e avaliando Vasylyna através do olhar penetrante de seus olhos semicerrados. Além de fumar o cachimbo como um dragão soltando fumaça, ela não fez nenhum movimento. Houve vários momentos de silêncio constrangedor com Vasylyna muito intimidada e confusa para dizer qualquer coisa. Mas como estava claro que a velha não falaria primeiro, Vasylyna finalmente reuniu coragem para curvar a cabeça educadamente para o pich, depois para o pokut' e depois para a própria Baba Yaga.

"Boa noite, vovó."

A velha continuou a olhar para ela através dos anéis de fumaça que aos poucos se enrolavam ao seu redor. Ela estendeu a mão e começou a esfregar lentamente um dos dentes de animal que usava em volta do pescoço em uma corda simples. Vasylyna limpou a garganta e timidamente entrou pela porta.

"Meu nome é Vasylyna", disse ela.

A velha olhou para ela por mais um momento e então se levantou lentamente. Vasylyna podia ver que ela era muito magra e vestia um vyshyvanka, que estava tão sujo que era praticamente um trapo. Ela saiu de trás da mesa e, silenciosamente, foi até onde Vasylyna estava. Ao se levantar, Vasylyna notou que uma de suas pernas parecia tão fina e enrugada que ela podia ver a forma dos ossos abaixo.

No entanto, ela caminhou habilmente ao redor de Vasylyna, olhando-a de cima a baixo enquanto fumava seu cachimbo, avaliando-a como um petisco saboroso que a providência divina havia trazido à sua porta. Vasylyna continuou falando para preencher o silêncio constrangedor.

"Estou procurando por Baba Yaga."

Com essas palavras, a velha parou na frente de Vasylyna. Ela apertou os olhos ainda mais nitidamente e trouxe seu rosto até o de Vasylyna, que podia ver pelos crescendo nas rugas suaves de seu queixo, cheirar a mistura de alho e tabaco em seu hálito e ouvir a velha cravando os dentes no cachimbo.

"Você vem por sua própria vontade ou está vindo a serviço de outra pessoa?"

Vasylyna não sabia como responder a essa pergunta. Ela era sábia o suficiente para saber que era algum tipo de teste e que acertar a resposta era imperativo. Ela olhou para a motanka no bolso e viu a boneca acenando com a cabeça encorajadoramente.

"Eu vim em uma missão, mas desejo conhecer Baba Yaga por minha própria vontade."

A velha olhou com mais força para Vasylyna e então caiu na gargalhada.

"Oh ho ho!" ela disse. "Você quer conhecer Baba Yaga. Para conhecê-la? Oh ho ho! Oh ho ho! Ela riu como se Vasylyna tivesse contado a piada mais engraçada que ela já tinha ouvido.

Baba Yaga Compartilha a Sabedoria da Vidma

Essa garotinha. Querendo me conhecer! Será que ela tinha alguma ideia de onde estava se metendo? Quando você entra no mundo espiritual e pede não apenas para encontrar um espírito, mas para conhecer um espírito, bem, isso requer um pouco de coragem. Você pode não voltar de um pedido como esse. Bem, no mínimo, não voltará como estava quando entrou. Quando você entra na casa de uma feiticeira, é melhor estar preparado para que algum tipo de transformação aconteça. Gostamos de mostrar o que fazemos de melhor.

Bem, provavelmente você já percebeu que, quando entra na minha *khata*, está entrando em uma cabana de Iniciação. É por isso que a primeira pergunta que faço é para que você veio. Se veio apenas para dar uma olhada em uma Bruxa, tudo bem, deleite seus olhos antes que eu o empurre para o forno. Se veio para obter uma cura, remover uma maldição, pegar emprestado um pouco de fogo, tudo bem; mas se eu der algo a você, terá que me dar algo em troca. Mas se veio aprender, ah, então eu sei que fala sério. Você está pronto para ser Iniciado.

Se quiser ser uma testemunha dos mistérios, darei a você alguns testes para ver se é digno do conhecimento que está pedindo para receber. Para realmente conhecer minha magia, você não pode apenas ler sobre ela, deve experimentá-la. Encontrar-me é apenas o começo. Uma Iniciação destina-se a testá-lo. Você está falando sério sobre querer se tornar uma *Vidma* ou uma *Molfarka*? Bom, então terá de fazer o trabalho para chegar lá. Nem todos serão capazes de completar as tarefas que eu der. Muitos vão desistir. Outros adiarão seu aprendizado para outro dia. Outros podem achar falhas nas tarefas que dou e abandoná-las completamente. E outros ainda podem ficar impacientes, imaginando por que estou indo tão devagar ou por que não podem ser iniciados agora. E eles também podem sair.

Uma Iniciação nunca é fácil. Se fosse, todos seriam sócios do clube, certo? As tarefas podem parecer difíceis, ou mesmo impossíveis. No entanto, o que você pode não perceber é que, embora pareçam impossíveis, elas não são. Uma impossibilidade não é um enigma, mas um bloqueio. E embora eu possa dar quebra-cabeças, nunca dou uma impossibilidade. Nem minhas tarefas são punições. A criança dentro de você pode ficar mal-humorada e sentir que estou simplesmente lhe dando essas tarefas para me divertir, como um gato brinca com um rato antes de comê-lo. Não, elas também não são isso.

As melhores Iniciações são projetadas não apenas para ensiná-lo por meio da experiência, mas para desafiá-lo, para fazê-lo saber que é capaz de fazer mais do que pensa ser possível. Quando lhe dou uma tarefa, você pode se sentir perdido ou confuso. Pode ter que procurar ajuda externa ou pesquisar para encontrar as informações necessárias. E pode ter que encontrar soluções criativas ou fazer adaptações. Isso faz parte do nosso trabalho. Se for como as garotas preguiçosas que vêm até mim em busca de uma esmola gratuita, bem, você pode achar um encontro comigo um pouco decepcionante. É para ser assim, é minha maneira de mandá-lo embora na porta.

Mas para aqueles que avançam, que concluem as tarefas que lhes dou, que estão abertos para ver o benefício advindo do trabalho, há uma recompensa enorme. Não apenas os presentes que dou a eles no final, mas a magia que aprendem ao longo do caminho. Um dos primeiros presentes que ofereço é a capacidade de ver seus próprios bloqueios. Se você olha para uma tarefa com desdém, desânimo ou resistência, isso não diz nada sobre a tarefa, mas fala muito sobre seu desejo e dedicação. Tornar-se uma *Vidma* não é seguir os passos e obter um certificado de participação no final. Requer um comprometimento que pode carregá-lo quando você se depara com uma tarefa que parece intransponível. Requer uma vida inteira de superação de desafios. Muitas vidas, no plural. A boa notícia é que não há exame final. As notícias não tão boas? Você será constantemente desafiado, constantemente testado, mas também estará constantemente aprendendo, crescendo, dominando e se aperfeiçoando.

Você pode começar completando as tarefas em devoção a mim, mas logo vai descobrir que elas são uma forma sagrada de honrar a si mesmo. E quando completá-las, concederei a você presentes inestimáveis: presentes pelos quais um rei trocaria seu reino. Ao aperfeiçoar sua prática, você será capaz de direcionar os elementos, prever o futuro, comungar com os espíritos e pedir minha ajuda em sua hora de necessidade. Complete o suficiente desses desafios e um dia você poderá se chamar de *Baba*.

Madame Pamita ensina a Magia da Vidma

Quando eu era pequena, adorava a magia que minha mãe compartilhava comigo. Havia tantas coisas pequenas que ela me ensinou como partes práticas da vida. Acenda uma vela em uma igreja, faça um desejo e ele se tornará realidade. Pegue um pedaço de comida que você deixou cair no chão, beije a Deus e estará seguro para comê-lo. Durma com um pedaço de bolo de casamento debaixo do travesseiro e você sonhará com seu futuro marido. Despeje um pouco de água benta e ela curará seus males. Leve um amuleto da Mãe Maria em seu carro e você não sofrerá um acidente.

Minha mãe nunca chamou a si mesma de Bruxa, embora eu possa ver que muito do que eu tomava como certo como práticas católicas típicas eram na verdade magia popular. Quando ela me contou histórias sobre minha *babusya* curando as pessoas de suas doenças, derramando cera ou fazendo bonecas, eu não sabia na época que isso significava que minha avó era uma *Znakharka*. A magia era apenas uma parte de nossas devoções e, desde que incluíssemos Jesus, Maria, os santos e os anjos em nossos feitiços, estaríamos bem.

A Vidma Hoje

Essa mistura de cristianismo tradicional e práticas de magias populares mais antigas é uma marca registrada da fé ucraniana. Durante séculos, tem havido um empurrão entre a Igreja e as antigas práticas mágicas folclóricas pagãs – alguns líderes da igreja as condenam como demoníacas, enquanto outros aceitam algumas práticas como parte inofensiva da vida espiritual, desde que a Santíssima Trindade seja trazida à mistura.

Como uma fita em uma trança, a magia é tecida intrinsecamente no folclore ucraniano. Abundam as lendas sobre as belas e encantadoras Bruxas de Kiev, voando para Lysa Hora, Bald Mountain, para celebrar seus Sabbats. A história de Nikolai Gogol, "*The Night Before Christmas*", apresenta uma Bruxa atraente chamada Solokha, que tem muitos admiradores na aldeia. E, claro, existem dezenas de histórias sobre Baba Yaga, a Bruxa que é má, prestativa ou ambígua com as pessoas que cruzam seu caminho.

Ao contrário da Europa Ocidental, onde os julgamentos de Bruxaria tinham um efeito assustador sobre as mulheres sábias e as pessoas que se apegavam às práticas pagãs, os ucranianos aceitavam os praticantes de magia como parte da cultura da aldeia. Ainda hoje, as práticas de magia popular são vistas como verdadeiras curas ou, no mínimo, como superstições inofensivas, e quase todo ucraniano conhece uma cartomante ou um curador espiritual que pode recomendar.

Diferentes Tipos de Praticantes de Magia

Existem tantos tipos diferentes de profissionais mágicos quanto diferentes gostos para se praticar magia. *Vidma*, *Znakharka*, *Vorozhka*, *Chaklunka*, *Baba Sheptukha* e *Molfarka* têm diferentes especialidades e talentos. São inúmeras as maneiras pelas quais pessoas astutas podem obter essas habilidades mágicas. Alguns desses dons são herdados, passados de pais ou avós para filhos. Outros são dotados pelos espíritos, e outros ainda são ensinados por um ancião não relacionado e passam por uma Iniciação.

Vidma

Uma *Vidma*, uma Bruxa, significa "alguém que sabe"; em outras palavras, uma mulher sábia. Assim, *Vidmy* não são apenas criadoras de magia, elas são conhecedoras de todo o conhecimento. *Vidmy* podem ser úteis ou prejudiciais. Nos dias em que a maioria dos ucranianos vivia em fazendas, acreditava-se que as *Vidmy* tinham a capacidade de roubar o leite da vaca de alguém, destruir uma colheita ou amaldiçoar com uma doença. No entanto, também se acreditava que elas poderiam proteger as pessoas de doenças, lançar feitiços de amor, trazer bom tempo ou neutralizar os feitiços de *Vidmy* maliciosas.

Znakharka

Uma *Znakharka* é uma mulher astuta, curandeira, fitoterapeuta e parteira, que se dedica à medicina popular usando ervas, fumigação ou sussurros para curar e proteger. Ela pode interpretar sonhos, usar orações mágicas e lançar feitiços benéficos. Pode também detectar venenos, sentir a feitiçaria de outras pessoas, ouvir a longas distâncias e neutralizar o mau-olhado e outros feitiços nocivos. Como a palavra *vidma*, a raiz da palavra *znakharka* significa "saber".

Vorozhka

Um *vorozhka* é um adivinho que pode olhar para o futuro e decifrar presságios e augúrios. *Vorozhky* podem usar qualquer número de dispositivos para fazer seus prognósticos: dados, cartas, quiromancia, folhas de chá, carvão, sal ou água, por exemplo. Eles também podem ter o dom do conhecimento psíquico e são capazes de prever o futuro sem usar ferramentas. Além da adivinhação, um *vorozhka* também pode ser chamado para localizar objetos perdidos ou roubados.

Chaklunka ou Chaklun

A *Chaklunka* é uma feiticeira de poder lendário, frequentemente focada em magia negativa. Ela, ou sua contraparte masculina, o *Chaklun*, lançam maldições, controlam o clima ou criam poções maléficas para prejudicar ou controlar os outros. Eles também podem usar feitiços para fortalecimento e enriquecimento.

Baba Sheptukha

A *Baba Sheptukha*, a avó sussurrante, é uma mulher mais velha que usa suas palavras sussurradas para curar. Seu método favorito de lançar um feitiço é sussurrar *zaklynannya* sobre um meio mundano, como água, manteiga, pão, sal, cera de abelha ou chá, transformando-o em um poderoso remédio mágico ou murmurando encantamentos sobre água, fogo e terra.

Molfarka ou *Molfar*

Uma *Molfarka, ou Molfar,* é alguém que transita entre o Mundo Inferior, o Mundo do Meio e o Mundo Superior, o mundo dos vivos e o mundo do espírito. Uma *Molfarka*, ou *Molfar,* se for do sexo masculino, tem um papel semelhante ao do xamã siberiano: eles servem à comunidade, ministrando espiritualmente aos indivíduos, bem como à aldeia como um todo. Cada *Molfarka* tem dons particulares. Alguns podem mudar para a forma animal e se comunicar com os animais, enquanto outros criam amuletos que podem curar doenças ou acalmar mentes perturbadas. Outros ainda controlam os elementos, trazendo chuvas suaves ou destruindo plantações com uma maldição que traz secas ou tempestades.

Objetos Sagrados da Molfarka

Todo praticante de magia tem suas ferramentas espirituais: seu almofariz e pilão, sua varinha, seus talismãs –, mas a *Molfarka*, ou *Molfar* tem um conjunto único de objetos sagrados que usa em sua prática, chamados *molfa*, que são preenchidos com energia vital. Um *molfa* pode ser um objeto cotidiano imbuído de magia, como um pedaço de pano, uma fita, um anel, um medalhão ou um colar, ou pode ser algo encontrado na natureza, como uma pedra, uma lasca de madeira, ou ossos, penas ou dentes de um animal.[103]

O que transforma um desses objetos mundanos em um poderoso *molfa* são os encantamentos: o ritual, o feitiço ou a oração realizada pela *Molfarka*. Com as palavras do praticante de magia, um simples objeto

103. V. Bloshchyns'ka, "Kul't Karpat·S'koyi Mahiyi Yak Fenomen Hutsul's'koyi Kul'tury," *Karpaty: Lyudyna, Etnos, Tsyvilizatsiya* 5 (2014): 277–293.

se torna um *molfa* com proteção, cura, bênção ou poder de ataque. A *Molfarka* escolhe em que direção tomar o feitiço – amor, morte, força, riqueza, beleza ou saúde – e profere as palavras com reverência do fundo do coração. O *molfa* serve a *Molfarka* por toda a vida e pode até ser passado de geração em geração. Surpreendentemente, se um *molfa* se perde, ele retorna ao seu dono de forma milagrosa.[104]

Hromovytsi/Raios

Hromovytsi são pedaços de madeira com buracos naturais que caíram de uma árvore atingida por um raio. As pessoas que são atingidas por um raio e vivem muitas vezes recebem presentes de clarividência e habilidades psíquicas. Um objeto atingido por um raio possui esse choque de poder vindo da própria Natureza. *Hromovytsi* são usados para curar, proteger e remover o mau-olhado, acendendo-os e fumigando um indivíduo com a fumaça, colocando uma pequena lasca em um banho ou simplesmente carregando-os.

Um buraco em um pedaço de madeira atingida pelo raio também pode ser usado para dar ao *Molfar* ou *Molfarka* habilidades especiais para ver além do material. Espiando pelo buraco com um olho, diz-se que eles podem identificar praticantes de magia com más intenções.

Hromova Palytsya/Bastão de Tempestade

"Para dispersar uma nuvem, é preciso ter um pedaço de pau com o qual uma pessoa atingiu uma cobra que estava prestes a comer um sapo."[105] Um *hromova palytsya* é um Bastão ou cajado dotado da habilidade especial de controlar o clima. O mais lendário *hromova palytsya* foi carregado separando uma cobra e um sapo, mas pedaços de madeiras que tiveram outros encontros sobrenaturais especiais também podem se tornar poderosos *hromova palytsya*. Um Bastão tão abençoado se torna uma vara que pode ser usada para banir nuvens e controlar fenômenos climáticos.[106]

---

104. Hromovytsia Berdnyk, *Znaky Karpat·S'koyi Mahiyi* (L'viv, Ukraine: Zelenyi pes, 2006).
105. S. P. Boyan and N. Bayurchak, "Mol'fary Ukrayins'kykh Karpat: Typolohichnyy Analiz," *Halychyna* 27 (2015): 45–51.
106. Johns, *Baba Yaga.*

Hradovyy Nizh/Faca de Granizo

A faca de granizo é uma ferramenta mística para proteger o *Molfar* e é considerada seu fiel guardião e amigo. Acredita-se que o leite começará a derramar de uma árvore esfaqueada com um *nizh hradovyy* consagrado ou que uma faca de granizo pode transformar uma pedra em queijo. Também pode ser usado para curar uma picada de cobra. Frequentemente, você vê o símbolo protetor de uma flor de seis ou oito pontas nos cabos dessas facas especiais.

Zgarda/Medalhão do Sol

O *zgarda* é um amuleto de latão de uma cruz de braços iguais. Este antigo símbolo do Sol é um talismã de proteção e é usado no pescoço durante a Iniciação do *Molfar* ou *Molfarka*. Quando ocorre uma segunda Iniciação, um segundo *zgarda* é enfiado na corrente, e assim por diante, adicionando outro novo talismã para cada Iniciação. Esses colares com seus símbolos de cruz têm uma função protetora muito forte.

Mosyazhni/Anéis de latão

Mosyazhni são enormes anéis de latão esculpidos com símbolos solares mágicos ou imagens de espíritos da floresta. São amuletos que simbolizam a imortalidade da alma, a unidade da Terra e do céu e o círculo do infinito. Acredita-se que usar um anel de latão enfeitiçado permite que você passe pelos portões do tempo e acesse o passado, futuro ou mundos paralelos, ou se torne invisível. Acredita-se também que um poderoso *mosyazhni* proteja o usuário de flechas, balas ou qualquer tipo de golpe.

Totemies/Talismãs

Talismãs feitos de pele, ossos, chifres, dentes ou penas conectam a *Molfarka* com os espíritos de animais guardiões especiais. Com esses *totemies*, uma *Molfarka* pode evocar seus assistentes espirituais em momentos importantes ou desafiadores. Esses talismãs estão sempre a serviço da *Molfarka* e a auxiliam na comunicação com esses espíritos animais.

Kaminchyky/Pedras

As pedras existem há milhões de anos e, como tal, acredita-se que sejam impressas com informações sobre a criação do mundo. Uma *Molfarka* entende as pedras como criaturas vivas com seu próprio caráter e comportamento e as usa para curar doenças e banir a negatividade.

Um *Molfar* ou *Molfarka* pode pegar uma pedra cinza grande, redonda e lisa até o topo de uma montanha, levantar as mãos para o céu e jogar a pedra de uma mão para a outra, enquanto recita o seguinte encantamento:

Esta pedra que estou segurando,
Eu coloco todas as doenças nela.
Deixe a pedra levar a dor,
então isso vai me salvar!

Eles então jogam essa pedra longe. Se alguém pegar a pedra, a doença lhe será transmitida. Para evitar isso, uma *Molfarka* pode alternativamente enterrar a pedra com as palavras *"aceite isso, Mãe Terra!"*

As pedras da base das cachoeiras também são bastante poderosas. Uma pedra que teve água caindo sobre ela por séculos ou mais absorveu a energia da água e agora contém esse grande poder mágico.

Trembita/Horn, Drymba/Jaw Harp, Sopilka/Flauta

Uma *Molfarka* ou *Molfar* pode usar instrumentos musicais para invocar estados alterados ou transes para que possam viajar para os mundos inferior, médio ou superior. O *trembita* é um chifre longo semelhante a uma *alforna*, que cria um som que pode ser transmitido por longas distâncias em regiões montanhosas. O *drymba* é uma harpa de mandíbula que é mantida contra os dentes e tocada ritmicamente para criar um zumbido que pode levar a estados alterados de consciência. O *sopilka* é uma flauta de pastor de madeira que é tocada para imitar os sons de pássaros e assobios. Com esses sons, o *Molfar* pode hipnotizar pessoas, conjurar espíritos ou encantar animais. Os sons desses instrumentos musicais também têm um efeito calmante na mente, purificam os elementos e conectam a pessoa aos animais, aos elementos e a outras partes da natureza.

Criando seu próprio Molfa

Para criar uma ferramenta sagrada, comece com qualquer objeto durável – quanto mais mundano, melhor. Escolha algo que seja despretensioso, barato e normal. Dê um passeio na natureza e procure paus, pedras e ossos especiais. Para fazer um *molfa*, você precisa de algo que dure anos e talvez até seja passado para um neto ou protegido, então coisas efêmeras como flores ou folhas não são uma boa escolha para esse tipo de magia.

Se você caminhar com seu conhecimento interior ativado, poderá descobrir que um item de aparência muito comum se destaca para você, ou pode haver uma interação fora do comum com a natureza, como separar uma cobra e um sapo, que empodera o objeto com magia. Traga este objeto para casa e comece a trabalhar com ele: segure-o em suas mãos, sussurre para ele, coloque-o em seu altar.

Da mesma forma, você já pode ter um objeto em casa que possa encantar: uma fita, um anel ou um colar, por exemplo. De qualquer maneira, comunique-se com seu potencial *molfa* enquanto ele se senta em seu altar ou carregue-o com você. Deixe-o dizer para o que pode ser usado magicamente. Fale suas palavras de poder, suas *zaklynannya*, sobre ele. Veja se o *molfa* fica mais encantador ou se você perde o interesse por ele. Convide-o para participar e fortalecer seu trabalho de feitiço. Acenda uma vela próxima a ele, segure-a perto de seu coração, visualize-a imbuída de luz radiante, apague-a ao luar ou ao sol. As ferramentas mágicas tornam-se fortalecidas com o uso e a intenção. Dê-lhe um nome. Desenvolva um relacionamento com ele. Quanto mais você trabalhar com seu *molfa*, mais poderoso e útil ele se tornará.

O Caminho da Vidma

O que é Baba Yaga? Ela é uma *Vidma* conhecedora? Uma poderosa *Chaklunka*? Uma *Molfarka* mística? Ou ela é tudo isso? Uma das coisas que adoro na Bruxaria ucraniana é que existem muitas opções de como se identificar, e todas elas são mágicas. À medida que avança em seu caminho espiritual, em algum momento pode querer dar um nome ao que faz. Você é uma *Voroshka* que tem o dom de prever o futuro ou uma *Baba Sheptukha* que usa suas palavras para dissipar doenças e fortalecer objetos? Você é uma *Molfarka* que tem o poder de controlar os elementos ou uma *Znakharka,* com habilidades especiais no uso de ervas? Aprenda as diferentes técnicas mágicas que Baba Yaga traz ao longo deste livro, e poderá descobrir que talentos mágicos anteriormente ocultos vêm à tona. Você é mais poderoso do que pensa que é.

Capítulo 10

Yizha: A Comida Encantada

Baba Yaga riu e riu, "Ah ha ha!" Ela deu um tapa na coxa, segurou a cintura fina e se curvou ainda mais enquanto cacarejava, tentando recuperar a compostura. Ela respirou fundo e então, enquanto ainda ria para si mesma, disse, "Ela quer conhecer Baba Yaga, oh ho ho!" Ela enxugou as lágrimas de riso.

Quando finalmente se recompôs, olhou Vasylyna de cima a baixo novamente. "Você é pequenininha..."

Ela pegou o pulso de Vasylyna e o mediu com seus dedos nodosos. "E magra também."

Deixou cair o pulso em desapontamento e desgosto e disse: "Você não daria metade de uma refeição para uma doninha."

E então foi até o forno de barro e abriu a porta de metal para jogar outra lenha no fogo.

"Sente-se à mesa, menina", disse ela sem olhar por cima do ombro. "Primeiro, vou pegar algo para você comer, depois vou fazer uma cama para você dormir no banco. Durma esta noite, e então podemos ver como conhecer Baba Yaga amanhã. Hmph". Ela bufou e balançou a cabeça grisalha.

Vasylyna fez o que lhe foi dito e sentou-se no banco à mesa. A velha agitou-se ao redor do pich resmungando consigo mesma e, com uma longa pá de madeira, tirou do forno um círculo quente de pão trançado. Ela colocou uma pequena tigela com sal no centro do pão, pegou-o com um rushnyk bordado, trouxe-o para a mesa e o colocou na frente de Vasylyna, que olhou para cima, sem saber se deveria comer o pão ou não.

"Bem", Baba Yaga disse, "você vai derramar o sal no chão? Vá em frente! Coma!"

Vasylyna arrancou um pedaço do pão e o mergulhou delicadamente no sal antes de dar uma mordida.

"Hmph", disse Baba Yaga, e ela voltou para o armário e derramou um pouco de uzvar doce e pegajoso em um copo de barro e o colocou diante da garota. Então ela desdobrou alguns cobertores de lã macia e começou a fazer uma cama confortável no banco desocupado ao lado de Vasylyna.

Enquanto Baba Yaga estava ocupada arrumando e dobrando os cobertores, Vasylyna esgueirou uma pitada de pão e um gole de uzvar para a motanka em seu bolso, depois partiu outro pedaço do pão para si mesma. Ela estava com muita fome, e o pão doce e macio e o suco de frutas com mel eram os melhores que ela já havia provado. Antes que percebesse, ela havia comido e bebido até se fartar.

Baba Yaga limpou a mesa e Vasylyna, cheia de pão quente e exausta da viagem, preparou-se para dormir. Ela se enfiou sob os cobertores grossos que Baba Yaga havia colocado no banco, colocou sua motanka ao lado dela e, com o pokut' acima da cabeça, logo fechou os olhos e adormeceu.

Baba Yaga Compartilha a Sabedoria de Yizha

Então você pensou que assim que me conhecesse tudo seria sobre feitiços voadores e turbilhões de comando. Ninguém quer aprender. Todos querem chegar à linha de chegada. Sem caminhar na estrada, não há destino.

Eu ouço aquela voz chorosa em sua cabeça: *"mas Baba Yaga, a comida é tão chata, tão mundana. Eu quero chegar às coisas boas"*.

O quê? Não sabia que eu podia ler seus pensamentos? Hmph. Que tipo de *Vidma* eu seria se não pudesse ler um pensamento tão óbvio quanto esse?

"As coisas boas". A comida é a coisa boa. É tudo. Conhece o ditado *"você é aquilo que come"*? Se quer ser uma *Vidma*, tem que se tornar um ser mágico. Se quer ser mágico, precisa comer magia. A comida que ingere, a comida que dá aos outros, a comida que oferece aos espíritos – tudo pode ser impregnado com seus feitiços, seus encantamentos, sua magia. E quanto mais reconhecer isso e trabalhar dessa maneira, mais Bruxa se tornará.

Toda a magia criada pela Mãe Terra – as sementes, os grãos, as ervas, as raízes; tudo o que nos é dado pelos meus filhos, os animais – o leite, os ovos, o mel; cada elemento que adicionar – a água, o ar, o fogo;

e cada passo do processo – o trabalho de suas mãos, as palavras dos encantamentos – tudo isso se reúne em nossa comida. Às vezes, as coisas mais simples realmente têm mais poder.

Znakharka, *Molfarka* e *Baba Sheptukha* sabem que um dos melhores métodos de lançar um feitiço que remonta aos tempos mais antigos é sussurrar encantamentos sobre comida ou bebida. Expresse sua intenção em algo que colocará em seu corpo e criará mudanças profundas – limpe maldições ou traga bênçãos, crie poções que podem fortalecê-lo ou encantar outra pessoa. Está tudo ao seu alcance.[107]

Comida e bebida também podem encantar os espíritos. Lembre-se de quem conheceu em sua jornada até agora. Cada vez que toca o mundo dos espíritos, você faz uma oferenda. *Motanka*, *Domovyk*, *Lisovyk*, *Rusalky* – não são obrigados a ajudá-lo, mas se lhes oferecer algo delicioso, podem se sentir inclinados a fazê-lo. Oferecer comida a esses espíritos selvagens cria um relacionamento com eles. Conecta você a eles e eles a você.

Todas as interações significativas com nossos amados ancestrais também envolvem lhes oferecer comida e bebida. Colocamos *kutya* e *uzvar*, mingau de trigo e suco de frutas no *pokut'* para nos conectarmos com nossos entes queridos que já faleceram e para ajudá-los em seu caminho. Deixamos *khlib* e *krashanky*, pão e ovos tingidos, em seus túmulos para que saibam que sentimos falta deles e não os esquecemos.[108]

Também oferecemos hospitalidade a pessoas que estão no mundo dos vivos. Seja um rosto familiar ou um recém-chegado, poderoso ou humilde, um convidado é tratado com honra. Existe uma antiga tradição de boas-vindas onde oferecemos pão e sal a quem entra em nossa casa. O pão é o presente sagrado do grão de nossa Mãe Terra, nossa *Maty Zemlya*, e o sal é aquele tempero raro que dá sabor à vida. Damos comida abençoada aos nossos convidados, apresentando-os em um *rushnyk* mágico.[109]

A pessoa que recebe esse pão arranca um pedaço, mergulha no sal e come. Essa transação cria um vínculo amigável entre quem oferece e

---

107. Ryan, *The Bathhouse at Midnight.*

108. Svitlana Kukharenko, "Traditional Ukrainian Folk Beliefs about Death and the Afterlife," *Folklorica* 16, no. 1 (December 2011), https://doi.org/10.17161/folklorica.v16i1.4209.

109. Hubbs, *Mother Russia.*

quem recebe. O pão é também o que damos aos nossos entes queridos que têm de viajar, não só para poderem comer, mas para que sejam protegidos com o amor que colocamos no pão que lhes fizemos.

Quando oferecemos comida e bebida aos espíritos, podemos ter algo em mente que gostaríamos que eles fizessem por nós, mas sempre fazemos a oferta com a sensação de que é um presente dado gratuitamente, sem nenhuma expectativa explícita de reciprocidade. Damos comida e bebida até mesmo para quem não tem nada para nos oferecer em troca. Alimentar os menos afortunados é um dos nossos caminhos. Sempre damos a eles o melhor que temos a oferecer, pois sabemos que sorte e bênçãos virão de nossa bondade. Até eu mostrarei hospitalidade a um estranho que aparecer à minha porta. Sim, sim, posso comê-los mais tarde, mas sempre os alimento primeiro.

Madame Pamita ensina a Magia de Yizha

Quando criança, sempre que eu trazia amigos para casa minha mãe se apressava na cozinha e fazia algo para eles comerem. "*Aqui, eu fiz esses biscoitos*" ou "*Você gostaria de uma cerveja de raízes flutuantes?*" Claro, meus amigos adoravam, mas quando cheguei à adolescência, eu ficava muito envergonhada com o que considerava a agitação de minha mãe.

Sempre que organizava uma festa de fim de ano, ela fazia uma grande variedade de comida: três pratos principais diferentes, quatro saladas diferentes e dezenas de acompanhamentos. Frequentemente, isso incluía comida caseira ucraniana, como repolho recheado chamado *holubtsi*, bolinhos de batata chamados *varenyky*, linguiça de porco com alho chamada *kovbasa* e trigo sarraceno cozido chamado *kasha*. Nós sempre rimos e dissemos que se ela estava esperando cinco pessoas, certificava-se de ter o suficiente para alimentar cinquenta. Sempre pensei que servir comida em excesso era uma peculiaridade especial da minha mãe, mas conforme fui conhecendo outros ucranianos, percebi que comida e hospitalidade estão verdadeiramente interligadas na psique eslava. Sempre que alguém vem, você oferece hospitalidade por meio de algo para comer ou beber.

Há uma parte espiritual dessa hospitalidade que minha mãe expressou plenamente – a comida só é saborosa se tiver o ingrediente secreto de ser feita com amor. Muito da magia é sobre intenção. Se você está bordando, sua mente deve estar clara. Se estiver fazendo uma *motanka*, deve ter o coração leve. Com a comida é a mesma coisa. Seja sussurrando em um pedaço de alho para criar um amuleto ou assando um pão cheio de desejos de saúde e felicidade para seus entes queridos, a comida é a substância perfeita para imbuir de suas intenções mágicas.

Yizha Hoje

A comida está entrelaçada em grande parte do folclore ucraniano, incluindo algumas de suas mais antigas práticas mágicas registradas, por um bom motivo. A própria Ucrânia tem sido chamada de "Celeiro da Europa" por causa de seus campos férteis de rico solo negro, que são capazes de produzir grandes quantidades de grãos e outros alimentos. Muitas pessoas de ascendência ucraniana podem traçar suas linhas familiares até pessoas que trabalharam de perto com a terra, portanto, existem muitas práticas mágicas ligadas à comida. Desde o cultivo e colheita até a preparação de refeições, existem inúmeras maneiras pelas quais as pessoas infundem comida e bebida com poder espiritual.

Cada feriado tem seus alimentos especiais, que têm um significado mágico. Por exemplo, existe uma antiga prática pagã do Solstício de Inverno que foi preservada como parte do *Sviaty Vechir*, a celebração da Véspera de Natal. Na *Sviaty Vechir*, ou "Noite Santa", os ucranianos preparam uma elaborada refeição de doze pratos. Cada um desses diferentes alimentos tem um significado especial e representa uma bênção para os próximos doze meses.

Existem ainda outras maneiras pelas quais os ucranianos usam comida para magia que não têm nada a ver com comê-la, como, por exemplo, lavar-se em água imbuída do poder de uma erva mágica ou espalhar sementes para fornecer proteção. O poder desses ingredientes mágicos foi transmitido através das gerações e está intrinsecamente entrelaçado na vida espiritual das pessoas até hoje.

Criando Yizha Encantada

É um costume tão arraigado oferecer hospitalidade aos hóspedes que até mesmo um espírito selvagem como Baba Yaga serve comida e oferece uma cama para todos que vêm à sua cabana. Os alimentos que ela fornece, no entanto, são as mesmas refeições servidas aos espíritos ancestrais; comida para os mortos. E a cama que ela faz para seus convidados coloca a cabeça deles no *pokut'*, assim como os corpos dos mortos são posicionados durante um velório.

Todos os alimentos são mágicos, abençoados e sagrados, mas existem alguns ingredientes-chave que parecem ter magia extra neles. Esses sete alimentos especiais amplificam a intenção e têm longas tradições mágicas: grãos, mel, alho, sementes de papoula, cogumelos, ovos e sal.

A magia pode ser encontrada trabalhando de perto com esses alimentos e colocando sua própria energia neles. Por exemplo, em vez de comprar um pão, faça o seu próprio pão. Cultive seu próprio alho. Compre mel de apicultores e ovos de criadores de galinhas ou crie suas próprias abelhas e galinhas. Cozinhe do zero. Coma com atenção plena. E, claro, compartilhe esses alimentos intencionais com outras pessoas.

Zerno/Grão

O grão é emblemático na relação de troca entre os humanos e o mundo espiritual. A magia do grão é muito antiga. Há evidências arqueológicas de que o povo tripiliano realizava magia e rituais em seus celeiros sete mil anos atrás. Acreditava-se que grãos e pães absorviam tanto a energia solar quanto o poder da terra. Ainda hoje há ecos dessas antigas crenças nos pães rituais que são assados em forma redonda simbolizando o sol.[110]

Os grãos aparecem em muitos dos alimentos que usamos para nos conectar com os espíritos. Por exemplo, o mingau de trigo, chamado *kutya*, é feito com bagas de trigo, mel e sementes de papoula, três ingredientes muito mágicos, e é comido nos feriados e oferecido como alimento aos ancestrais.

---

110. Pysarenko and Harmash, "Etnohrafichni Osoblyvosti Ukrayins'koho Narodu Ta Yikh Rol' u Stvorenni Ekoposelen' Na Terytoriyi Ukrayiny," 83–88.

Com os grãos sendo tão importantes, há uma reverência natural por *khlib*, o pão. Existe um ditado ucraniano que expressa isso perfeitamente: "*O pão é a cabeça de tudo*". Pão não é só comida. Também tem um significado rico como símbolo de hospitalidade, prosperidade, felicidade, vida longa, saúde, bem-estar e proteção na vida após a morte. É considerado um insulto à Mãe Terra jogar fora um pedaço de pão. Até migalhas são recolhidas da mesa e compartilhadas com pássaros e animais ou jogadas no ar como oferenda aos espíritos. Acredita-se que, se qualquer pedaço de pão for jogado fora, a riqueza e a sorte também serão jogadas fora. O pão nunca é jogado no lixo, porque pode ser usado por seus inimigos para lhe causar danos. Se um pedaço de pão cair acidentalmente no chão, não é jogado fora; é beijado e elevado ao céu para ser limpo de todos os danos e depois comido.

O pão é homenageado na música e é jurado ao fazer acordos. Está incluído em rituais de construção de um novo lar, de casamento, de boas-vindas a recém-nascidos e de despedida de entes queridos para a vida após a morte. O pão também é usado em feitiços para curar e eliminar *prychyna*.

Antes de assar o pão, é apropriado pedir uma bênção aos espíritos e nunca desrespeitar o grão, xingando ou praguejando enquanto faz o alimento. Fazer isso é convidar a pobreza e a fome.

Adivinhação do Pão

Se você assar seu próprio pão, terá uma oportunidade maravilhosa de fazer uma adivinhação doméstica. Os pães eram tradicionalmente assados uma vez por semana no sábado, e acreditava-se que pães que davam certo, especialmente pães rituais, traziam sorte, saúde e riqueza para uma casa, enquanto pães que fracassavam eram um sinal de que infortúnios e problemas viriam à família. Acreditava-se que até mesmo o estado detalhado do seu pão previa o que estava por vir para a família naquela semana:

- **Leve e saboroso:** felicidade em casa. Bons resultados sem muito esforço.
- **Saboroso, mas pesado:** bondade e sabedoria no lar; no entanto, podem surgir desafios devido às pessoas ao seu redor.

- **Leve, mas pouco apetitoso ou sem sabor:** ganância e preguiça. Alguém na casa está tirando vantagem de uma situação.
- **Duro e mastigável:** há uma falta de raciocínio lógico por parte de alguém da família, e sua resistência teimosa pode criar problemas.
- **Seco e duro:** distrações e segredos; algo está errado. Alguém pode ter uma obsessão secreta ou pode haver um espírito perturbador na casa.
- **Rachaduras na superfície:** se houver muitas rachaduras incomuns no pão, é um alerta de perigo. Fique atento e tome precauções extras para evitar problemas.
- **Queimado:** brigas e despeito. O pão queimado envia uma mensagem de que a felicidade pode ser trazida de volta se a pessoa estiver disposta a fazer algumas mudanças positivas.

Med/Mel

O mel é um talismã sagrado considerado o alimento dos Deuses. Tradicionalmente, os fazendeiros abençoavam seus rebanhos passando uma cruz de mel entre os olhos. Ainda hoje, as pessoas lavam o rosto com água e mel para aumentar magicamente sua beleza e comem mel com uma oração para tornar suas vidas igualmente doces.

A magia especial do mel reside em suas qualidades duradouras e pegajosas. Qualquer feitiço feito com mel durará muito tempo, até mesmo uma vida inteira; portanto, tome cuidado, pois pode ser difícil desfazer esses feitiços. O mel é curador e afrodisíaco. Ele brilha em feitiços de paixão e amor e traz doçura ao trabalho de feitiço, mas também é bastante poderoso. Acredita-se que qualquer alvo que coma mel encantado subordinará seus pensamentos e vontade ao conjurador.

Existem muitos rituais antigos em torno da apicultura e da coleta de mel. As abelhas são consideradas mensageiras dos céus, e matar uma abelha é um crime contra o divino. Tradicionalmente, a apicultura era tarefa dos *didy*, dos avós e dos homens mais velhos da comunidade, e os mais habilidosos eram chamados de *pasichnyk-charivnyk*, apicultores-mágicos.[111]

---

111. Ulyana Movna, "The Ritual Complex of Traditional Beekeeping of Ukrainians of Nadsiannia," *The Ethnology Notebooks* 147, no. 3 (2019): 608–621, https://doi.org/10.15407/nz2019.03.608.

Feitiço de Empoderamento com Mel

Os feitiços e encantamentos com mel são numerosos – para trazer amor, dinheiro ou um novo lar, por exemplo. Como o mel contém a energia condensada do sol, você pode carregar seu mel para feitiços dessa maneira tradicional. Deixe um pote de mel ao Sol ao meio-dia. Abra-o, leve-o aos lábios e sussurre estas palavras no frasco:

Como o mel é muito doce e fica mais doce na boca,
então deixe meu poder vir a mim.
Ninguém abre a boca para este mel.
A doçura deste mel aquece apenas minha alma
e cura apenas meu corpo.
Que assim seja!

O ritual deve ser realizado em segredo, e a jarra deve ser fechada e escondida em um local secreto onde ninguém mais possa encontrá-la e tomar seu poder.

Quatro dias depois de falar o encantamento, comece a tomar uma colher de chá deste mel com o estômago vazio todos os dias antes do café da manhã. Você sentirá imediatamente uma onda de força e vigor.

Feitiço de reconciliação com mel

Se você brigar com alguém, pode se reconciliar com a ajuda do mel. Adicione uma colher de mel ao chá e sussurre o seguinte feitiço sobre a bebida: *"Acalma a raiva, remova velhas memórias."* Sirva o chá para a pessoa ou, se a discussão fez com que vocês dois não se falassem, você pode borrifar este chá na propriedade dela.

Chasnyk/alho

Desde os tempos antigos, o alho tem sido usado em feitiços e rituais para banir e proteger espíritos malignos e pessoas com más intenções. Pessoas com intenções nocivas têm medo de alho, por isso vale a pena ficar atento ao encontrar alguém que se recusa a comer alho. Se um estranho ou uma pessoa desagradável vier à sua casa, coloque alguns dentes de alho na mesa. Isso neutralizará o humor negativo de qualquer inimigo ou malfeitor.

Feitiços de proteção pessoal com alho

Existem muitos feitiços rápidos que podem ser feitos com alho para se proteger de olhares invejosos. Esfregue um pedaço de alho no corpo, enfie um dente de alho e use-o como um amuleto no pescoço, ou carregue um dente de alho no bolso. Você pode pendurar um cravo sobre um berço para proteger uma criança do mau-olhado. Se estiver sendo incomodado por espíritos malignos, usar alho em volta do pescoço ou na cintura durante o dia e colocar um pouco sob o travesseiro à noite os manterá afastados.[112]

Feitiço de Proteção Doméstica com Alho

Ter alho em casa protege a família de problemas externos. Uma trança de alho amarrada com um barbante vermelho e pendurada ao lado da porta pode proteger a casa de pessoas e espíritos malignos. No entanto, o alho dessa trança protetora nunca deve ser comido, pois absorveu a negatividade. Outra maneira de limpar a casa é colocar um dente de alho em cada cômodo durante a noite e jogá-lo fora na manhã seguinte, recolhendo-o com papel, tomando cuidado para não o tocar com as mãos.

Feitiço de Força e Cura com Alho

Por causa de sua "mordida", o alho é usado em feitiços para aumentar a força física. Aqueles que querem aumentar o vigor e a saúde comem alho cru nas comemorações do feriado do Solstício de Inverno para se manterem fortes e saudáveis durante o ano seguinte. Ao comer alho e pão, você pode dizer o seguinte encantamento para se proteger:

Alho, proteja-me de todo o mal:
de ferimentos, de mau-olhado,
da doença, da fraqueza em geral.

112. Ryan, *The Bathhouse at Midnight.*

Feitiço de alho para se livrar de vizinhos ruins

Se você quiser banir vizinhos problemáticos, vire para o Oeste e coloque três folhas de louro, três grãos de pimenta-do-reino, três sementes de endro e uma cabeça de alho em uma garrafa de vidro. Sussurre as palavras *"conecte-os como um todo e acumule força"*. Agite a garrafa três vezes e depois esconda-a em um local secreto de sua propriedade.

Nasinnya Maku/Sementes de Papoula

As sementes de papoula também são um poderoso talismã protetor que pode reverter a negatividade e proteger contra o mal. Elas são frequentemente incluídas em oferendas para os espíritos ancestrais, mas podem ser usadas de outras maneiras além de comê-las. Se essas sementes forem espalhadas em um caminho, acredita-se que nenhum espírito maligno pode passar por elas até que sejam coletadas e contadas todas.[113] Os espíritos acham as sementes irresistíveis, então, enquanto estão ocupados contando-as, as pessoas podem cuidar de suas atividades diárias sem interferência. As sementes de papoula são colocadas na frente da soleira da casa para que os inimigos não consigam passar pela porta. Acredita-se que agitar as sementes diretamente de uma papoula seca é especialmente poderoso.

Feitiço Reverso com Sementes de Papoula

Para reverter a negatividade que invadiu uma casa, polvilhe sementes de papoula em rachaduras, lacunas nas tábuas do assoalho, nos rodapés, nos caixilhos das janelas ou em qualquer outro canto e recanto onde não possam ser removidas. Comece na entrada e percorra o perímetro da casa no sentido horário. Espalhe a papoula com três dedos da mão direita e sussurre o seguinte encantamento:

Semeio papoulas como desejo e tudo será do meu jeito.
Se alguém me amaldiçoou,
deixe-os tentar coletar as sementes de papoula que jogou.
É hora de remover as sementes de papoula espalhadas,
e é hora de remover todas as maldições a mim destinadas.

113. Ryan, *The Bathhouse at Midnight.*

Feitiço de Amor Descruzado com Sementes de Papoula

Sementes de papoula também são usadas em feitiços de amor, especialmente se você sentir que seu amado recebeu um feitiço de outra pessoa. Se for esse o caso, espalhe sementes de papoula pela casa de seu amor e sussurre este feitiço:

Quando você, o vilão (nome do seu rival),
tiver encontrado cada semente no chão,
coletado e colocado no pacote de volta,
só então meu amado (nome do seu amado) me solta.

Feitiço da semente de papoula para devolver o amor perdido

As sementes de papoula também podem ser usadas em feitiços para devolver um amor perdido. Por sete dias seguidos, sussurre as seguintes *zaklynannya* sobre as sementes de papoula:

Para você (nome do ente querido) um banquete vou preparar
E ao meu comando obediente você vai ficar.
De mim você não vai se afastar
Vai me seguir no meu calcanhar.
Vai me amar como no primeiro dia,
e não procurará um substituto ou ousadia.
Para mim e para mais ninguém você vai olhar
Coma esta comida sem nunca me rejeitar,
Esqueça qualquer outra pessoa e volte a me amar.

No sétimo dia, asse biscoitos ou pãezinhos com as sementes de papoula. Dê ao seu amado esse alimento pelo menos uma vez. Depois de alimentá-los, resista à tentação de iniciar uma reunião ou comunicação de qualquer tipo. Se ele entrar em contato com você, o ritual terá sido bem-sucedido.

Novo feitiço de amor com sementes de papoula

As sementes de papoula também podem ser usadas para atrair um novo amante que você conhece. Levante-se todas as manhãs ao amanhecer por sete dias. Imagine a pessoa que você quer encantar. Sobre uma tigela com sementes de papoula, recite o seguinte encantamento ao nascer do sol:

Assim que o orvalho nas pétalas da papoula secar,
(nome do seu alvo) de mim você vai lembrar.
Que você me ame mais que a vida inteira,
Que siga-me como se estivesse em uma coleira.
Todos os seus pensamentos aspiram estar comigo,
todos os seus sentimentos por mim despertam, é um abrigo.
Com palavras este feitiço vou vincular
Eu ligo nossas almas e para sempre você vai me amar.

Depois de fazer isso por sete dias, você precisa adicionar as sementes de papoula à comida de seu amado sem que ele perceba. Se não for possível oferecer-lhes comida, espalhe as sementes onde ele possa pisar.

Hryby/Cogumelos

Os cogumelos são um dos alimentos mais emblemáticos de Baba Yaga. Eles podem ser deliciosos ou mortais. Assim como você se arrisca ao encontrar Baba Yaga, a pessoa incauta que vai colher cogumelos também corre o risco de perder a vida se não estiver alerta e humilde. Baba Yaga não está apenas associada a cogumelos comestíveis, mas também com o fungo agário-das-moscas, *amanita muscaria* ou *mukhomor*, o sedutor cogumelo vermelho com manchas brancas dos contos de fadas. Este cogumelo tóxico é conhecido por suas propriedades alucinógenas e era usado como enteógeno em cerimônias espirituais pelos antigos.[114]

No entanto, cogumelos de todos os tipos são considerados especiais e fornecem uma ligação para o Mundo Inferior. Eles não são plantas nem animais; são verdadeiramente de Outromundo. Círculos de cogumelos, popularmente chamados de "círculos de fadas" em inglês, são conhecidos como *vid'myne kil'tse*, "anéis de Bruxa", em ucraniano. Acreditava-se que esses círculos indicavam os lugares onde as Bruxas se reuniam para seus rituais, e os cogumelos encontrados nesses círculos eram considerados encantados.

Coletar cogumelos comestíveis há muito faz parte da vida daqueles que vivem em regiões montanhosas como os Cárpatos. Mesmo nos tempos modernos, os caçadores de cogumelos vão à floresta de junho a

114. Greg A. Marley, *Chanterelle Dreams, Amanita Nightmares: The Love, Lore and Mystique of Mushrooms* (White River Junction, VT: Chelsea Green, 2011).

outubro para encontrar esses petiscos deliciosos sob os pinheiros, abetos, carvalhos e bétulas. Assim que chegarem em casa, eles podem ser secos para o uso durante o inverno. No folclore, acredita-se que esses fungos mágicos sejam a criação do *Lisovyky*, e muito da magia que envolve a caça de cogumelos envolve o Senhor da Floresta. Se você tiver a oportunidade de entrar na floresta com um caçador de cogumelos experiente, poderá realizar esses pequenos rituais para garantir o sucesso.

Oferta ao Lisovyk para a caça ao cogumelo

Como os cogumelos são encontrados no domínio do *Lisovyk*, muitas pessoas trazem uma oferenda ao Mestre da Floresta antes de começar sua busca. Um pedaço de pão ou outra oferenda apropriada é deixado para ele e um encantamento é falado para garantir uma caçada segura e frutífera:

Quando vou colher cogumelos, um feitiço eu digo
para não ser envenenada pelo fungo antigo.
E para fazer minha ceia,
volto da colheita com a cesta cheia.
Que assim seja!

Rituais de Caça a Cogumelos

Um pequeno ritual de adivinhação também pode ser realizado antes da caça aos cogumelos. Pegue sua cesta de coleta e jogue-a no ar e diga: *"Senhor da Floresta, me dê uma cesta cheia!"* Se sua cesta cair no chão em pé, terá um bom dia de colheita, mas se cair de cabeça para baixo, terá dificuldade em encontrar cogumelos naquele dia.[115]

Como encontrar bons cogumelos requer sorte e habilidade, existem outros amuletos que ajudam a ter uma caçada bem-sucedida. Ter uma atitude alegre pode significar a diferença entre encontrar cogumelos ou sair de mãos vazias. Existe um provérbio: *"Se você está feliz, vai caçar cogumelos. Se estiver infeliz, vai dar um passeio na floresta."*

Cogumelos são tímidos e gostam de se esconder sob as folhas, então deve-se caminhar silenciosamente pela floresta, sem falar muito alto ou cantar. Se encontrar bons locais para colheita de cogumelos e fizer uma

---

115. Ryan, *The Bathhouse at Midnight.*

boa colheita, nunca deve se gabar de seu sucesso. A inveja de alguém pode acabar com a sua sorte, ou eles vão encontrar o seu abundante esconderijo secreto de cogumelos e chegar lá antes de você da próxima vez.

Honrando os Ancestrais com Cogumelos

Como os cogumelos atravessam os mundos, eles são usados para medicina e para cura por mulheres sábias, apresentados em pratos compartilhados com os ancestrais e servidos em jantares memoriais. A refeição sem carne do Solstício de Inverno que é compartilhada com os ancestrais inclui cogumelos como um dos pratos.

Ritual para criar uma vara de caça de cogumelos

Existe um jogo mágico que faz parte das festividades de inverno. Antigamente, espalhava-se feno no chão debaixo da mesa na ceia da Véspera de Natal, e cogumelos secos – ou, mais tarde, doces mais atraentes – eram escondidos no feno para que os filhos da família caçassem e encontrassem. Eles procuravam as guloseimas e gritavam: "*Aqui está um cogumelo!*" sempre que encontravam um. Um Bastão poderia ser usado para encontrar esses "cogumelos" e, quando a verdadeira temporada de cogumelos começasse, esse mesmo Bastão, agora imbuído de poderes extras para encontrar cogumelos, poderia ser retirado para trazer mais sucesso em uma verdadeira caça ao cogumelo.

Yaytsya/Ovos

Os ovos são objetos mágicos sagrados a serem tratados com reverência especial. No folclore, acredita-se que cada gema de ovo é uma pequena imagem do Sol sagrado brilhante. Os humanos só conseguem olhar para o Sol a distância, mas os pássaros são mensageiros que podem voar até o Sol Sagrado. Lá, eles recebem um presente: um pedaço da Magia do Sol, símbolo de luz e calor, para carregar em seus ovos. Eles os trazem de volta à Terra em suas barrigas e os colocam em seus ninhos para nós comermos.[116] Uma linda carta de amor do Sol para a humanidade.

116. Dixon-Kennedy, *Encyclopedia of Russian and Slavic Myth and Legend.*

Limpeza Tradicional Yaytse

O poder do *yaytse* pode ser usado para mais do que apenas comer. Eles podem ser usados para limpar *vroki*. Uma limpeza tradicional de ovos é feita por um praticante de magia em outra pessoa para remover qualquer negatividade, doença ou maldição.[117] Se quiser fazer essa prática, use um ovo fertilizado fresco com casca branca. Se quiser ser muito autêntico, pode usar um ovo que não foi refrigerado e não foi comprado. Deve ser coletado diretamente de uma galinha ou dado a você como um presente de alguém que possui galinhas.

Comece preparando seu espaço ritual durante o dia. Abra todas as janelas para deixar entrar o ar fresco e todas as cortinas para deixar entrar o máximo de luz possível. Lave o ovo que você usará com água de nascente ou água da chuva antes de começar.

Quando estiver pronto para realizar a limpeza, acenda uma vela de cera de abelha e faça com que o sujeito que você vai limpar se sente em uma cadeira. Fique atrás dele, segure o ovo com a mão direita. Sussurre palavras de oração ou intenção para remover a negatividade e mova sua mão segurando o ovo em um círculo no sentido horário ao redor do corpo. Faça dois círculos ao redor da cabeça, dois ao redor do pescoço e dois ao redor do tronco. Em seguida, segurando o ovo com a ponta dos dedos, role-o diretamente sobre o corpo do sujeito, do ombro direito em direção ao peito, sobre o abdômen, descendo pela perna esquerda até o pé esquerdo.

Quebre este ovo em um copo de água transparente para uma adivinhação, para ver se há algum resquício de negatividade. Fios de clara de ovo indicam a presença de *vroki*, ou mau-olhado. Pontos vermelhos ou pretos indicam a presença de uma maldição. Se esta é sua primeira vez interpretando um ovo de limpeza, você pode querer quebrar um ovo não utilizado em outro copo de água antes de iniciar a limpeza e depois comparar os dois. Se notar quaisquer sinais incomuns, repita a limpeza novamente com um novo ovo até obter um que pareça normal.

Bons ou ruins, os ovos quebrados e a água devem ser enterrados onde ninguém pisará neles ou, alternativamente, jogados no vaso sanitário. Ao descartar seu ovo ritualmente, diga o encantamento: *"Água, tire todas as maldições, e então, as negatividades e as e doenças para longe partirão"*.

117. Hanchuk, *The Word and Wax.*

Autolimpeza Yaytse Simples

Você também pode fazer uma simples limpeza do ovo em si mesmo. Quebre um ovo em um copo transparente com água mineral. Ao fazer isso, diga estas palavras: "*Afaste toda a negatividade de mim*". Coloque este copo em sua mesa de cabeceira ao lado de sua cabeça durante a noite enquanto dorme. De manhã, examine o ovo em busca de alterações. Se houver algum sinal negativo, conforme descrito acima, repita todas as noites até obter um ovo de aparência normal.

Feitiço para riqueza e sorte usando um Yaytse

Pegue um ovo fresco e fértil e segure-o na parte superior e inferior com o dedo indicador e o polegar. Visualize sua sorte e riqueza enquanto o segura por vários minutos. Quando sua visualização estiver completa, diga as seguintes *zaklynannya*:

Sairei de porta em porta, de portão em portão.
Longe da minha casa, longe da minha povoação.
Irei em busca da minha felicidade, mesmo com as adversidades.
Caminhos sinuosos aparecerão,
pelos quatro lados irei sem mudar a direção
Minha felicidade está escondida,
mas não vai ficar perdida.
Não se esconde num peito ardente,
não está escondida atrás de um batente.
É encontrada dentro da casca de um ovo de galinha.
Minha felicidade será encontrada, eu não vou perder a linha.
Não vou quebrá-la na estrada, não a perco por ninguém, ela não é dada.
As galinhas botam ovos e criam pintinhos,
e eu vivo na riqueza em meus caminhos
Chave. Castelo. Palavras. É assim que eu encerro.

Embrulhe o ovo em um pano preto e esconda o em um lugar seguro e secreto, onde ele não se quebre e ninguém o encontre. Um ano depois, recupere seu ovo encantado e enterre-o no chão. Imediatamente depois disso, riqueza e sorte virão.

O Amuleto do Yaytse

Os ovos aparecem repetidamente na magia ucraniana como oferendas aos espíritos, como ferramentas de adivinhação e como símbolos de proteção. Um ovo inteiro é uma ferramenta mágica tão incrivelmente poderosa, que também é usado como talismã. No capítulo 13, vamos falar sobre *krashanky* e *pysanky* – os amuletos de ovos decorados – e como eles são usados na magia.

Sil'/Sal

Esta é uma ferramenta potente para proteção contra pessoas negativas e para *vroki*, o mau-olhado. Muitas pessoas carregam saquinhos de sal de mesa abençoados como um talismã para afastar o mal. Existe uma contramaldição bem conhecida, "*Sal em seus olhos!*" Isso é dito a alguém que é percebido como ciumento.

O sal comum é bastante protetor, mas existe um sal abençoado especial chamado *chetverhova sil'*, sal de quinta-feira. Devido ao sincretismo com o calendário cristão, muitas vezes este sal é feito na Quinta-feira Santa, mas as suas origens são muito, muito mais antigas e podem estar ligadas às férias de primavera. O sal de quinta-feira pode ser feito a qualquer momento, mas é especialmente poderoso se feito no Equinócio de Primavera.

Como fazer sal de quinta-feira

Como na criação de qualquer ferramenta mágica, você deve começar acalmando sua mente e tornando seus pensamentos leves e pacíficos. Na noite anterior ao Equinócio de Primavera, moa uma mistura de ervas mágicas com um almofariz e pilão. Escolha sua própria mistura entre as ervas listadas no Apêndice I.

Ao moer as ervas em seu almofariz e pilão, pronuncie uma bênção para sua intenção. Misture essas ervas com sal-gema grosso na proporção de cinco partes de sal para uma parte de ervas e adicione uma fatia de pão de centeio esfarelado, de preferência pão que você mesmo assou. Existem dois métodos para cozinhar o sal.

- **Método 1:** misture todos os ingredientes em uma frigideira de ferro fundido e asse em forno baixo (250 graus Fahrenheit/130 graus Celsius) durante a noite. O sal ficará preto após o cozimento. Ao amanhecer do dia seguinte, retire do forno e deixe esfriar.
- **Método 2:** misture todos os ingredientes e coloque-os em uma frigideira de ferro fundido. Cozinhe em cima do fogão em fogo médio. Mexa enquanto cozinha a mistura de sal até que fique preta.

Com ambos os métodos, essa mistura de sal o deixará defumado, por isso é uma boa ideia usar um ventilador ou outra ventilação durante o preparo. Depois que o sal esfriar, pulverize-o em um almofariz e pilão enquanto fala o seguinte encantamento:

Sal de todos os sais. Proteja-me, (nome), do mal.
Proteja minha casa de inimigos, cujos nomes são desconhecidos.
Pare aqueles que pensam mal de mim, cale a boca deles enfim.
Como da árvore a folha cai, meus inimigos e todo o mal de mim sai.

O sal de quinta-feira preparado dessa maneira pode ser embrulhado em um pedaço de linho ou colocado em um saco de linho e deixado do lado de fora durante a noite para absorver o poder da Lua e das estrelas. Coloque este saco de linho no *pokut'* e o sal poderá ser usado durante todo o ano até a próxima primavera.

Trabalhando com sal de quinta-feira

Como acontece com muitos ingredientes mágicos, você pode armazenar seu sal de quinta-feira no *pokut'* para usar durante todo o ano. O sal de quinta-feira pode ser usado para muitos propósitos de proteção. Se você brigou com seu parceiro, pode colocar um saquinho embaixo do travesseiro para que a reconciliação ocorra rapidamente. Um pequeno saquinho deste sal no carro, mala ou mochila facilitará a viagem e o protegerá contra problemas. Quaisquer ferramentas mágicas podem ser limpas e abençoadas, colocando-as dentro ou sobre uma tigela com sal de quinta-feira.

Feitiços de proteção com sal de quinta-feira

O sal de quinta-feira também pode ser usado para preservar a saúde das pessoas que moram em sua casa. Colocar um pouco de sal embaixo do travesseiro do seu filho garante que ele não fique doente e o protege de agressores. Tomar banho na água com um pouco de sal de quinta-feira preserva a beleza e traz saúde e felicidade. Você também pode adicionar uma pequena pitada de sal de quinta-feira à água potável para proteger espiritualmente sua saúde.

Proteção doméstica com sal de quinta-feira

Polvilhar sal de quinta-feira na frente de sua porta impedirá que pessoas com más intenções entrem em sua casa. Uma pequena tigela com sal de quinta-feira pode ser colocada no meio da mesa como um talismã para atrair felicidade, sorte e abundância. Pequenos pedaços deste sal podem ser espalhados nos cantos da casa para proteger contra espíritos malignos e pessoas indesejáveis e banir a tristeza ou conflito do lar. O sal de quinta-feira pode ser adicionado à água para lavar o chão, após a visita de alguém com más intenções, ou borrifado em suas pegadas depois que a pessoa sai para garantir que ela não volte.

A Magia de Yizha

Em quase todas as histórias de Baba Yaga, há um elemento de comida encantada. Quer ela esteja preparando e servindo a estranhos que batem em sua porta ou fazendo-os cozinhar para satisfazer seu apetite voraz, a comida é parte integrante de sua feitiçaria. Ela realmente é a detentora do conhecimento de como tornar o mundano mágico. Imbuir sua comida com suas intenções e incorporar esses ingredientes em sua prática espiritual irá despertá-lo para a magia que está em tudo.

CAPÍTULO 11

PICH: O FORNO

Na manhã seguinte, quando acordou, Vasylyna sentiu o cheiro de um delicioso mingau de trigo, mel e sementes de papoula e viu que Baba Yaga já estava acordada e preparando o café da manhã.

"Levanta, menina. O dia é curto e as tarefas são longas."

Quando Vasylyna se sentou para comer o mingau, ela pegou uma pitada e colocou no bolso para dividir com sua motanka. Baba Yaga sentou-se em frente a ela e tomou um gole de uma xícara de bebida quente à base de ervas.

"Então, eu pergunto novamente, você vem por sua própria vontade ou está vindo a serviço de outra pessoa?"

A princípio, Vasylyna se esquivou, mas finalmente confessou.

"Minha madrasta me mandou roubar fogo de você", admitiu Vasylyna, "mas prefiro ganhar uma brasa a roubar uma. O que posso fazer para conseguir um pouco de fogo para levar para minha madrasta?"

"O fogo é precioso, e uma brasa é preciosa. O fogo que vem do meu pich não é um fogo comum, garota. É uma ferramenta mágica poderosa, que não deve ser distribuída, exceto para os mais dignos."

Baba Yaga a olhou de cima a baixo.

"Resta saber se você é digna. No entanto, posso ter algumas pequenas tarefas em casa que pode fazer para mim."

Baba Yaga agarrou a mão de Vasylyna em sua própria mão ossuda com unhas desgrenhadas, abaixou o rosto para olhar de perto as palmas das mãos da garota e sorriu.

"Hmph. Posso ver em suas mãos que você é trabalhadora, mas vamos ver se também é esperta."

Ela voltou a segurar sua xícara e beber inescrutavelmente sua bebida.

"Você quer um pouco de fogo para levar para casa, sim? Mas meu pich está com muita fome. E você deve ter notado que em meu poste de vedação está faltando uma lanterna também. Então, que tal jogarmos um joguinho. Vou dar-lhe algumas pequenas tarefas para fazer. Se você as completar, receberá uma recompensa. No entanto, se falhar, vou alimentar o pich e encher aquela última lanterna na minha cerca.

Não havia como Vasylyna voltar para sua madrasta sem uma brasa, então, por mais intimidadora que Baba Yaga fosse, que escolha ela tinha a não ser concordar com o jogo dela?

Baba Yaga Compartilha a Sabedoria do Pich

Ah, o *pich* – meu *pich*. Você pode estar se perguntando se a velha está maluca, adorando assim seu forno. Ela perdeu a cabeça? Nem mesmo perto disso! Todo mundo que mora aqui nas montanhas adora seu fogão a lenha. Temos um ditado aqui, *"o pich é nossa querida mãe"*, e é verdade. Sem o calor que o forno nos dá, seríamos tão indefesos quanto bebês deixados na floresta em uma noite de inverno.

Lembra do *pich* de quando Vasylyna estava cuidando de sua mãe e de seu encontro com o *Domovyk*? Antigamente, todos tinham um grande forno de barro que ocupava metade do espaço da *khata*. O *pich* é mais do que apenas um lugar para cozinhar a nossa comida. É também onde lavamos nossas roupas; é o lugar onde podemos secar nossos grãos, ervas e cogumelos; ele fornece calor para nós durante todo o inverno.

O recanto acima do fogão também oferece um local seguro e quente para dormir para os mais novos e os mais velhos. É o local onde a mulher dá à luz quando está frio e onde colocamos os recém-nascidos depois de nascerem. Nós colocamos nossos entes queridos que estão doentes nele para que fiquem bem.[118] Temos até um pequeno cubículo debaixo do fogão onde nossas galinhas podem se aconchegar durante o inverno para não congelar. O *pich* também é o lugar onde vive nosso espírito doméstico: o *Domovyk*, o senhor da casa, o guardião do lar e a personificação de

118. Johns, *Baba Yaga*

nossos ancestrais.[119] Então, você pode ver por que o *pich* é praticamente um personagem de pleno direito nesta história.

Sempre que um bebê nascia cedo demais – "prematuro", é assim que você chama? – sabíamos que eles saíam do forno da barriga da mãe antes de estarem prontos, e assim, para fortalecê-los, eles eram envolvidos gentilmente em uma fina camada de massa, colocados na pá de pão e inseridos em um forno levemente quente para "assá-los". Simbolicamente, mataríamos a fraqueza e a criança renasceria forte e saudável. Ah, então talvez agora você entenda por que ouviu histórias sobre eu colocar crianças pequenas no forno. Elas eram informes, incompletas e precisavam renascer inteiras e poderosas.[120]

Tratamos nosso *pich* com profunda reverência, não apenas pelo que ele nos proporciona, mas porque honramos o elemento fogo. E por que não deveríamos? O fogo é transformador. Fogo é paixão. Fogo é poder. Qualquer coisa colocada no fogo é uma oferenda aos nossos entes queridos que partiram, ao *Domovyk* e ao próprio espírito do fogo, então nunca jogamos lixo no fogo. Em vez disso, quando nos sentamos para comer, damos ao *pich* a primeira e melhor mordida. Na colheita, damos um feixe de grãos ao fogo para alimentá-lo e agradecemos seu trabalho árduo. Até colocamos um pote de água lá durante a noite para o fogo beber e se banhar, pois é sabido que o espírito do fogo se lava à noite enquanto todos dormem.

Nunca xingamos quando estamos acendendo uma fogueira ou trabalhando com o *pich* por medo de ofender esses espíritos. O fogão também protege a casa de discussões. Sempre que alguém diz uma palavra dura, lembramos: "*O pich está em casa!*" Sim, nós realmente fazemos![121] E nós respeitosamente pedimos sua ajuda: "*Senhor do fogo, queime por nós, não para que fumemos tabaco, mas para que possamos cozinhar nosso mingau*". Embora, verdade seja dita, eu use o *pich* para acender meu cachimbo mais do que para cozinhar mingau, mas novamente, meu *pich* me satisfaz.

---

119. Musya Glants and Juri Toomre, *Food in Russian History and Culture*.

120. Andrey Toporkov, "'Perepekaniye' Detey v Ritualakh i Skazkakh Vostochnykh Slavyan," *Fol'klor i Etnograficheskaya Deystvitel'nost'* (1992): 114–118.

121. Hubbs, *Mother Russia*.

Quando nos mudamos, carregamos um pouco do fogo e do *Domovyk* da casa antiga para a nova. Podemos carregar o *Domovyk* em uma pá de cozimento; ao mesmo tempo, o fogo é retirado do fogão antigo para uma panela e, com cuidado, transferimos os dois para o novo forno, dizendo: "*Bem-vindo, avô, à sua nova casa!*" Nosso fogo doméstico é tão precioso que evitamos emprestá-lo a qualquer outra pessoa. Emprestar fogo pode significar abrir mão de sua boa sorte. Então você pode ver por que preciso que meus visitantes passem por uma provação antes de me separar de um pouco do meu próprio fogo sagrado.

Madame Pamita ensina a Magia do Pich

Eu amo um fogo. Dê-me uma fogueira, uma *chiminea*, uma pira, estou aqui para isso. Tenho a sorte de ter uma velha lareira em minha casa, a casa onde cresci. Minha mãe também adorava uma fogueira e, embora morássemos no sul da Califórnia, quando as noites ficavam um pouco frias, juntávamos algumas toras e apreciávamos o crepitar e o calor do fogo. Embora hoje em dia eu vá até a barraca de lenha comprar meio fio de lenha para queimar no inverno, minha mãe não gostava de pagar pela madeira. Sempre que ela via árvores sendo derrubadas, ela parava e, juntas, íamos colocar as toras na traseira da caminhonete e levá-las de volta para casa. Ela as deixava temperar por alguns meses e depois as queimava durante o inverno. Queimar lenha na lareira da minha infância sempre traz de volta muitas lembranças lindas de minha mãe e de sua magia.

Costumávamos fazer muitas pequenas coisas de Bruxa no fogo. Fazíamos perguntas sobre o futuro e depois ouvíamos o que os estalos e o crepitar da lenha queimando tinham a nos dizer. Nosso método seria fazer uma pergunta sim/não, se o fogo estivesse quieto, significava não, mas se o fogo fizesse barulho, significava sim. Quanto mais altos e frequentes os estalos, maior a afirmativa.

Hoje em dia, faço grande parte da minha magia na lareira. No manto acima dela, tenho um altar ancestral cheio de símbolos significativos de minha herança mista de ucraniano, inglês e escocês. Eu tenho uma estatueta de *Domovyk* lá em cima da lareira e até umas figurinhas de Baba Yaga. Enquanto medito sobre as chamas, imagino minha mãe, meu pai e todos os meus ancestrais e espíritos reunidos em torno da chama crepitante, desfrutando de seu brilho aquecido em um silêncio sociável.

O Pich Hoje

Hoje, muitas pessoas aquecem suas casas com aquecimento a gás ou elétrico, mas na Ucrânia, cerca de um terço da população, principalmente no campo, ainda aquece suas casas com carvão ou lenha.[122] O *pich* continua sendo o poderoso centro de calor que sustenta a vida durante os invernos extremamente frios, e muitas das crenças que honram o fogo ainda permanecem.

Nas casas tradicionais, ainda existe a prática de embelezar o *pich* com caiação e pintura com belos símbolos. Esses belos adornos de frutas, pássaros, flores, símbolos e formas são, na verdade, poderosos talismãs destinados a trazer bênçãos e distrair e confundir o mal, caso ele entre na casa pelo portal do *pich*.

A Casa dos Ancestrais

Por volta de 3000 AEC, os antigos *Trypillians* praticavam a cremação, portanto, todos os incêndios eram vistos como uma entrada para o mundo espiritual. Nas gerações seguintes, o próprio fogão tornou-se um altar e o lugar mais importante da casa, um portal para este mundo espiritual.[123] Mais tarde, algumas das responsabilidades espirituais do *pich* foram transferidas para o *pokut'*, mas o fogão a lenha ainda desempenha um papel igualmente importante como local de residência de nossos ancestrais.

Ainda hoje, o fogo simboliza linhagem e família. Por causa disso, existe a crença de que nunca se deve cuspir no fogo, pois isso seria como "cuspir nos olhos de seus ancestrais mortos". Não apenas isso, mas os ancestrais podem ensiná-lo a ter boas maneiras, colocando bolhas nos lábios e na língua. Também nunca se deve atiçar o fogo para quebrar brasas no *pich*, pois isso pode fazer com que seus ancestrais caiam no esquecimento.

---

122. "Cold at Home," EnAct, accessed May 14, 2021, http://www.coldathome.today/cold-at-home.
123. Andriy Dorosh, "The Phenomenon of a Ukrainian Pich (Stove)," Dorosh Heritage Tours, February 11, 2019, https://doroshheritagetours.com/the-phenomenon-of-a-ukrainian-pich-stove/.

O Fogo Vivo

Em tempos passados, o *pich* ardia dia e noite, durante todo o ano. Era a crença de que, enquanto houvesse fogo no fogão, a pobreza não poderia entrar em casa. Assim, os mais velhos nunca deixam o fogo em seu *pich* apagar completamente, exceto uma vez por ano. Como qualquer membro trabalhador da família, pensava-se que ele precisava de um descanso e redefinição. No Solstício de Inverno ou na Véspera de Natal, a família cozinhava *kutya* para seus amados espíritos ancestrais e, nas vinte e quatro horas seguintes, deixava o fogo apagar naturalmente. No dia seguinte, acenderiam um novo "fogo vivo" no forno com doze toras sagradas, representando as lunações do ano seguinte.

O que é fogo vivo? Bem, o próprio fogo é sagrado, mas o fogo vivo é o mais poderoso dos fogos mágicos. Antigamente, sem isqueiros ou fósforos, as pessoas tinham que trabalhar muito para acender o fogo esfregando dois gravetos. Ao mesmo tempo, até mesmo aldeias inteiras se reuniam para criar uma fogueira através da fricção da rotação de um tronco de árvore. Esses incêndios, grandes ou pequenos, eram chamados de "fogo vivo". A habilidade necessária de criar fogo por meio da fricção foi passada de pai para filho e, como o fogo vivo era tão duramente conquistado, a família tinha o dever sagrado de protegê-lo.

Trabalhando com Fogo Vivo

O fogo vivo pode ser uma ferramenta poderosa para um praticante de magia. Cura, purifica, transforma. As Bruxas eram intimamente identificadas com o *pich*. O fogão simbolizava um lugar liminar de transição do mundo comum para o mundo do espírito, pensava-se, então, que as Bruxas usavam a chaminé do forno para voar para suas reuniões. As ferramentas perto do fogo – o atiçador, o garfo para tirar as panelas pesadas e, claro, a vassoura de fogo – eram todas vistas como objetos para uma Bruxa voar. Em um sentido mais mundano, o *pich* também era onde uma mulher sábia preparava suas poções de cura.

Se quiser usar o poder do fogo vivo e tiver acesso a uma lareira, um fogão a lenha, uma chaminé ao ar livre ou uma fogueira, você pode realizar esses ritos. Embora possa não ser prático ou seguro deixar o fogo queimando por um ano inteiro como os antigos faziam, ainda é possível criar fogo vivo para seus feitiços mais especiais. Existem belos rituais que podem ser realizados com a magia do fogo.

Fazendo Fogo Vivo

Para criar seu próprio fogo vivo, você vai precisar de um método de ignição; há vários para escolher. Uma broca manual pode ser feita com um Bastão fino e reto sendo girado entre as palmas das mãos para "perfurar" uma placa de madeira, criando fricção e calor. Uma broca de arco é semelhante a uma furadeira manual, mas tem o recurso adicional de um arco com uma corda movendo o fuso para frente e para trás em vez de suas mãos. Uma broca de bomba é uma variação de uma broca de arco, mas com uma corda enrolada e uma travessa de madeira que é empurrada para baixo para girar o fuso. Um percutor de fogo é composto de dois pedaços de pirita de ferro ou marcassita unidos para criar faíscas sobre o indutor. Quartzo, jaspe, ágata ou uma pederneira também podem criar atrito contra aço temperado de alto teor de carbono, sem liga, para criar faíscas. Um iniciador de fogo solar concentra a luz do Sol com uma lente, como uma lupa ou um espelho côncavo, para começar uma chama.

Escolha um desses métodos para iniciar ritualmente o fogo em uma lareira ou fogão a lenha, acender uma vela ou incenso para um trabalho espiritual especial ou para queimar papel para um feitiço. Use o poder de limpeza do fogo vivo para banir, limpar ou fortalecer seus trabalhos.

Feitiços de Fogo para Aliviar a Dor

O fogo pode ser usado para aliviar a dor emocional ou física. Se você deseja restaurar o bem-estar, pode se sentar com o espírito do fogo e lhe pedir para remover sua dor com um pedido como este:

Caro Senhor do Fogo,
seja suave e gentil comigo.
Queime todas as minhas dores,
sofrimentos, lágrimas e preocupações.

Se tiver determinada parte do corpo doente, pode criar um pequeno modelo de argila dessa da parte em questão e jogá-la no fogo para ajudar na cura e no alívio. Outro método é limpar a área afetada com uma peça de roupa daquela parte do corpo e depois jogar essa peça de roupa no fogo para destruir a doença.[124]

Consagrando Itens Rituais com Fogo

Como todos os elementos, o fogo é visto como um purificador. Itens rituais que são à prova de fogo, como aqueles feitos de pedra ou metal, podem ser consagrados com fogo, passando-os pela chama. Use pinças e passe rapidamente o item pelo fogo, visualizando todas as energias indesejadas sendo queimadas e o fogo abençoando-o com poder, energia e vida. Certifique-se de colocar o item em uma superfície resistente ao calor e deixe-o esfriar antes de tocá-lo.

Trabalhando com cinzas

Até as cinzas de um fogo vivo podem ser usadas para magia. As cinzas podem ser misturadas com água para criar fogo líquido e podem ser usadas como uma mistura de fogo e água na magia. As cinzas podem ser aplicadas em objetos rituais que não podem entrar em contato direto com o fogo ou em partes do corpo que precisam da bênção do fogo vivo.

Obkuryuvannya ou Censura

Ervas secas podem ser acesas com fogo e usadas para *obkuryuvannya* ou incensar uma pessoa ou um espaço para proteção, cura ou limpeza. A fumaça de qualquer fogueira é útil para expulsar a negatividade geral, mas diferentes ervas podem ser usadas para situações espirituais específicas.

Se as ervas secas forem cortadas, elas podem ser colocadas em um pequeno prato, xícara ou concha onde podem queimar gradualmente. Se as ervas secas estiverem em um feixe, elas podem ser seguradas em sua mão e acesas com um fósforo ou isqueiro ou no fogo vivo da lareira

124. P. Y. Len'o, "Vykorystannya Vohnyu u Narodniy Medytsyni Ukrayintsiv Zakarpattya (Na Osnovi Suchasnykh Pol'ovykh Materialiv)," *Naukovyy Visnyk Uzhhorods'koho Universytetu: Seriya: Istoriya*, no. 2 (2014): 123–126.

ou fogão a lenha. Se estiver limpando a casa, a fumaça das ervas deve ser espalhada por todos os cômodos. Se a fumaça for direcionada para um local específico, como um objeto ou parte do corpo, ela deve ser espalhada em direção a esse local.

Se estiver incensando outra pessoa, deve segurar as ervas fumegantes e deixar o indivíduo trazer a fumaça para si mesmo, pegando as palmas das mãos, como se estivesse carregando água e derramando sobre si mesmo. Pode seguir a fórmula ritual de primeiro direcionar a fumaça para o coração, depois para a cabeça e depois para os pés.

A fumaça era usada para expulsar o medo, bem como os espíritos negativos e as doenças. Se um animal ou pássaro assustasse alguém, eles usariam um tufo de pelo ou uma pena do animal ou pássaro, acenderiam e fumigariam a pessoa para remover o medo. Se um ente querido tivesse febre, o curandeiro pegava um pedaço do cabelo da pessoa doente e o queimava para ajudar a banir a doença.[125]

O Portal do Fogo Vivo

O fogo vivo do *pich* é essencial para a magia de Baba Yaga. O que aparece nos contos de fadas como simplesmente um lugar para uma ogra cozinhar algumas crianças incautas, na verdade contém mensagens ocultas sobre quem Baba Yaga era originalmente. Com o entendimento de que o fogo é a representação dos ancestrais e de que o *pich* é o portal para o Outromundo, podemos ver que ela estava lá como guardiã da terra dos espíritos.

Quando você tiver a experiência de fazer fogo apenas com a fricção da madeira, também sentirá como o fogo pode ser precioso e mágico. Comece a apreciar a magia da chama e veja o fogo como um portal para o mundo do espírito. Realize adivinhações com fogo, faça seus feitiços de banimento e cura e comece a se conectar profundamente com a magia do *pich* de Baba Yaga.

125. Len'o, "Vykorystannya Vohnyu u Narodniy Medytsyni Ukrayintsiv Zakarpattya (Na Osnovi Suchasnykh Pol'ovykh Materialiv)," 123–126.

Capítulo 12

Vereteno: O Fuso

Baba Yaga pegou uma cesta e começou a se movimentar pela khata, empacotando isto e aquilo. Ao fazer isso, ela deu algumas instruções para Vasylyna.

"Você sabe fiar fibras de cânhamo?" ela perguntou.

"Sim", disse Vasylyna.

"Bom. Devo cuidar dos meus negócios no mundo hoje. Enquanto eu estiver fora, quero que você transforme meu cânhamo em linha. Você pode fazer isso?"

"Posso tentar", disse Vasylyna.

Com isso, Baba Yaga pegou um fuso de madeira e uma roca e os entregou a Vasylyna. Ela então empurrou para o lado o grande baú de madeira e havia uma pequena porta que Vasylyna não havia notado antes. Baba Yaga destrancou-a e empurrou-a para revelar uma sala inteira cheia do chão ao teto com feixes de fibras de cânhamo.

"Voltarei ao pôr do sol", disse ela com naturalidade. "Cuide para que toda essa fibra seja transformada em um fio fino quando eu voltar." E com isso, Baba Yaga deixou a khata, trancou a porta atrás de si e deixou Vasylyna sozinha com o quarto cheio de cânhamo. A pobre garota deu uma olhada na montanha de fibras não fiadas e sentiu seu coração afundar no chão. Ela então sentiu um farfalhar em seu bolso quando a motanka puxou sua manga. Vasylyna pegou a boneca, enxugou as lágrimas que brotavam de seus olhos e disse: "Minha boneca, o que eu faço? Se eu fiasse o dia todo todos os dias durante um ano, não conseguiria fiar todo esse cânhamo."

Mas a boneca respondeu:

Tenha coragem, querida Vasylyna.
A ajuda que você precisa está por perto.
Embora seja verdade que duas mãos nunca poderiam girá-la,
quatro mãos podem terminar em um minuto.

A boneca pegou a roca e, com suas mãozinhas enroladas, começou a puxar as fibras para Vasylyna. A menina pegou as fibras da motanka e começou a torcê-las enquanto girava o fuso. Vasylyna ficou impressionada com a rapidez com que a boneca trabalhava, porém, por mais rápida que fosse a boneca, Vasylyna descobriu que suas próprias mãos podiam girar com a mesma rapidez. As duas puxaram, fiaram e enrolaram os fios finos em meadas e os empilharam um a um enquanto terminavam. À medida que o dia avançava, elas encontraram um ritmo de trabalho que lhes permitia fiar ainda mais rápido e, juntas, enrolaram a última meada no momento em que o Sol começava a se pôr.

Baba Yaga Compartilha a Sabedoria do Vereteno

Venha cá, venha cá. Quero que veja o que tenho atrás desta portinha. Sei que minha cabana parece ser apenas um cômodo, mas não estou presa a seus problemas terrenos de espaço físico. Longe disso! Venha, deixe-me destrancar esta porta e segurar esta lâmpada para que possa ver o que eu guardo aqui dentro. Você vê o que é? Ha! Vejo a decepção em seu rosto. É cânhamo. Uma sala cheia de fibras de cânhamo. Hmph! Cânhamo que deve ser fiado em linhas.

Você não sabe girar? Oh, meu filho! Girar é a própria magia! Os fios que tecemos no mundo físico imitam os fios divinos invisíveis que se estendem entre os mundos. Eles imitam a misteriosa atração universal que conecta todas as coisas. Os fios que unem as pedras, as plantas, as árvores, os animais e as pessoas. Eles representam o fino fio invisível que é o símbolo mais antigo da vida e do destino humano.

Vamos começar do começo, então. Deixe-me entregar-lhe este fuso. Sim, um fuso. Não é uma roda giratória. Não, essa invenção veio muito, muito depois, apenas algumas centenas de anos atrás. Para trilhar o caminho do fiandeiro, é preciso saber fiar como era feito há milhares e milhares de anos antes disso, com um simples bastão de peso e uma roca segurando as fibras não fiadas.

É tão diferente hoje em dia. Há poucas gerações atrás, toda mulher sabia fiar. Todo o nosso pessoal tinha um fuso em casa, muitas vezes mais de um. As mulheres cultivavam seu próprio linho e cânhamo, tosquiavam suas ovelhas e fiavam seus fios. Cada peça de roupa, cada cobertor, cada *rushnyk* era feito de pano tecido com fios fiados em casa. Então, você pode ver como era importante possuir essa habilidade. Cada fio, tecido com amor e intenção, tornou-se parte da vestimenta mágica que protegeu e abençoou nossos entes queridos.

Tenho uma relação próxima com a fiação.[126] Alguns até dizem que minha *khatynka* fica em um fuso, que as pernas da galinha eram simplesmente suportes para os quatro cantos e que o centro da casa era fixado em um fuso girando e girando.[127] Outros dizem que teço o fio da vida a partir dos ossos e entranhas dos mortos.[128] Embora você não veja um fuso embaixo da minha casa ou eu tentando fazer fios com os intestinos, não vou dizer que eles estão completamente errados.

Quando você começar a criar fios, entenderá a magia da fiação: a transformação que ocorre quando as fibras fofas se apertam em fios úteis, a espiral do fio imitando os fios do DNA. Não é à toa que na Grécia eles retrataram as Parcas como fiandeiras. Os *Rusalky* são fiandeiras e tecelãs129, *Paraskeva P'yatnytsya* (Sexta-Feira Santa) era uma fiandeira e a velha Deusa mãe Mokosh tece o destino da vida de alguém.[129] Girar é o próprio ato da criação.

E não se esqueça de que a *pavuk*, a aranha, é uma das nossas antigas tecelãs sagradas, a coletora dos fios da vida. Deixe-me lembrá-lo de que você nunca deve matar uma aranha, porque se o fizer, não haverá felicidade em sua casa. Uma aranha descendo do teto traz boas notícias. Em nossa antiga magia, usávamos o símbolo da aranha e pedíamos ajuda a ela quando estávamos fazendo feitiços para ligar ou até mesmo amarrar algo – para criar uma conexão do nada.

Nos fios que tece, você coloca suas palavras, suas orações, suas intenções. E o que gira é o que você cria. Então, pequenino, estou lhe dando este espaço de fibras para fiar, para que, como a aranha, você aprenda a dominar a magia da criação. Pegue as fibras de sua vida e faça delas o fio útil que se tornará calor, proteção, abundância, amor. Enrole o fio em um novelo de lã e role esse novelo para encontrar seu destino.

---

126. Matossian, "In the Beginning, God Was a Woman," 325–343.

127. Johns, *Baba Yaga.*

128. Hubbs, *Mother Russia.*

129. Patricia Monaghan, *Encyclopedia of Goddesses and Heroines.*

Madame Pamita ensina a Magia do Vereteno

Foi só quando comecei minha devoção a Baba Yaga que aprendi a fiar. Por muitos anos, observei bons amigos criarem lindos fios feitos à mão e os usarem para tricotar; eu sempre admirei a maneira como, com um giro suave do pulso e um giro dos dedos, eles podiam instantaneamente transformar tufos de lã em lindos fios e esses fios em chapéus, suéteres e cachecóis aconchegantes.

Nunca pensei que pudesse aprender essa habilidade. No entanto, eu sabia que, se quisesse entender profundamente a magia de Baba Yaga, teria que começar a fiar sozinha. Eu estava impressionada. Por onde começaria? Mandei uma mensagem para minha amiga Queta e pedi conselhos sobre que tipo de fuso comprar e quais fibras usar. Conversei por vídeo com meu amigo Cloven, para que ele pudesse me ver trabalhar com meu fuso e me ensinar como melhorar minha técnica. Pratiquei sozinha, torcendo lentamente as fibras enquanto conversava com amigos em videoconferências. Minhas primeiras tentativas terminaram com um rolo desajeitado, mas encantador, de fios irregulares que variavam muito entre grossos e finos. Mas continuei, e meus dedos começaram a se acostumar a dar o puxão certo nas fibras e a torção perfeita do fuso. Por fim, consegui fazer um fio de espessura uniforme. Não era a perfeição feita à máquina, mas era algo de que me orgulhava o suficiente para colocar como oferenda no meu altar de Baba Yaga. Ao colocar aquele novelo de lã ao lado de sua estatueta, percebi que quando Baba Yaga nos desafia para uma tarefa aparentemente impossível, é porque ela sabia o tempo todo que éramos capazes de realizá-la.

O Vereteno Hoje

Embora usar um fuso para girar a linha possa parecer uma tecnologia da Idade Média, o fuso de gota era uma ferramenta normal nos lares eslavos, mesmo apenas algumas gerações atrás. Ainda é muito fácil encontrar fusos rústicos antigos que se parecem com varinhas de madeira lindamente torneadas ou comprar réplicas polidas que podem ser usadas para fiar linhas finas.

Os fusos aparecem repetidamente nos mitos e contos de fadas ucranianos e estão arraigados nas práticas mais antigas de magia, fato que não é surpreendente, considerando que a própria fiação é praticada há pelo menos vinte mil anos. História após história, vemos Baba Yaga também associada às ferramentas da máquina de fiar.[130]

Depois de décadas sendo uma arte quase perdida, a fiação manual ressurgiu nos últimos anos. Embora a maioria de nós nunca fie à mão e nunca tecemos nossas roupas do zero, podemos aprender a arte de fiar para criar fios que podem ser usados com bastante força na magia. Podemos usá-los para tricotar roupas especiais imbuídas de intenção, criar amuletos de fios nodosos ou simplesmente para sentir o poder que temos como criadores de nosso destino.

Magia Vereteno

Se você nunca fiou antes, fazer fios de fibra é uma excelente maneira de mostrar devoção a Baba Yaga: encontrar-se com ela, entender seus costumes e talvez até ganhar sua aprovação relutante. Para começar, qualquer fuso que você pretenda usar em magia deve primeiro ser usado para fiar. A fiação ritual pode ser feita para afetar o destino de uma pessoa, amaldiçoando-a ou abençoando-a, dependendo da intenção do fiandeiro. Uma *Vidma* adepta pode usar um fuso para corrigir e destorcer o mau destino de alguém, prever o futuro, curar doenças, remover feitiços, atrair amor e até mesmo mudar o clima.

Você pode comprar um fuso para começar este trabalho, mas se tiver a sorte de herdar um de um parente ou amigo que colocou sua própria energia positiva nele, então terá uma ferramenta mágica, de fato. Um fuso é tanto uma varinha quanto um cetro, um símbolo do poder da *Vidma,* que lhe permite tecer o tecido do Universo. Como uma *pavuk*, a aranha, a pessoa que gira fica no centro do Universo. Como Baba Yaga, os movimentos podem criar e destruir.

Quando tocamos um fuso, nosso inconsciente coletivo se lembra. O movimento rítmico e repetitivo pode se tornar uma meditação. Se direcionarmos nossos pensamentos e intenções para a bela vida que desejamos criar para nós mesmos e para nossos entes queridos, podemos imbuir o fio ou linha com essa poderosa energia transformadora.

130. Małgorzata Oleszkiewicz-Peralba, Fierce Feminine Divinities of Eurasia and Latin America: *Baba Yaga, Kl*, Pombagira, and Santa Muerte (New York: Palgrave Macmillan, 2015).

Escolhendo um Vereteno

Se estiver apenas aprendendo a fiar pela primeira vez, pode querer começar com um fuso de rotação superior, pois ganhará habilidade e confiança em girar mais rápido trabalhando com esse tipo de fuso. Conforme progride, pode querer passar para o tipo de fuso que Baba Yaga usa: o elegante fuso de gota em forma de varinha. Existem muitos tipos diferentes de fusos exclusivos para cada cultura; encontrar o tipo que seus ancestrais usavam é uma maneira especial de se conectar à sua linhagem familiar.

Ao comprar um fuso, você pode escolher um tipo específico de madeira que apoiará seu trabalho mágico. Consulte o Apêndice I para obter uma lista de madeiras mágicas usadas para fazer fusos.

Para começar a fiar, aconselho-o a usar uma fibra longa, fácil de girar. Mechas de lã, lascas de cânhamo, algodão Acala e fibras de algodão Pima são todas adequadas para fiação manual. Ao girar o fio para obter um resultado mágico, você pode escolher uma fibra tingida com uma cor que apoie sua intenção. Veja o Apêndice II para uma lista de cores e suas correspondências mágicas.

Começando com seu Vereteno

Antes de começar a girar, reserve um momento para fechar os olhos, centrar-se e visualizar a magia que deseja criar. Agradeça ao espírito da fibra e ao fuso por sua ajuda em sua magia antes de começar e depois de terminar o dia.

Se for começar com um tufo de fibras, gire-o até que esteja completo. Deixar fibras não fiadas pode convidar espíritos travessos a tecer seu destino por você. Sempre deixe seu fuso enrolado com alguns fios fiados. Há um ditado que diz: "*Um fuso nunca deve passar fome*". Se você terminar de girar e guardar o fuso, pode cortar um pedaço de fio e enrolá-lo no fuso nove vezes para mantê-lo "alimentado".

Adivinhação com Fiação

Pratique tecer fios não mágicos antes de começar a tecer seus fios mágicos. Ao tecê-los, você pode fazer uma adivinhação para si mesmo, prestando atenção ao que seu fio lhe diz sobre seu futuro imediato:

- **Fio liso sem nós:** tempos suaves, tranquilos e sem intercorrências.
- **Linha emaranhada e com nós:** tempos agitados e experiência adquirida.
- **Mesmo fio:** riqueza e boa saúde.
- **Fio desigual:** deve-se tomar cuidado ao tentar melhorar as finanças e a saúde.

Fazendo Nauzy com o Carretel de Linha

Depois de ter fiado um pouco de fibra, agora você está pronto para transformar os fios em um amuleto mágico criando um *nauzy, que* são nós amarrados em fios para criar um amuleto de estilo muito antigo. Trabalhadores mágicos criaram por milênios talismãs simplesmente pegando um pedaço de fio, barbante ou linha e proferindo encantamentos sobre eles enquanto os atavam, fechando simbolicamente seus feitiços.[131] Esses nós eram usados na magia de amarração para proteger o usuário de danos espirituais e para manter a saúde, a riqueza, a felicidade e o sucesso. *Nauzy* eram usados no pulso, braço, perna, cintura, cabeça ou peito. Os círculos formados ao redor do corpo com esses talismãs mágicos simbolizavam a eternidade, a conexão com o divino e a unidade com os ancestrais. Eles também foram fortalecidos pela energia do Sol, cujo símbolo também é um círculo. Antigamente, os *nauzy* também eram sinais de iniciação e, portanto, podiam ser concedidos para significar uma conquista ou um novo status.[132]

A lã era normalmente usada para fazer *nauzy*, mas qualquer fibra natural que você fiar é adequada para sua própria magia de nó. Nós decorativos complexos podem ser criados, mas mesmo um único fio amarrado com nós simples de fibra que você fiou pode ser um encanto muito poderoso. Se quiser trazer mais de uma intenção, pode tecer ou

---

131. Ryan, *The Bathhouse at Midnight.*

132. V. P. Kotsur, *Slovnyk Symvoliv Kul'tury Ukraïny* (Kiev, Ukraine: Milenium, 2005).

trançar fios de cores diferentes juntos, seguindo sua própria intuição ou usando o guia de magia das cores no Apêndice II.

Como em qualquer amuleto com nó, se o fio quebrar, não há necessidade de entrar em pânico. Isso significa que você estava protegido contra um grande infortúnio. Queime o antigo amuleto, agradeça por protegê-lo, enterre as cinzas ou espalhe-as ao vento e faça um novo.[133]

Criando Nauzy

Idealmente, os *nauzy* devem ser feitos por você para garantir que sua positividade e foco entrem no talismã. Como acontece com toda magia, ao fazer *nauzy*, você deve ter a certeza de que seus sentimentos estão calmos e seus pensamentos são fortes e positivos. Antes de começar a fazer *nauzy*, concentre-se em seus objetivos. Você também pode querer criá-los em um momento que se alinhe com suas intenções. Crie atraindo *nauzy* durante uma fase de Lua crescente vinculando ou banindo-o durante uma fase de Lua minguante.

Vestindo Nauzy

Você pode usar seu *Nauzy* carregando-o no bolso ou na bolsa, colocando-o em algum lugar da casa ou do trabalho. Pode ser usado enrolado no pulso, tornozelo, pescoço ou cintura. Eles podem ser usados do lado esquerdo para proteção e do lado direito para atração. Seus amuletos de nó são apenas para você. Evite se gabar ou exibir seu *nauzy* para os outros ou explicar para que servem os talismãs. Ao amarrar o *nauzy* no corpo, finalize dizendo: *"É para ser como eu quiser!"* ou, *"Minha palavra é forte!"*

Feitiço Simples de Linha Vermelha para Proteção

Na Lua cheia, acenda uma vela branca de cera de abelha. Pegue a lã vermelha que você fiou e enrole-a em uma bola, repetindo o seguinte encantamento:

Um novelo vermelho de lã estava rolando pelo campo, pelo bosque.
Pare na minha porta para facilitar meu caminho, não enrosque.
Bola de lã vermelha, tire a má sorte de mim,
proteja-me de qualquer infortúnio e coisa ruim.

133. Bosyy, "Svyashchenne Remeslo Mokoshi," 39–40.

Depois que a bola estiver completamente enrolada, corte um pedaço de fio longo o suficiente para amarrar em volta do pulso, dizendo o seguinte encantamento:

Bola de lã, me dê um pedaço de linha,
e a todos meus assuntos, me protege e me auxilia.

Pegue o fio encantado e amarre-o no pulso da mão esquerda com três nós. Com cada nó, fale seus desejos. Desgaste o fio sem removê-lo. Se quebrar, você pode enterrá-lo ou queimá-lo e fazer um novo com o mesmo processo.

Nauzy para Atrair Dinheiro e Sorte

Nauzy podem ser criados para trazer prosperidade contínua. Faça sete nós em um simples fio de lã vermelha e amarre-o no pulso direito para atrair dinheiro e sorte para sua vida. Quando o fio quebrar, descarte-o ritualmente e crie um novo.

Nauzy para Alcançar um Objetivo Imediato

Para atingir um objetivo, pegue um fio, linha, barbante ou fita vermelha e dê três nós nele. Sussurre uma afirmação para esse objetivo e repita-a ao dar cada nó. Leve este amuleto com você por três dias e depois queime o *nauzy* e espalhe as cinzas ao vento.

Nauzy por Três Desejos

Crie um talismã para três desejos. Escolha fios de uma cor que se alinhe com suas intenções e dê um nó frouxo para cada um de seus três desejos. Leve este talismã ou coloque-o no altar de sua casa. À medida que cada desejo se tornar realidade, desamarre o nó correspondente. Quando todos os desejos forem realizados e você tiver desatado os três nós, poderá queimar o fio e espalhar as cinzas ao vento para selar seu feitiço.

Nauzy para Poder

Se deseja atrair mais respeito e se sentir mais empoderado, pegue um longo pedaço de fio vermelho. Enrole-o no pulso direito três vezes e dê três nós nas pontas. Quando quebrar, você pode queimá-lo ou enterrá-lo e fazer um novo.

Outras Formas de Magia Vereteno

Os fusos podem ser usados em outros tipos de trabalhos mágicos fora da fiação. Esteja você usando seu fuso para lançar feitiços ou para fiar fios mágicos, nunca deixe outra pessoa usar seu fuso. Na melhor das hipóteses, deixar alguém tocar em seu *vereteno* mágico enfraquecerá sua conexão com ele; na pior das hipóteses, eles podem involuntariamente ou mesmo intencionalmente infundir energia negativa. Se isso acontecer, ele vai precisar ser purificado espiritualmente. Existem alguns métodos de purificação do seu *vereteno*.

Limpando seu Vereteno

Se o seu vereteno precisar de uma limpeza profunda ou de um refresco antes de trabalhar com ele pela primeira vez, você pode purificar seu fuso fumigando-o com a fumaça de ervas de limpeza (*obkuryuvannya*), lavando-o em água benta ou colocando-o em um prato com o sal de quinta-feira durante a noite. Você também pode limpar seu fuso passando-o pela chama de uma vela (contanto que tome cuidado para não o queimar). Depois de purificado, ele deve repousar por nove dias, idealmente no altar ou *pokut'* de sua casa, e então estará recarregado e pronto para uso.

Bênção Vereteno Especial de Baba Yaga

Fusos e cajados há muito têm uma conexão com cobras, assim como a própria Baba Yaga. Se você deseja consagrar seu fuso e aumentar seu poder mágico para lançar feitiços, pode fazê-lo acariciando suavemente uma cobra com as laterais do *vereteno*. O ideal é agradar a cobra, não a machucar, por isso nunca a cutuque com a ponta do seu fuso ou a machuque de forma alguma. Se a cobra responder positivamente ao toque amoroso da madeira, é um bom sinal de que ela está compartilhando seu poder e abençoando sua ferramenta ritual.

Feitiço Vereteno para Invocar ou Banir

Você pode usar um fuso para simples invocações e banimentos. Embora possa usar qualquer tipo de fuso para a maioria dos trabalhos, esse método parece fluir melhor com o fuso de queda, semelhante a uma varinha.

Coloque a parte mais pesada do fuso em uma mesa e gire-a como se fosse um pião, mantendo os dedos em contato constante com a extremidade superior do fuso. Gire no sentido horário enquanto sussurra encantamentos ou afirmações para as coisas que deseja. Gire no sentido anti-horário enquanto fala encantamentos ou comandos para coisas que está banindo.

Lançando um Círculo de Proteção

Se for fazer um trabalho divinatório ou um trabalho em áreas liminares, talvez queira criar um Círculo de proteção ao seu redor antes de começar. Um *vereteno* pode ser usado como uma varinha para criar este Círculo. As varinhas são usadas para concentrar energia, portanto, usar seu amado fuso pode ser uma maneira excepcionalmente poderosa de criar seu Círculo de segurança.

Segure o eixo na ponta grande e use a parte da ponta fina para criar Círculos de proteção antes de fazer seu trabalho mágico. Arraste o ponto no chão ao seu redor no sentido horário para delinear seu Círculo ou aponte o fuso diretamente no comprimento do braço e gire lentamente no sentido horário para criar um limite espiritual.[134]

Usando um Vereteno para Cura

Um fuso abençoado é tão poderoso que pode ser usado sozinho para banir doenças. Se quiser ajudar a curar alguém, pode sentar a pessoa na sua frente, ficar atrás dela e mover um fuso ao redor de seu corpo no sentido anti-horário enquanto sussurra encantamentos para remover a doença.[135]

Feitiço do Tempo Vereteno

As gerações anteriores dependiam do clima para boas colheitas, portanto, um feitiço de fuso poderia ser feito para trazer chuvas nutritivas. Hoje em dia, com o aquecimento global, podemos querer convidar a chuva para evitar secas devastadoras. Ao colocar um fuso em um copo de água, é possível realizar um antigo ritual para encorajar banhos suaves para regar a terra e reabastecer a Mãe Terra.

---

134. Bosyy, "Svyashchenne Remeslo Mokoshi," 39–40.

135. H. I. Hrymashevych and Yuliya Vasyl'chuk, "Povir'ya, Zvychayi Ta Obryady, Pov'yazani z Tkatstvom," *Student·S'ki Linhvistychni Studiyi 2* (2011): 39–46.

Pêndulo Vereteno

Um pêndulo é uma ferramenta para adivinhação ou contato com o reino espiritual. Qualquer objeto pesado pendurado em um fio ou corrente que possa balançar frouxamente pode ser usado como um dispositivo para obter respostas sim/não para suas perguntas. Pendure seu fuso por um fio fiado por você e deixe-o balançar para frente e para trás livremente. Peça ao seu pêndulo *vereteno* para mostrar que sim e observe a direção em que ele está balançando. Ele pode circular em uma determinada direção ou balançar para frente e para trás. Faça o mesmo para não e observe a direção diferente em que ele estará se movendo. Depois de estabelecer o que é sim e não, você pode convidar seus espíritos prestativos para responder às suas perguntas.

Adivinhação Direcional

Se você quiser fazer alguma adivinhação direcional, faça perguntas como estas: *"Para onde devo viajar?" "De onde virá meu futuro amante?"* Você pode colocar o fuso de lado em uma mesa e girá-lo, como brincar de girar uma garrafa. Qualquer que seja a direção em que a ponta fina pare, é a direção que você deve procurar para obter sua resposta.

O Legado do Vereteno

Fusos parecem retrocessos arcaicos ao passado, algo completamente desnecessário em nosso mundo moderno, onde você pode comprar roupas direto da prateleira, mas o *vereteno* é mais do que uma ferramenta para fiar fibras. Ele nos conecta ao reino espiritual: aos nossos ancestrais, à antiga Deusa mãe Mokosh, ao divertido *Rusalky* e ao profundo mistério da própria Baba Yaga. Ao incorporar essa velha tecnologia em nossa vida moderna, podemos cultivar a atenção plena, criar encantos antigos e construir um relacionamento com uma poderosa ferramenta mágica.

Capítulo 13

Krashanky e Pysanky: Os Ovos Decorados

No momento em que Vasylyna e a boneca estavam enrolando a última meada, ouviram um farfalhar na fechadura. Rápida como uma doninha voltando para uma toca, a motanka pulou de volta para o bolso de Vasylyna e sumiu de vista. Vasylyna congelou onde estava com a última meada em suas mãos.

Baba Yaga abriu a porta e ficou segurando sua cesta pesada com as duas mãos enquanto algumas penas pretas caíam de seus ombros.

"Ho ho ho!" ela gargalhou triunfante.

Mas então ela ergueu as sobrancelhas surpresa quando viu que não restava nem mesmo o menor pedaço de fibra e que todo o cânhamo havia sido fiado e empilhado em meadas organizadas contra a parede.

Ela colocou a cesta sobre a mesa, foi até onde Vasylyna estava e pegou o novelo de cânhamo de suas mãos. Ela esticou um fio para examiná-lo, puxando-o com força, segurando-o contra a luz, passando a unha sobre ele e aproximando-o do olho, como um joalheiro inspecionando uma peça rara de âmbar.

"Hmph", Baba Yaga disse finalmente enquanto examinava a suavidade do fio. "Nada mal, garota. Nada mal."

Ela foi até os novelos e um por um os pegou e manuseou com aprovação relutante. Finalmente, ela largou o último e caminhou até o pich, deu um tapinha em seus lados quentes e suspirou. "Ah, meu querido pich, lamento dizer que hoje não é o seu dia."

Baba Yaga se voltou para Vasylyna. "Bem, garota, você realizou uma tarefa e a fez razoavelmente bem. Então, esta noite meu pich fica com fome, mas você e eu vamos comer."

E com isso Baba Yaga enfiou a mão em sua cesta e começou a retirar os ovos um a um, pequenos e grandes, mas todos de uma cor vermelha rica e brilhante. Ela pegou um, bateu contra a mesa e começou a descascar o ovo cozido. Cuidadosamente, ela colocou as cascas em uma pequena tigela e começou a comer o ovo, enquanto Vasylyna observava.

"Vá em frente, garota. Coma!" disse Baba Yaga.

Vasylyna sentou-se à mesa e pegou um dos ovos cozidos, sentindo o calor em sua mão. Como Baba Yaga, ela colocou as cascas na tigela enquanto descascava seu ovo, quando mordeu a gema amarela e macia sentiu uma onda de poder dentro dela, tão brilhante e intensa quanto um Sol deslumbrante de verão. A cada mordida, ela saboreava o calor suave do ovo enquanto ele deslizava para dentro de sua barriga.

Quando as duas se fartaram, Baba Yaga pegou as cascas que haviam caído sobre a mesa, botou na tigela e colocou os ovos que restaram em cima. Em seguida vestiu seu casaco quente e felpudo e pegou a tigela e sua bengala. E então parou e olhou para Vasylyna.

"Coloque seu xale, garota. Não temos a noite toda."

Vasylyna se envolveu e seguiu Baba Yaga porta afora.

Elas saíram pelo portão de osso, passaram pela cerca de osso e desceram por uma trilha na floresta. Ao saírem sob o luar forte, seguiram pelo caminho até chegarem a uma pequena clareira com um círculo de álamos. Vasylyna ficou timidamente na beira do bosque observando. Baba Yaga entrou e colocou os ovos na base das árvores, sussurrando algo baixinho enquanto o fazia.

Rapidamente, ela se virou e continuou andando, Vasylyna correu para acompanhá-la, seguindo-a pelo bosque e pelo caminho até chegarem a um pequeno riacho.

Baba Yaga se ajoelhou perto do riacho e sussurrou para as cascas de ovo enquanto colocava um punhado na água. Vasylyna observou enquanto as cascas mergulhavam abaixo da superfície e caíam na água corrente como minúsculos pedaços de coral vermelho raro brilhando ao luar.

Baba Yaga Compartilha a Sabedoria de Krashanky e Pysanky

Quando se trata de magia, *yaytsya*, nossos ovos, são tão preciosos quanto joias. E como as joias, gostamos de poli-las, embelezá-las e decorá-las para torná-las ainda mais mágicas. Sim, podemos usar os ovos para nossos feitiços nus, mas por que não os vestir com algo especial? Fazemos isso há milênios com *krashanky*, que são tingidos de uma única cor e comidos, e com *pysanky*, que são feitos como amuletos e decorados com desenhos complexos – símbolos talismânicos para saúde, riqueza, amor, sorte e proteção.

Não me pergunte: *"O que veio primeiro, o ovo ou a galinha?"* Isso seria uma revelação inútil de que você é um tolo. Claro que o ovo veio primeiro. Antes que houvesse ovos, antes que houvesse qualquer coisa, havia o céu noturno e as estrelas. E das estrelas nasceu o Ovo do Mundo. Cada uma das setenta e sete Estrelas Irmãs revezavam-se em chocar sobre o ovo, aninhando-se contra ele, virando-o, aquecendo-o gentilmente até que, um dia, ele chocasse. E do ovo nasceram o Sol, a Lua, a Terra, a Árvore do Mundo, as plantas, os animais, os espíritos e as primeiras pessoas.

Os espíritos foram autorizados a viver onde desejassem. Alguns escolheram o Mundo Superior, de ensino e orientação. Outros escolheram o Mundo Intermediário, para viver perto dos humanos com seu caos e criatividade. E alguns escolheram viver no Mundo Inferior, perto dos animais que vivem em sua paisagem mística. Os que escolheram viver lá foram chamados de *Rahkmany*, os abençoados. Era o lugar onde animais, plantas, água, rochas e árvores podiam falar as línguas humanas, onde a pálida luz da Lua cheia sempre brilhava e onde a magia fluía mais livremente. Sempre havia muito para comer e beber, então não havia necessidade de trabalhar, o clima estava sempre quente e ameno e todas as criaturas viviam em harmonia.

Os seres de lá tinham apenas um problema. O tempo não existia no Mundo Inferior. A parte boa disso era que eles nunca envelheceriam, mas o Sol nunca nascia, a Lua estava sempre cheia e era sempre a parte mais verde do verão. Não havia noção de dias, não havia noção de estações e não havia luz do sol. Os espíritos do Mundo Inferior sentiam que tudo estava perfeito, exceto por uma coisa, e então pediram ajuda às pessoas do Mundo Intermediário. Eles enviaram uma mensagem aos videntes e pediram que enviassem o Sol para eles. Os místicos do Mundo Intermediário viram que se enviassem as cascas dos ovos bentos uma vez por ano, o *Rahkmany* teria um dia de sol e assim poderia marcar o tempo que passou.

Assim, a cada Equinócio de Primavera, o início do antigo ano novo, lembramo-nos de nossos espíritos e jogamos as cascas vermelhas dos *krashanky* na água corrente. Essas cascas viajam por vinte e cinco dias para o Mundo Inferior e, enquanto viajam, elas se remontam. Quando chegam às praias de *Rahkmany*, os espíritos as recebem como ovos vermelhos inteiros, brilhantes e bonitos, cheios da força vital do sol. Então eles abrem esses ovos e os comem. Eles não precisam de muito. Um *krashanka* vermelho alimenta doze *Rahkmany* por um ano. E naquele dia, o dia em que recebem este presente místico, o sol brilha em sua bela terra, e eles comemoram o ano novo e marcam a passagem do tempo no Mundo Intermediário. Este belo ritual permite que aqueles no Mundo Médio se conectem com aqueles no Mundo Inferior, para lembrar de nossos entes queridos e espíritos abençoados que escolheram viver lá, compartilhando um presente com eles.

Os abençoados *krashanky* são poderosos talismãs que podem ser comidos para levar o poder do Sol para dentro de você. Quando comer os ovos, guarde as cascas, leve-as para um rio e jogue-as na água. As cascas irão flutuar rio abaixo até o *Rahkmany* para dar a eles este presente do Sol e conectá-los ao mundo espiritual, para que você possa receber mensagens de volta de seu reino.

Madame Pamita ensina a Magia de Krashanky e Pysanky

Toda Páscoa era um momento especial em minha casa enquanto eu crescia. Tivemos uma mistura mágica da caça aos ovos de Páscoa americana combinada com a riqueza espiritual de uma Páscoa tradicional ucraniana, nossa mesa transbordava de pratos deliciosos. Minha mãe pegava seu *rushnyk* especial de Páscoa, bordado pela própria mãe e fazia uma cesta cheia de pães, presunto, linguiças e, claro, os *krashanky* que eu tingia com os kits para colorir ovo que comprávamos no supermercado. Com eles, jogávamos o jogo de bater ovos, vendo de quem era a casca mais dura. Minha mãe também fazia o ritual de abençoar um dos ovos, descascando-o e colocando um pedaço na boca de cada membro da família para abençoá-los pelo ano.

Quando menina, fiquei fascinada com o livro que tínhamos em nossa estante sobre *pysanky*, os ovos primorosamente decorados feitos com o método de resistência à cera. Fiquei hipnotizada com as histórias que minha mãe me contou sobre sua mãe criando esses ovos no início da primavera e ansiava por fazê-los eu mesma. No entanto, não tínhamos as ferramentas simples necessárias para escrever *pysanky*, então tudo que pude fazer foi admirar as fotos do livro e imaginar fazê-las. Não foi até que eu fosse adulta que consegui obter os corantes e as ferramentas e começar a escrever meu próprio *pysanky* para invocar a magia da próxima primavera.

Fico maravilhada com a perfeição do *timing* do meu conhecimento mágico. Embora escrever *pysanky* seja simples o suficiente para uma criança mais velha fazer, a natureza espiritual meditativa e consciente dessa prática não foi percebida por mim quando eu era jovem. Como adulta, sou capaz de preencher esses lindos talismãs com minhas intenções mágicas e de sentir a conexão com meus ancestrais enquanto aqueço a cera e escrevo as linhas sobre a superfície lisa do ovo.

Krashanky e Pysanky Hoje

Os ovos em geral são poderosos talismãs que sempre serão reverenciados. *Yaytsya*, ovos simples, são usados em rituais de limpeza para remover azarações, feitiços e mau-olhado, conforme descrito no capítulo 10. *Krashanky* são ovos cozidos tingidos de uma única cor e devem ser comidos para liberar sua magia. *Pysanky* são ovos de talismã primorosamente decorados que são colocados em casa para trazer sua magia protetora. Embora esses ovos decorados sejam um dos artesanatos ucranianos mais identificáveis, diferentes variações desses belos talismãs podem ser encontradas em todos os países e culturas da Europa Oriental e até mesmo em algumas nações da Europa Central.

Durante o século 20, o regime soviético proibiu a criação de *pysanky* por ser considerado religioso e desafiando o ateísmo imposto pelo estado. Aqueles que os fizeram foram tratados com desprezo, ridicularizados e até mesmo punidos. Em todas as aldeias dos Cárpatos, exceto nas mais remotas, a fabricação de *pysanky* cessou. No entanto, os ucranianos da diáspora trouxeram a arte com eles para suas novas pátrias e mantiveram vivo o folclore e as técnicas durante esse período. Após a independência ucraniana em 1991, o interesse na criação, tradições, símbolos e história do *pysanky* teve um enorme ressurgimento com museus, coleções e estudos sérios dedicados a esta antiga tradição mágica. Hoje em dia, os *pysanky* são criados e celebrados em todo o mundo como talismãs mágicos e belas peças de arte.

O Poder dos Krashanky

Sempre que um ovo é usado magicamente, ele invoca a energia e a vitalidade do Sol, abundância e, claro, fertilidade de todos os tipos. Comer um ovo é levar o poder do Sol para dentro do seu corpo. Embora possa encontrar corantes químicos modernos para ovos em qualquer cor, você pode fortalecer ainda mais a magia do ovo ao tingi-los com corantes vegetais, imbuindo-os não apenas com a energia das cores, mas também com a força vital da própria planta.

Nos dias anteriores aos corantes artificiais, as pessoas tingiam os *krashanky* com cascas de cebola para fazer ricos ovos cor de terracota. Esses ovos vermelhos escuros representavam o sangue vivificante da mãe e amplificavam a vitalidade da magia do sol.[136] À medida que a comunidade se reunia, montes desses lindos ovos vermelhos eram abençoados

---

136. Dixon-Kennedy, *Encyclopedia of Russian and Slavic Myth and Legend.*

e imbuídos de bons desejos para todos e depois distribuídos de volta a cada membro da aldeia.

A primavera é a época do ano mais tradicional para fazer *krashanky* vermelhos, e o novo sol da primavera confere maior poder a eles. No entanto, você pode realizar rituais com esses ovos em qualquer época do ano para atrair força, cura, sorte e bênçãos.

Criando Krashanky Vermelhos

Criar *krashanky* pode ser um ritual em si. Imbua seus ovos com energia extra, concentrando-se em suas intenções de proteção, amor e vitalidade ao tingi-los. Pode ser bastante poderoso visualizar ou sussurrar seus encantamentos enquanto descasca as cebolas, mexe-as na panela e adiciona os ovos para ferver.

Ingredientes

- 3 colheres de vinagre branco
- 4 xícaras de água
- 12 ovos brancos grandes
- Azeite ou outro óleo comestível
- Cascas de cerca de 12 cebolas amarelas

Instruções

1. Em uma panela média de aço inoxidável, misture as cascas das cebolas, água e vinagre e leve para ferver.
2. Abaixe o fogo, tampe e cozinhe por pelo menos 30 minutos. Quanto mais ferver, mais intenso será o corante.
3. Retire ou coe as cascas das cebolas, adicione os ovos ao corante e cozinhe por 10 a 15 minutos.
4. Usando uma escumadeira, retire os ovos da panela e coloque-os delicadamente em uma jarra, tigela ou pote.
5. Deixe o corante líquido esfriar um pouco e despeje sobre os ovos na jarra para cobri-los.
6. Certifique-se de que o líquido corante esteja cobrindo todos os ovos. Se não, você pode adicionar água extra.

7. Coloque o frasco na geladeira e deixe os ovos de molho durante a noite. Quanto mais tempo ficarem de molho, mais escuros ficarão.
8. Na manhã seguinte, retire os ovos da tinta com uma escumadeira e deixe-os secar em uma grade ou caixa de ovos.
9. Quando os ovos estiverem secos, use algumas gotas de azeite e uma toalha de papel para polir.
10. Mantenha os ovos refrigerados até que estejam prontos para abençoar e comer em até uma semana.

Criando Krashanky em outras cores

Enquanto os *krashanky* vermelhos são os mais antigos e tradicionais, outros corantes naturais podem ser usados para fazer belos ovos de quase todos os tons. Você pode usar o guia de cores no Apêndice II para selecionar as cores que correspondem aos seus feitiços e desejos.

Receitas naturais de tintura Krashanky

Siga o método para tingir os *krashanky* de vermelho, mas substitua as várias cores pelos seguintes itens:

- **Amarelo-pálido a ouro-intenso:** 3 colheres de sopa de açafrão
- **Castanho-escuro a marrom-intenso:** 1 litro de café preto forte
- **Rosa-claro a magenta-profundo:** 4 xícaras de beterraba picada
- **Azul-claro a azul-real:** 4 xícaras de repolho roxo picado
- **Verde-claro a verde-médio:** 2 xícaras de espinafre
- **Azul-pálido a violeta-profundo:** 2 xícaras de suco de uva
- **Prata-claro a cinza-escuro:** 2 xícaras de mirtilos (frescos ou congelados)
- **Azul-petróleo a verde-jade:** cascas de cerca de 12 cebolas vermelhas
- **Castanho-acinzentado a preto:** 9 cascas de nozes

Para as cores pastéis, deixe de molho por pouco tempo. Para cores mais intensas, deixe de molho durante a noite na geladeira.

Abençoando e capacitando seus Krashanky

Uma vez que os ovos são feitos, você está pronto para que o Sol abençoe e fortaleça esses talismãs. Coloque seus ovos em uma cesta e, pouco antes do amanhecer, leve a cesta para pegar os primeiros raios de sol. Quando a luz do sol começar a aparecer, coloque as mãos sobre a cesta com as palmas voltadas para baixo. Visualize seus desejos e sussurre palavras de poder sobre os ovos.

Depois de abençoados, os ovos podem ser consumidos na hora ou guardados na geladeira por até uma semana. Ao comer seu *krashanka*, certifique-se de meditar conscientemente sobre as bênçãos que deseja trazer ou comer em comunhão com seus entes queridos em uma alegre celebração para aumentar a saúde e a felicidade de todos. E não se esqueça de guardar as cascas para usar em seus rituais.

Feitiço Krashanky de Sorte e Beleza

Uma vez que seus *krashanky* vermelhos são abençoados, há muitas maneiras mágicas de usá-los. Na noite anterior à celebração da primavera, coloque um *krashanka* em uma tigela com água com uma moeda de cobre. Quem acordar mais cedo na manhã seguinte recebe a moeda da sorte e o *krashanka* e será abençoado com sorte e beleza durante o ano.

Ritual de Bênção Familiar com Krashanky

Para as bênçãos da primavera para toda a família, coloque três *krashanky* vermelhos em uma bacia com água. Cada membro da família lava o rosto com esta água benta abençoada pelo *krashanky* e seca com uma nova toalha de rosto. Se esta toalha for um *rushnyk* enfeitado com bordados mágicos para a ocasião, melhor ainda. O membro mais novo da família lava o rosto primeiro e o membro mais velho por último. À medida que cada pessoa lava o rosto, está simbolicamente limpando velhas preocupações e começando de novo. Com cada pessoa, a água velha é descartada ritualmente na base de uma árvore e água nova e fresca é adicionada.

Bênção do Café da Manhã Krashanky

Quando você se preparar para a celebração do café da manhã da primavera, peça a um membro da família que abra um *krashanka* para ser compartilhado por todos. Coloque um pequeno pedaço de ovo na boca de cada membro da família com uma bênção de saúde e felicidade e gratidão pelo retorno da primavera.

Batalha do Ovo de Krashanky

Como você ainda tem uma pilha de *krashanky* para aproveitar, comece uma batalha de ovos. Peça a duas pessoas que batam a ponta de seus ovos até que a casca de alguém quebre. Essa pessoa está fora do jogo e o *krashanka* pode ser comido. O vencedor pode desafiar outra pessoa a quebrar ou ser quebrado. Quando o último ovo sobrevive às batalhas de bater ovos, essa pessoa é declarada vencedora e esse ovo pode ser enterrado no quintal ou em um vaso de plantas para bênçãos extras de força e abundância ao longo do ano.

Abençoando Animais com Krashanky

As cascas *krashanky* tingidas naturalmente podem ser moídas em pó e dadas aos seus animais de estimação ou animais de fazenda para abençoá-los. Este pó *krashanky* é cheio de cálcio, bem como mágico, e pode ser adicionado com segurança à sua comida de gato, cachorro, roedor ou pássaro, sua ração de frango ou animal de fazenda, ou mesmo um *smoothie* (shake de frutas) para humanos para imbuir o corpo e os ossos com saúde e força. Diga um encantamento sobre o pó com as intenções que deseja que seus entes queridos recebam.

Outras maneiras Mágicas de usar as Cascas dos Krashanky

As cascas de *Krashanky* também podem ser salvas e queimadas no fogo ou sobre carvão para eliminar a febre. E, claro, elas podem ser enterradas em um campo, em seu jardim ou até mesmo em um vaso de plantas para abençoar sua terra e trazer abundância. Não importa como você as use, as cascas nunca devem ser descartadas descuidadamente. Acredita-se que pisar descuidadamente nas cascas de um *krashanka* traz má sorte.

Oferendas de Krashanky para os Espíritos

A primavera também é uma época de comunhão com os ancestrais. Ovos são colocados em túmulos e sepulturas desde antes da história registrada, como um símbolo de vida e renascimento. Na primavera nos conectamos com a família – nossa família viva e aqueles que passaram para o mundo espiritual.

Enquanto o Sol aquece a terra, faça um piquenique em um cemitério e desfrute de uma refeição com seus amados familiares, vivos e mortos. Certifique-se de trazer um pouco de *krashanky* para os que já faleceram. Arrume os *krashanky* nas sepulturas para eles aproveitarem e deixe-os durante a noite. Volte no dia seguinte e dê uma olhada nos *krashanky*. Se eles ainda estiverem na formação em que os colocou, seu familiar está descansando em paz. Se os ovos foram perturbados de alguma forma, seu ente querido está lhe dizendo que há alguns negócios inacabados que precisam ser resolvidos.

Finalmente, os *krashanky* também são lindos presentes para os espíritos do Mundo Intermediário. Deixe um *krashanka* inteiro na floresta para o *Lisovyk*, na margem do rio para os *Rusalky* ou em uma encruzilhada para o *Mavky*. Esses poderosos encantos mágicos serão apreciados por esses espíritos.

A Magia dos Pysanky

Pysanky são ovos primorosamente decorados, que são compartilhados na Páscoa, no Equinócio de Primavera ou em outras celebrações da primavera. Embora existam muitas variações de ovos decorados, existem três características que definem um ovo *pysanka*: ele deve ser criado com o método de resistência à cera, símbolos tradicionais são usados e o ovo não é cozido ou comido.

A História dos Pysanky

Os antigos ucranianos adoravam o Sol, visto como uma fonte de toda a vida. Os ovos decorados com símbolos da natureza tornaram-se parte integrante dos rituais da primavera, servindo como talismãs benevolentes. A primavera era o começo do Ano Novo e a celebração do retorno do Sol e seu calor vivificante. Arqueólogos descobriram cerâmica *Trypillian* da Idade do Bronze e ovos de cerâmica decorados com desenhos que ainda estão em uso hoje.

Quando o cristianismo chegou em 988 EC, os antigos símbolos e significados dos *pysanky* foram incluídos na mitologia cristã. Tradições pagãs mais antigas de todos os tipos coexistiram com as crenças cristãs mais recentes e os *pysanky*, que antes eram um talismã da primavera e o Deus Sol, tornaram-se parte das celebrações da Páscoa.

Lenda do Pysanka

Os *Hutzuls* – um grupo étnico que vive nas montanhas dos Cárpatos, na Ucrânia Ocidental –, acreditam que o destino do mundo depende dos *pysanky*. Eles acreditam que existe um monstro perigoso chamado *Pekun* que está acorrentado a um penhasco. Toda primavera, *Pekun* envia seus asseclas ao mundo para contar quantos *pysanky* foram criados. Se o número for baixo, suas correntes se soltam e ele fica livre para vagar pela Terra, causando estragos e destruição. Se o número de *pysanky* for maior, as correntes ficam mais apertadas, mantendo o mundo seguro para que o bem triunfe sobre o mal por mais um ano. Enquanto houver pessoas fazendo *pysanky*, o mundo existirá, mas se as pessoas pararem ou esquecerem de como fazê-los, o mundo será destruído.

Escrevendo Pysanky

A palavra *pysanky* vem do ucraniano *pysaty*, que significa "escrever". Decorar *pysanky* é chamado de "escrever" *pysanky*. Quando inscrevemos os símbolos neles, estamos, em essência, escrevendo nossos desejos e vontades.

Ingredientes e Equipamentos para Pysanky

Até o século 20, os *pysanky* sempre foram feitos com ovos inteiros frescos. Foram utilizados ovos férteis, pois eles tinham o poder da vida. Para produzir um talismã ainda mais poderoso, era selecionado o primeiro ovo fertilizado posto por uma galinha jovem. Os ovos inférteis eram evitados, porque, acreditava-se, eles bloqueariam a fertilidade na casa – nas plantações e no gado, assim como nas pessoas. Depois que o *pysanka* foi criado, o interior do ovo foi deixado para secar lentamente com o tempo, deixando um *pysanka* oco com uma pequena gema seca que chacoalhava por dentro.

Uma inovação mais recente foi usar ovos com um pequeno orifício em uma ou nas duas extremidades, onde a gema e a clara cruas podem ser sopradas. Isso evita que o ovo inteiro ocasionalmente se quebre quando está secando, mas torna mais difícil submergir o ovo e evitar que a tinta penetre nos orifícios.

Corantes para ovos

Os antigos levavam a sério a magia do *pysanky* e usavam a "Água Viva" coletada na primeira chuva da primavera, para fazer suas tinturas. Sentiu-se que a Água Viva tinha uma magia poderosa, e essa energia poderia ser transferida para o *pysanka*. Naquela época, os corantes eram feitos de plantas com todos os seus atributos mágicos, mas hoje a maioria das pessoas criam *pysanky* com corantes de anilina mais brilhantes.

Ao criar seus próprios *pysanky*, poderá escolher qualquer tipo de corante que seja mais atraente para você. Se estiver trabalhando com corantes naturais, pode seguir as instruções para criar os corantes *krashanky*, mas você os usará depois que esfriarem. Os corantes de anilina *pysanky* são vendidos em pó em embalagens de papel. Siga as instruções impressas na embalagem para fazer corante líquido. Normalmente, isso envolve dissolvê-los em água fervente e adicionar uma colher de sopa de vinagre a outras cores além do laranja.

Kistka

O *kistka* é o estilete usado para aplicar cera no ovo. Um *kistka* tradicional é um pequeno funil de cobre enrolado com arame para prendê-lo a uma ponta de um pequeno pino de madeira. Hoje, existem *kistky* com alças de plástico de alta temperatura e até *kistky* com aquecimento elétrico. Para escrever no ovo, coloque um pouco de cera de abelha no funil e aqueça o *kistka* segurando o funil próximo à chama de uma vela. Depois que a cera derreter, você passa o funil pelo ovo para fazer uma linha de cera de abelha que preservará a cor por baixo.

Vela

Uma vela cônica é usada para aquecer o *kistky* e derreter a cera do ovo assim que o *pysanka* estiver completo.

Cera de abelha

A cera de abelha é usada para criar as inscrições de resistência à cera no ovo. Cera de abelha preta ou escura é frequentemente usada, pois é mais fácil de ver ao escrever no ovo branco.

O Processo Pysanky

Pysanky são escritos e tingidos em uma determinada ordem. Primeiro a cera é aplicada na clara do ovo em todas as áreas que você deseja manter brancas. Depois o ovo é mergulhado em corante amarelo. Feito isso, o ovo é seco e a cera é aplicada novamente em todas as áreas que você deseja amarelar. Em seguida, o ovo é mergulhado em corante laranja. Para usar as cores mais tradicionais, você repete esse processo aplicando cera e mergulhando o ovo na tinta, passando do amarelo, para o laranja, o vermelho e por fim até o preto. Depois de aplicar toda a tinta, segure o ovo próximo à chama de uma vela e aqueça suavemente. Limpe a cera derretida para revelar o belo design multicolorido por baixo.

Símbolos P ysanky

Semelhante ao bordado em *vyshyvanky*, os símbolos em *pysanky* tradicionais têm significado e magia. Os símbolos mais antigos são geométricos e não representativos, como linhas onduladas, círculos, espirais, pontos, hachuras e linhas. Algumas delas podem ser encontradas ecoadas na cerâmica *Trypillian,* que tem mais de sete mil anos, e assim sabemos que sua magia é muito antiga. Embora nunca tenhamos a certeza dos significados específicos desses símbolos para os antigos, eles são vistos como iconografia de proteção nos tempos modernos.

Linhas sinuosas e espirais em particular são vistas como salvaguardas contra entidades maliciosas. Diz-se que os espíritos malignos que se aproximam deles ficam presos nessas formas, de onde são incapazes de escapar e ferir alguém. Em geral, no entanto, os símbolos em *pysanky* não devem ser lidos individualmente; o próprio *pysanka* é visto como um talismã para proteger a família, o lar e a propriedade.

Tradições Pysanky

Pysanky foram criados após *Stritennya* (2/15 de fevereiro) até pouco antes do Equinócio de Primavera, ou o antigo Ano Novo, ou Páscoa. Antigamente, os *pysanky* eram criados principalmente por mulheres e eram escritos à noite, depois que o trabalho terminava e as crianças dormiam.

Como outros objetos talismânicos, era e é importante ter um estado de espírito positivo ao escrever um *pysanka*, pois o estado emocional em que você se encontra será inscrito em seu talismã.

Feitiços de Proteção Pysanky

Pysanky eram vistos como talismãs mágicos descartáveis, porque novos seriam feitos a cada ano, então eles seriam colocados em casa e na fazenda para proteger a família, casa, gado e colmeias. Uma tigela com *pysanky* normalmente seria encontrada em todas as casas, geralmente perto do *pokut'* ou altar doméstico, para aumentar a proteção doméstica.

Trabalhando com Shells Pysanky Quebrados

Se um *pysanka* quebrasse acidentalmente, seus pedaços de cascas poderiam ser usados por malfeitores para amaldiçoar a família para que nunca fossem jogados fora descuidadamente. Em vez disso, eles eram moídos e dados aos animais (se fossem tingidos com corantes naturais) ou jogados em água corrente. Como *krashanky*, cascas de *pysanky* quebradas também podem ser queimadas e a fumaça usada para banir doenças.

Pysanky como presentes talismânicos

O ovo simboliza a vida e o retorno do sol, e os desenhos e cores de um *pysanka* têm significados profundos de proteção e boa sorte. *Pysanky* são frequentemente dados como presentes para entes queridos e membros respeitados da comunidade, com ovos personalizados com símbolos e cores especiais para diferentes indivíduos. Mesmo aqueles que faleceram eram presenteados com esses talismãs. *Pysanky* eram colocados em caixões para proteger os entes queridos que viajam para a vida após a morte e eram e são colocados em túmulos como oferendas para aqueles que estão enterrados lá.

O Ovo Mágico

Quando se trata de objetos de poder, não se deixe enganar pelas aparências. O fato de algo tão simples quanto um ovo poder ser estimado, embelezado e valorizado como uma poderosa ferramenta espiritual é emblemático da magia ucraniana. Um ovo pode parecer banal para a maioria das pessoas, mas quando seu poder é compreendido, ele se torna um poderoso aliado para feitiços de abundância, limpeza e proteção. O mesmo pode ser dito de Baba Yaga. Atrás do exterior de uma velha rabugenta – alguém que parece tão frágil quanto a casca de um ovo – encontra-se a formidável *Vidma* de lendário conhecimento, habilidade e poder. Aqueles que sabem, podem ver além das meras aparências a verdade interior.

Capítulo 14

Tkats'kyy Verstat: O Tear

Na manhã seguinte, Vasylyna acordou com o cheiro de mingau com mel e viu que Baba Yaga já estava acordada e preparando o café da manhã.

"Levanta, menina. O dia é curto e as tarefas são longas."

Vasylyna enfiou a motanka no bolso e sentou-se para comer o mingau em uma tigela que Baba Yaga havia preparado para ela. Ela pegou uma pitada dos grãos e colocou no bolso para compartilhar com sua boneca antes que Baba Yaga se virasse e se sentasse para tomar seu chá.

"Você sabe tecer, menina?" Baba Yaga perguntou a Vasylyna.

Vasylyna assentiu e disse: "Bem, ajudei minha mãe a tecer muitas vezes".

"Bom, hoje você vai tecer o cânhamo que fiou. Se você puder tecer todo esse fio em um pano quando eu voltar de minhas tarefas, eu lhe darei uma recompensa." Ela colocou a xícara sobre a mesa. "E se não, eu lhe darei como recompensa pelo meu pich."

Com isso Baba Yaga se levantou, juntou suas coisas, saiu pela porta e deixou Vasylyna para terminar seu café da manhã sozinha. Vasylyna deu uma olhada no grande tear e na sala cheia do fio que ela havia fiado e tirou sua motanka do bolso.

"Minha boneca, o que devo fazer? Eu sei fiar, mas nunca trabalhei sozinha em um tear. Minhas pernas mal conseguem alcançar os pedais e meus braços são muito curtos para mover a lançadeira para frente e para trás." A boneca respondeu:

"A tecelagem requer muita habilidade,
mas você pode fazê-lo, de verdade.
Tudo o que precisa fazer é perguntar,
para que eu possa lhe ajudar esta tarefa executar."

Então Vasylyna terminou rapidamente seu mingau, limpou os pratos sujos e foi até o tear. A boneca orientou Vasylyna a puxar a haste e mexer nos pedais, enquanto, rápida como um pássaro em disparada, a pequena motanka empurrava a lançadeira entre os fios. Vasylyna moveu as mãos e os pés rapidamente, mas a boneca voou para frente e para trás pelos fios da urdidura ainda mais rápido, tão rápido que parecia mais um borrão do que uma boneca.

Elas trabalharam e teceram enquanto o sol subia cada vez mais alto no céu. E continuaram a trabalhar no tear enquanto o sol começava a descer em direção às montanhas ao longe. Elas teceram o dia todo sem parar. Quando o sol estava se pondo atrás das montanhas, elas haviam tecido até o último fio. Então elas tiraram o pano do tear e o dobraram em uma pilha organizada no momento em que Baba Yaga destrancava a porta.

Baba Yaga compartilha a Sabedoria do Tkats'kyy Verstat

Tecelagem: algo que vocês não sabem nada hoje em dia. Você vai a uma loja e compra uma peça de roupa que uma máquina fez com fibras que nunca viram um dia viva. Você chama isso de roupa? Pá! O que mais ela pode fazer além de cobrir seu corpo, e provavelmente nem tanto. A roupa que fazíamos tinha vida, tinha magia.

O fato de eu ter um *tkats'kyy verstat* em minha *khatynka* não é nada notável. Antigamente, toda casa tinha um tear. Sem tear, sem roupas. E sem roupa? Você vai sentir um pouco de frio no inverno, com certeza. Mas um tear faz muito mais do que fazer roupas. Fazemos cobertores. Nós tecemos toalhas de mesa e criamos o *rushnyky* mágico que usamos para abençoar nossos lares e proteger nossos entes queridos. Tecer é a magia de dominar a criação.

Essa arte é algo que fazemos desde que vivíamos em cavernas. Desde praticamente o início dos tempos, éramos os mágicos criando algo do nada. Muitos de nossos Espíritos e Deusas são fiandeiras e tecelãs. Naturalmente, sou uma tecelã excepcional, mas a Deusa Mokosh, Santa

Paraskeva P'yatnytsya e os *Rusalky* também são.[137] Os *Rusalky* cantam e fiam seus fios e os penduram nas árvores. Eles tecem seus panos, lavam no rio e colocam nas margens para branquear e secar. Esse pano não é apenas bonito, mas poderoso; tão poderoso que, se uma pessoa pisar nele enquanto está secando, não conseguirá andar novamente.

Tínhamos nossas estações especiais para fazer tecidos. No inverno, quando estávamos todos em casa de qualquer maneira, era a hora de tecer magia. Depois que o sol se punha e todos eram alimentados, íamos para nossos teares de madeira esculpidos com símbolos mágicos de proteção, pegávamos nosso tecido caseiro e começávamos cantando.

O canto? Essa é uma parte importante da tecelagem. Cantamos para nos deixar felizes e, se você prestou atenção, sabe que precisa estar feliz antes de começar a criar qualquer coisa mágica. Cantamos enquanto trabalhamos para tecer nossos encantamentos no tecido. O que cantamos está ligado ao que fazemos cada vez que passamos um fio pela urdidura e o transformamos em tecido. Teça com pensamentos puros e alma leve, senão pode acabar com um fio partido. Qual é o problema com um fio quebrado? Bem, nós vemos isso como um mau presságio, de fato. Um fio partido pode significar má sorte de todos os tipos, mudando um bom destino para um mau.

Quando você aprende a arte de tecer, ah, é quando aprende a criar seu próprio destino. O fio da sua vida se reflete no fio que tece. Então, se sua vida não é do seu agrado, você pode tecer uma vida melhor.

137. Johns, *Baba Yaga*.

Madame Pamita ensina a Magia do Tkats'kyy Verstat

Uma de minhas práticas espirituais profundas é um ato que chamo de "apreciação consciente". Na apreciação consciente, pensamos em todas as camadas de genialidade, inspiração e habilidade que entram nos objetos do cotidiano.

Tome, por exemplo, a roupa que você veste. A camisa que você está vestindo foi inicialmente apenas uma ideia de um estilista, depois eles compraram o tecido para fazê-la. Para fazer esse tecido, um designer de tecidos teve que criar materiais, cores e texturas. Algodão, linho ou algum outro material tinha que ser cultivado na terra e processado. Corantes tiveram que ser inventados. Alfaiates tiveram que cortar e montar a peça. Os carregadores tiveram que transportá-lo. Os vendedores tinham que vendê-la. Quando contemplamos a lista de pessoas que conspiraram para criar a simples peça de roupa que estamos vestindo, é como contemplar um longo e belo fio. Todos trabalharam juntos para que pudéssemos cobrir nossa pele de maneira que nos agradasse. Quando pensamos na Mãe Terra e nas pessoas ao longo do caminho que cuidaram de nós, nossas roupas podem ser imbuídas de profunda apreciação, alegria e um profundo sentimento de admiração.

Eu tenho uma pequena coleção de *vyshyvanky* antigos. Ao olhar para esses vestidos, penso nas mulheres, como minha avó e bisavós, que cultivavam cânhamo ou linho, batiam, fiavam à mão, teciam à mão, costuravam e depois bordavam com fios delicados de vermelho e preto. Não conheço as mulheres que fizeram essas roupas requintadas, mas as imagino e abençoo seus espíritos ao tocar seu trabalho manual, criado com tanto amor.

Quando comecei minha própria jornada para encontrar Baba Yaga, eu sabia que não tinha só que aprender a fiar, mas também a tecer. Comecei com algo pequeno e factível: um *krayka,* um cinto de tecido que é enrolado na cintura e amarrado. Comprei um pequeno tear para tecelagem de bandas e comecei a tecer meu primeiro cinto. No começo era irregular, mas conforme aprendi a puxar a lançadeira com a quantidade certa de tensão, pude ver, mesmo naquela tecelagem, minha técnica ficando cada vez melhor.

Como fiar, tecer tem uma qualidade meditativa e rítmica que permite que flutuemos para aquele espaço liminar mágico, onde podemos comungar com o mundo espiritual. Cada vez que teço, imagino-me viajando no tempo de volta para minha avó e bisavó, que teciam seus próprios tecidos em casa, de volta para suas mães e avós. Vou indo e voltando até tecer ao lado das primeiras tecelãs, as que descobriram a magia de fazer tecidos.

O Tkats'kyy Verstat Hoje

Culturas em todo o mundo e ao longo da história reconheceram que o processo de tecelagem tem um profundo significado espiritual. O fio é um símbolo do destino e da vida. Os padrões que tecemos com esse fio podem afetar nossa condição física e o rumo que nossa vida toma. Os antigos compreendiam a magia de transformar um emaranhado de fibras em tecido, o ato de criar beleza a partir do caos. Essa transformação profunda ecoa a própria magia, onde não pegamos nada e criamos algo à nossa vontade.

Como *vyshyvanky* e as decorações em *pysanky*, cada aldeia tinha seus próprios padrões e cores que eram usados em suas tecelagens. Hoje, a tecelagem para a maioria das pessoas pode não ter o significado místico profundo que tinha algumas gerações atrás, mas o interesse em reviver os estilos, métodos e técnicas tradicionais teve um renascimento. Como o simbolismo espiritual é parte integrante da tecelagem, até mesmo os tecelões mais casuais estão familiarizados com a magia do artefato tecido à mão.

Tecendo em um dia

A magia suprema da tecelagem é vista em um poderoso ritual de aldeia no passado, quando cada casa tinha um tear e todas as mulheres eram tecelãs. Se os campos precisassem de chuva ou a comunidade precisasse de proteção contra doenças, guerra, fome ou algum outro mal, as mulheres da aldeia se reuniam antes do nascer do sol, cada uma trazendo feixes de fibras de linho e, em completo silêncio, fiavam o linho em fios, montavam um tear e teciam um pano. Assim como uma tarefa dada por Baba Yaga, este talismã tinha que ir de fibras de linho a tecido acabado em um dia. Depois de tecido, podia ser levado a um poço sagrado para convidar a chuva necessária, preso em uma estrada na entrada da aldeia para impedir a entrada de doenças, exposto sobre uma cruz colocada em uma encruzilhada ou usado em um ritual onde seria mantido no alto para que cada membro da comunidade pudesse passar por baixo dele e remover qualquer negatividade deles. Este pano tecido magicamente foi usado como um portal para o mundo sobrenatural. Assim que o ritual fosse concluído e o contato com o liminar fosse feito, o artefato seria queimado e destruído.[138]

Tecendo ao longo da vida

Nem todos os talismãs tecidos são destruídos. Na verdade, a grande maioria deles é mantida por toda a vida e até transmitida de geração em geração. Quando uma criança nascia, ela era enrolada em um pedaço de linho. Este pano seria então transformado em um *rushnyk* de casamento quando aquela criança crescesse e se casasse, e seria colocado em seu caixão quando eles morressem. O pano é um símbolo de uma vida que foi protegida e abençoada desde o nascimento até o túmulo.

A Magia do Krayka

Enquanto os *rushnyky* eram e são usados no corpo para eventos especiais da vida, como nascimentos, casamentos e funerais, havia outros talismãs tecidos que eram usados diariamente: a faixa ou cinto tecido chamado *krayka*, um talismã usado ao longo da vida, desde a infância. Antigamente, os cintos tinham um significado sagrado, representando um círculo: perfeição, infinito e os ciclos do tempo. Se o corpo é uma réplica pessoal da Árvore do Mundo, então o cinto delineia o Mundo Intermediário, protege o usuário nesta realidade e o define como um ser humano vivo.[139]

Os cintos eram vistos como uma necessidade espiritual. Uma simples corda ou um cordão de couro serviria em um momento de aperto. No entanto, mesmo pessoas de recursos modestos podiam tecer um *krayka* de lã colorida, linho ou cânhamo. Como uma ferramenta mágica, os tecelões criariam símbolos na tecelagem para encantá-los e aumentar seus poderes de proteção.

---

138. Johns, *Baba Yaga*.

139. Ryan, *The Bathhouse at Midnight*.

O *krayka* também era um símbolo de iniciação. Desde os primeiros dias, quando a criança era introduzida na sociedade, até às iniciações em profissões e guildas, ao casamento e à morte, o *krayka* acompanhava uma pessoa em todas as suas importantes mudanças e iniciações na vida. Também simbolizava o cordão umbilical que liga o indivíduo à sua linhagem. O cinto era visto como um Círculo Mágico que constantemente envolvia o indivíduo, dando-lhe proteção contra forças espirituais invisíveis. O próprio *krayka* é protetor, mas pode ser amplificado colocando absinto, amor ou outras ervas protetoras na cintura.[140]

Estar sem o Cinto

Desamarrar o *krayka* ou não usar cinto era considerado escandaloso e comprometedor. Uma pessoa que se comportasse de forma desonrosa era chamada de "desacintada", ou se ela cometesse uma ofensa, dizia-se que "tirava o cinto". Era considerado indecente ser visto fora de casa sem cinto, pois significava que você estava descartando a única coisa que o centrava no Mundo Intermediário e o conectava à família e à sociedade. Sair sem um *krayka* era visto como um sinal claro de que você estava se associando ao mundo espiritual. Os próprios espíritos revelariam suas identidades, porque não usavam cintos. Por exemplo, *Rusalky*, *Lisovyky* e *Mavky* poderiam ser identificados pelo fato de não usarem cintos.[141]

Os rituais mágicos exigiam a abertura da porta entre os mundos visíveis e invisíveis e, portanto, frequentemente exigiam que a pessoa que fazia a magia fizesse algo transgressor. Soltar o cabelo ou as roupas, usar mangas largas, andar descalço e, claro, tirar o *krayka* eram considerados sinais de que você estava viajando para o Mundo Inferior. Para poder viajar livremente – seja em danças mágicas, adivinhação, lançamento de feitiços ou em rituais como chamar a chuva, controlar o clima ou banir epidemias – você tinha que estar disposto a liberar sua proteção pessoal.

Para os videntes modernos que não têm mais o requisito social de usar cinto todos os dias, um *krayka* pode ser usado quando você sentir a necessidade de alguma proteção extra contra espíritos negativos. Fazer um *krayka* do zero vai imbuí-lo com todas as suas intenções e magia.

140. Bosyy, "Svyashchenne Remeslo Mokoshi," 39–40.

141. Gilchrist, *Russian Magic*.

Fazendo um Krayka

Para criar um cinto trançado, você pode trabalhar com qualquer tipo de tear. Os ancestrais antigos usavam teares com peso de urdidura, mas existem outros teares possíveis de culturas de todo o mundo que podem ser usados para tecer seu *krayka*. Um tear *backstrap* é um tear compacto, barato e móvel, feito de paus, cordas e uma cinta que é usada ao redor da cintura do tecelão. Um tear de tinta é um tear de mesa, simples de usar, que permite tecer faixas longas, como um *krayka*. Um tear de banda sueco é um tear de chão maior e mais caro, bastante fácil de usar. Embora qualquer tipo de tecelagem o conecte aos espíritos da confecção de tecidos, se você quiser fazer um *krayka*, escolha um tear que permita fazer "tecelagem de bandas".

Tipos de fios para criar um Krayka

Para obter melhor resultado ao fazer um *krayka*, você precisa começar com um fio resistente e firmemente torcido. Qualquer um dos seguintes lhe trará grandes resultados:

- Algodão Perle (também conhecido como algodão mercerizado) no tamanho 3/2 (mais grosso) ou tamanho 5/2 (mais fino)
- Fio de bordar
- Fio de cânhamo
- Fio de linho
- Lãs firmemente torcidas
- Urdidura de tapete de algodão

Tecendo seu Krayka

Antes de começar, faça seu plano *krayka*. Seu *krayka* deve ser longo o suficiente para envolver sua cintura duas vezes (ou mais) com algum extra para pendurar vários centímetros quando amarrado. Tradicionalmente, os cintos femininos tinham de uma a seis polegadas de largura (dois centímetros e meio a quinze centímetros) e os masculinos tinham de duas a oito polegadas de largura (cinco a vinte centímetros), mas você pode escolher a largura que mais lhe convém. Escolha as cores do seu *krayka* com base na magia que deseja trazer para sua vida. As propriedades mágicas das cores podem ser encontradas no Apêndice II.

Antes de começar a tecer, certifique-se de que está se sentindo calmo e feliz. Seu humor influenciará sua tecelagem e você vai criar um talismã que carregará essa energia. Coloque uma música que você possa cantar junto. Tradicionalmente, as mulheres tecedoras cantavam velhas canções folclóricas ancestrais com encantamentos nas letras, mas você pode cantar canções em seu próprio idioma, que tenham sentimentos com os quais deseja imbuir seu trabalho. Músicas positivas e fortalecedoras são a melhor escolha para trazer essas qualidades para sua vida.

Vestindo seu Krayka

Usar um *krayka* pode ser visto como uma expressão da magia que deseja fazer. Você pode ver seu cinto como uma ferramenta mágica usada em ocasiões especiais, ou pode usá-lo todos os dias. Por exemplo, um *krayka* fino pode ser usado sob suas roupas diariamente para fornecer proteção contra espíritos negativos.

Pense em seu *krayka* como uma ferramenta que você pode querer usar antes de realizar adivinhação e magia. Use-o durante o dia antes de iniciar seus ritos e rituais para reunir energia, organizar seus recursos e proteger-se da negatividade. Quando começar seu ritual, feitiço ou adivinhação, poderá tirar seu *krayka* para permitir-se simbolicamente atravessar o mundo do espírito. Quando seu trabalho ritual terminar, amarre o *krayka* novamente pelo resto do dia para reunir e integrar o trabalho que fez.

Tecendo como magia

O ato de pegar fios e criar algo a partir deles é uma poderosa metáfora física para o próprio ato de magia. Não é de surpreender que muitos de nossos descritores espirituais tenham referências têxteis, como "tecendo um feitiço" ou "tecer uma teia de encantamento". Existem Deusas e espíritos de muitas culturas que são tecelões, incluindo Baba Yaga. Desafie-se a tecer um pano ou simplesmente tecer uma pega de panela em um tear de caixa de papelão caseiro em devoção a ela e você obterá uma compreensão profunda do poder da vontade e da criação.

CAPÍTULO 15

VOLOSSYA: O CABELO

Baba Yaga colocou sua sacola sobre a mesa e foi até a sala cheia de tecidos. Ela inspecionou as pilhas de tecidos cuidadosamente dobrados que Vasylyna e a boneca haviam feito.

"Hmmm..." Ela passou as mãos enrugadas sobre o pano. Era tão macio, e ainda finamente tecido como a mais fina seda. Ela o desdobrou, puxou, esticou e até cheirou.

"Hmph", ela disse. "Nada mal, garota, nada mal. Suponho que meu pich terá que esperar mais um dia para ser alimentado." Com isso, Baba Yaga começou a tirar ervas, cogumelos, um repolho e algumas beterrabas de sua bolsa. Ela os limpou, cortou e colocou em uma panela de caldo que fervia no fogo o dia todo.

Enquanto esperavam a sopa cozinhar, Baba Yaga acendeu o cachimbo, pegou um velho pente feito de chifre de animal e uma tigela cheia com levístico e sentou-se ao lado do pich.

"Venha cá, menina", ela disse, "preciso que você penteie meu cabelo."

Vasylyna deu uma olhada no cabelo emaranhado e oleoso de Baba Yaga e sentiu repulsa. Ela não queria tocá-lo, muito menos desfazer os nós. No entanto, a menina pegou o pente da mão de Baba Yaga.

"Talvez eu tenha um nó ou dois no cabelo, então tome cuidado", disse Baba Yaga. "Eu tenho uma cabeça muito sensível, então você deve ser muito gentil. Se você me causar dor, bem, então vou adicioná-la à sopa esta noite."

Vasylyna pegou o pente em uma das mãos, uma mecha emaranhada do cabelo de Baba Yaga na outra e começou a desembaraçar cuidadosamente cada nó. Mecha por mecha, ela penteou suavemente o cabelo, desembaraçando as mechas gordurosas e lavando-as com a infusão de ervas. Enquanto subia penteando os fios, ela viu piolhos no couro cabeludo de Baba Yaga, que ela arrancou com o pente e esmagou entre as unhas.

Baba Yaga sentou-se lá, fumando seu cachimbo e fechando os olhos como se estivesse tirando uma soneca, enquanto Vasylyna penteava e limpava delicadamente.

Finalmente, depois de pentear completamente o cabelo e enxaguá-lo com o levístico para eliminar todos os piolhos, Vasylyna começou a trançar o grosso cabelo prateado de Baba Yaga, como havia feito com o cabelo de sua mãe tantos anos antes. Baba Yaga abriu os olhos e deu um tapa nas mãos de Vasylyna.

Ela se levantou em toda a sua altura voltada para Vasylyna e seu cabelo brilhava como um halo prateado radiante ao redor de seu rosto.

"Eu pedi para você trançar meu cabelo, garota?" ela disse severamente.

Baba Yaga pegou o pente da mão de Vasylyna e começou a pentear suas próprias madeixas. Ao fazer isso, faíscas brilhantes de prata estalaram no ar ao seu redor.

"Hmph", ela disse. "Você se enganou muito ao tentar esconder meu cabelo em uma trança, e só por isso eu deveria jogá-lo na panela. Mas por outro lado, meu cabelo está magnífico agora e não senti um puxão ou beliscão sequer. Suponho que você fez o trabalho muito bem, por isso, acho que ganhou o direito de comer sopa em vez de fazer parte dela esta noite."

Baba Yaga foi até o pich e serviu duas tigelas, uma para ela e outra para Vasylyna. Ela colocou na mesa uma cesta de pão quente e sentaram-se juntas para comer.

Baba Yaga Compartilha a Sabedoria do Volossya

Eu vejo você olhando meu cabelo. O que significa isso? Ciúmes? Ha! Bem, você deveria estar. Meu cabelo é selvagem como eu. Não há vergonha nisso. Talvez você gostaria que eu fosse um pouco mais civilizada e socialmente aceitável? Bem, por trezentos mil anos tenho sido assim e não vou mudar agora.

Meu cabelo despenteado é um símbolo de orgulho para mim. É um sinal da minha natureza espiritual. Pois o que você não sabe é que antigamente o cabelo era um sinal importante do status de uma pessoa. Os *kozaky*, os guerreiros cossacos, teriam que passar por uma série de iniciações para ganhar o direito de usar o *chub*, um penteado com as laterais raspadas e uma longa mecha no alto da cabeça. Este topete, que lembra a crina de um cavalo, era um distintivo de honra reservado apenas para lutadores dos mais altos escalões que haviam se provado em batalha.[142]

O cabelo também era profundamente simbólico para as mulheres. Por muitos séculos, meninas e mulheres solteiras usavam o cabelo em uma *kosa*, uma única trança nas costas, e quando uma mulher era casada, ela enrolava as tranças em volta da cabeça e cobria o cabelo com uma elaborada cobertura para a cabeça. Mas usar o cabelo solto? Isso era coisa de mulher louca. Uma mulher com o cabelo despenteado era considerada uma infratora. Se você visse uma mulher com a cabeça descoberta e os cabelos soltos, bem, poderia ter a certeza de que era uma criança com menos de sete anos de idade, uma lunática, um espírito ou uma Bruxa.[143]

Eu nunca usei uma trança e nunca usei uma cobertura para a cabeça, e há uma razão para isso. Há poder em nosso cabelo. Ele não apenas nos conecta à nossa selvageria, à nossa verdadeira natureza, ao nosso eu indomável, nosso cabelo nos conecta ao reino dos espíritos.

Não são apenas as *Vidmy* como eu que encontram poder em seus cabelos. Os *Chakluny*, os Magos, também usam cabelos e barbas longos e desgrenhados. Diz-se que seu cabelo comprido os ajuda a suportar a dor e que manter o cabelo sem cortar evita que outros roubem seus poderes. Sim, seu cabelo é o seu poder!

E barbas! Elas são vistas como um símbolo de autoridade, coragem e independência. Deixar crescer o cabelo em suas cabeças e corpos é de grande importância para um *Chaklun*, porque através de seus cabelos eles recebem a força vital dos espíritos, da natureza e dos ancestrais.

Alguns dizem que uma mulher com o cabelo preso não pode fazer mágica, mas eu diria que, para algumas pessoas, há um tempo para prender e cobrir o cabelo e um tempo para deixar suas tranças voarem. Quando você precisa lidar com os aspectos mundanos da vida, é útil ter o cabelo puxado para trás e amarrado. Se você quiser continuar com seus

142. Stel'mascuk, *Ukrainian Folk Headwear.*

143. Johns, *Baba Yaga.*

negócios e manter as coisas "sob o seu chapéu", manter o cabelo preso evitará que você se distraia.

No entanto, quando quiser ser autêntica, deixe seus bloqueios fluírem livremente. Com o cabelo solto, você pode se conectar ao divino selvagem. Você tem a capacidade de atrair o poder da Mãe Terra, Maty Zemlya; invocar o poder das Estrelas Irmãs e se conectar a tudo o que está por aí. Quanto mais você deixar seu cabelo solto, mais forte será sua conexão com o Cosmos, o Universo e os outros reinos. Pense no seu cabelo como um botão liga/desliga: cabelo preso para controle e solto para explorar livremente todos os mundos.

Aqueles que praticam magia sabem que, se perderem um único fio de cabelo, perderão seu poder, por isso guardam seus cabelos com zelo. Se você encontrar um metamorfo de qualquer tipo e quiser que ele apareça em sua verdadeira forma, corte um pouco de seu cabelo ou um tufo de pelo e ele aparecerá para você como realmente é.

O cabelo é sagrado para os espíritos. Se você quiser fazer uma oferenda à Deusa da tecelagem Mokosh, mostrando que confia nela para proteger seu destino, deixe uma mecha de seu cabelo durante a noite para que ela possa tecer seu destino. Os seres do reino espiritual – *Rusalky*, *Mavky* e até mesmo *Paraskeva P'yatnytsya*, a Deusa que alguns converteram em santa – usam seus longos cabelos soltos.[144] Alguns dos espíritos até aparecem nus, apenas com seus longos cabelos cobrindo seus corpos. Em um mundo onde as mulheres eram obrigadas a manter seus cabelos sob controle, esses espíritos são os que realmente sabem se soltar.

O cabelo é sempre importante na magia. Algumas pessoas chegam a dizer que a vassoura que uso nas minhas rondas noturnas é feita de cabelo humano. Bom, não vou negar. Se é meu cabelo ou de outra pessoa? Quem pode dizer?

---

144. Dixon-Kennedy, *Encyclopedia of Russian and Slavic Myth and Legend.*

Madame Pamita ensina a Magia de Volossya

Sempre tive a sensação de que o cabelo era mágico. Acho que a maioria de nós sim. Quando deixamos o cabelo crescer e experimentamos uma sensação de choque quando o cortamos curto, acho que é mais do que apenas insegurança sobre uma mudança em nossa aparência. Acredito que seja o nosso espírito passando por uma mudança profunda de alguma forma. Sim, vai crescer de novo, mas aquela primeira olhada no espelho sempre parece vir com um solavanco desestabilizador, não importa o quão bom seja o novo corte.

Durante a maior parte da minha vida, mantive meu cabelo comprido. Quando comecei minha jornada com Baba Yaga, comecei a entender o poder do cabelo e comecei a trançá-lo pela manhã, em vez de sempre jogá-lo em um rabo de cavalo bagunçado. Ao cruzar os três fios um sobre o outro, falo palavras de capacitação e intenções para o meu dia seguinte, vinculando esses desejos a mim mesma para me preparar para o que está por vir.

Volossya Hoje

No folclore ucraniano, o cabelo é visto como um elo com um indivíduo e algo a ser usado magicamente. Usar uma mecha de cabelo para fazer alguém se apaixonar por você ou para atrair alguém é algo que vemos em muitos sistemas mágicos, não apenas na magia eslava. No entanto, há uma atenção especial dada aos cabelos, com remédios de ervas mágicas e, nos últimos anos, um renascimento do uso da *kosa* e do *chub* como um sinal de identidade e poder ucraniano. O cabelo é, foi e sempre será percebido como algo mágico e poderoso.

Magia de Volossya

Diz-se que o destino do indivíduo reside no cabelo. O cabelo é uma das partes mais íntimas do nosso corpo. Você deixa qualquer um tocar no seu cabelo? Não, porque instintivamente você entende que seu cabelo faz parte da sua magia. Pessoas espiritualmente conscientes prestam atenção ao que acontece com seus cabelos quando são cortados. O cabelo pode ser usado em magia simpática para conectar fortemente um objeto a um indivíduo. Isso pode ser feito tanto para magia positiva quanto para negativa, então, aqueles que querem se proteger espiritualmente guardam seus cabelos.

Rituais *Kosa*

Em tempos passados, havia muitos rituais de iniciação envolvendo o cabelo das mulheres em particular. Em tenra idade, as meninas recebiam sua primeira *kosa*, significando que estavam deixando seu estado infantil e entrando na infância e depois na feminilidade. A trança de três fios tinha significado ritual combinando as forças vitais dos Três Mundos: o Mundo Inferior, o Mundo Intermediário e o Mundo Superior. Como o cabelo era trançado, a mãe podia tecer feitiços e encantamentos positivos para seu filho nessa trança.[145]

As tranças eram um talismã e uma fonte não apenas de beleza, mas também de força e saúde. Quando uma jovem estava prestes a se casar, havia uma cerimônia em que encantamentos eram cantados enquanto sua única trança era solta por sua mãe, seu noivo ou os membros de sua família. Seu cabelo era então trançado em duas tranças e enrolado na cabeça simbolicamente, dando força não apenas para si mesma, mas também para seus futuros filhos. Ela então cobria o cabelo com um grande envoltório ou lenço para protegê-lo e a seu poder de *vroki* ou olhares ciumentos.[146]

No passado, até alguns homens experimentaram a magia da trança. Para um *kozak*, a longa mecha no topo da cabeça pode ser trançada, tecida e imbuída de poder protetor e fortalecedor.

Existe certo poder no que fazemos com nossos cabelos diariamente. O cabelo contém energia. Pense em trançar e soltar o cabelo como trancar e abrir uma porta. Às vezes, é útil manter a porta trancada, outras vezes, é melhor deixá-la aberta. Então, nos momentos em que você deseja conservar o poder mágico e se proteger, prenda o cabelo em uma trança. A trança incorpora a magia dos nós e da tecelagem, portanto, pode ser vista como uma forma de vincular coisas boas a você e de proteger da negatividade. Nos momentos em que quiser projetar seu poder mágico, tire o cabelo da trança. Esta ação permitirá que você atravesse livremente os reinos do espírito. Mesmo que o cabelo seja muito curto ou não tenha cabelo, ainda pode praticar essa mágica. Amarre um pano na cabeça para economizar energia e desamarre-o ritualmente quando quiser lançar seus feitiços.

145. Zajvoronok, *Oznaky Ukrayins'koyi Etnokul'tury.*

146. Kononenko, *Slavic Folklore.*

Rituais de aparar Volossya

Embora o crescimento do cabelo seja feito para aumentar o poder de alguém, o corte do cabelo pode ser feito para transformar suas condições, agitando as coisas para fazer uma mudança abrupta. Se as coisas não estiverem indo bem para alguém, por exemplo, se a pessoa estiver doente, aparar o cabelo pode eliminar a doença e dar um novo começo à saúde. Apare as pontas do cabelo na Lua nova para cortar os laços com a doença e em seguida queime o cabelo para banir completamente a doença. Você também pode dar o cabelo cortado a um riacho ou rio, para que qualquer doença ou negatividade seja eliminada. E pode combinar esses dois métodos cortando o cabelo, assando-o em um biscoito, esfarelando o biscoito e jogando-o em um riacho ou rio. Este ritual traz o poder de limpeza do fogo e da água, quebra o domínio da doença e limpa o corpo.

Muitas *Vidmy*, *Chakluny* e outras pessoas que fazem magia não cortam o cabelo, tanto para preservar o poder de suas madeixas quanto para evitar que alguém roube sua essência por meio de uma mecha de cabelo. Elas acreditam que se o cabelo for cortado, deve ser queimado, para evitar cair em mãos erradas. Mesmo um rato ou um pássaro pegando um pedaço de cabelo pode causar dor de cabeça ao seu dono.

Cronometrando Rituais de Corte de *Volossya*

Se deseja aparar o cabelo para remover energias indesejadas, existem diferentes dias da semana e horários do mês que irão apoiar suas intenções.

Dias da semana

- **Segunda-feira:** para remover qualquer negatividade acumulada nos últimos dias.
- **Terça-feira:** para aliviar a depressão, a fadiga e as baixas vibrações.
- **Quarta-feira:** para trazer novidade e emoção à sua vida, como fazer novos amigos, viajar para novos lugares e experimentar novos eventos positivos na vida.
- **Quinta-feira:** para atrair o sucesso, tornar-se uma pessoa confiante e melhorar o relacionamento com seus entes queridos.
- **Sexta-feira:** para mudar radicalmente a aparência e o estilo de vida, um corte neste dia não mudará apenas seu visual, mas sua vida.

- **Sábado:** para rejuvenescer, recuperar e remover a negatividade ancestral.
- **Domingo:** não recomendado para corte de cabelo, pois poderá cortar sua sorte, destino e prosperidade.

Tempos do Mês

A eficácia do corte de cabelo também pode ser aprimorada na época do mês em que o cabelo é aparado. Se você deseja que o cabelo volte a crescer mais grosso e cheio, corte-o durante a fase da Lua crescente, especialmente perto da Lua cheia. Não é recomendado cortar o cabelo durante a fase da Lua minguante, principalmente perto da Lua nova. Acredita-se que, se você fizer isso, terá problemas com o cabelo, como crescimento lento, pontas duplas, afinamento ou até queda de cabelos. Acredita-se que cortar o cabelo na noite de Lua nova esgota a força e a saúde, por isso é aconselhável esperar pelo menos um dia para cortar na fase da Lua crescente.

Rituais de Lavagem Volossya

Existem muitos métodos antigos de lavar o cabelo. Além da água pura, o cabelo pode ser lavado ou enxaguado em decocções de ervas mágicas para lhe dar beleza e lhe infundir magia. Uma decocção é simplesmente macerar ervas frescas ou secas por quinze a sessenta minutos em água fervente, assim como faria com um chá de ervas. Decocção de bardana, camomila, levístico, hortelã ou urtiga podem alimentar o cabelo e fortalecê-lo magicamente. Isso não servia apenas para mulheres – os *kozaky* lavavam seus cabelos com decocções de camomila, absinto, folhas de avelã e salgueiro.[147] Se você quiser criar algumas infusões para o seu próprio cabelo, consulte o Apêndice I para conhecer as propriedades mágicas dessas ervas.

Existem rituais que você pode realizar ao aplicar essas poções em seu cabelo. Esfregue a decocção no couro cabeludo e penteie o cabelo com o seguinte encantamento:

---

147. Anatoli Pasternak, *Kozats'ka Medytsyna* (Ukraine: Optyma, 2001).

Como a juba de um leão, meu cabelo ficará saudável e formoso!
Vai ficar lindo, brilhante e volumoso!

Darei ao meu cabelo o poder das montanhas,
a saúde das florestas, o brilho dos rios
e a força das aranhas!

Conjuro-o com o sol, fixo-o com a terra.
Como eu disse, assim será minha espera!

Hrebinets' como Ferramenta Mágica

Hrebinets', ou o pente, é considerado uma ferramenta mágica tradicional, pois seus "dentes" afiados são vistos como protetores contra a magia negativa. Em muitas das histórias de Baba Yaga, um pente encantado pode ser jogado no chão para que uma floresta brote ao redor do protagonista, protegendo-o de uma força maligna.

Pentear o cabelo antes de um ritual pode não apenas fazer parte da preparação, como pode ser um feitiço em si para se preparar mental e espiritualmente para fazer magia. Dedique um pente especial como sua ferramenta ritual. Um pente ritual pode ser usado em feitiços de todos os tipos, mas é particularmente útil em feitiços para mudar seu próprio estado emocional ou mental ou limpar ou purificar o *self*. Os feitiços de pente também podem ser feitos para realçar a beleza, atrair o amor, afetar os pensamentos de alguém a distância ou aumentar o magnetismo pessoal. Rituais de pentear também podem ser feitos para remover pensamentos agitados, acalmar a mente ou ajudar a adormecer.

Pentes feitos de materiais naturais como osso, chifre ou madeira têm efeito positivo no cabelo, no corpo e no espírito. É possível escolher um que tenha um significado especial para você, conectando-o a um determinado animal ou madeira para sua magia. Nem é preciso dizer que você deve sempre escolher um material renovável e nunca escolher um pente feito de uma espécie em extinção. Se você gostaria de trabalhar com um pente de madeira para magia específica, consulte o Apêndice I para as correspondências espirituais das madeiras.

Escolhendo e Armazenando seus Hrebinets

Para selecionar um pente para trabalhar, você deve confiar em sua própria intuição. Se você encontrar um pente visualmente atraente, simplesmente segure-o nas mãos ou toque-o em seus cabelos. Se isso trouxer uma sensação agradável, então é o pente certo para você trabalhar.

Quando não estiver em uso, um pente ritual deve ser envolto em um pano macio e mantido longe dos olhares indiscretos daqueles que possam estar com ciúmes. Um pente usado ritualmente nunca deve ser compartilhado com outra pessoa. Usar o pente de outra pessoa ou permitir que ela use o seu o abre para possíveis travessuras mágicas.

Ritual de Pentear Volossya

Acredita-se que, se você deseja atrair um novo e apaixonado amor, não deve pentear o cabelo regularmente depois de escurecer. Embora existam ocasiões especiais, como realizar adivinhações de pentear ou rituais noturnos que exigem que você penteie o cabelo à noite, acredita-se que se o fizer simplesmente para se arrumar remove a atração sexual. No entanto, se você não quer ser incomodada com pretendentes, pentear o cabelo depois de escurecer diminuirá o ardor deles.

Pentear o cabelo pode se tornar um ritual sagrado, durante o qual você toca as correntes cósmicas e sente fisicamente os fluxos de força vital. Usando seu pente ritual, penteie o cabelo pela manhã como um rito mágico. Sussurre uma afirmação ou visualize suas intenções a cada golpe. Por exemplo, se seu objetivo é ficar em melhor forma física, sente-se ou fique em frente a um espelho, olhe nos próprios olhos e comece a pentear o cabelo ritmicamente. Imagine que, a cada braçada, você está ficando cada vez mais em forma. Faça isso diariamente. Você deve perceber que está reprogramando a si mesmo e a seus hábitos e que seu corpo responde a essa atenção tornando o condicionamento físico agradável e sem esforço.

Volossya Penteando Adivinhação

Se você está solteira e gostaria de ver seu futuro amante, pode realizar um rito de adivinhação com um pente e um espelho. Depois de escurecer, de preferência em uma segunda ou sexta-feira, fique em frente a um grande espelho em uma sala escura e solte o cabelo. Seu cabelo precisa ser longo o suficiente para cobrir seu rosto ou pelo menos seus olhos. Comece a pentear o cabelo sobre o rosto e os olhos, concentrando-se mentalmente no seu futuro amor e olhando através do cabelo no espelho com os olhos parcialmente desfocados. Ao fazer isso, você entrará em um estado de transe. Continue a pentear e, eventualmente, as imagens aparecerão no espelho. Entre eles, você deve ver a imagem de seu futuro amante. Não foque seus olhos muito de perto no espelho, caso contrário a imagem desaparecerá.

Feitiço de atração de Hrebinets

Se você deseja atrair seu verdadeiro amor, realize este ritual todas as noites antes de ir para a cama. Amarre uma mecha do seu cabelo em um pente e pendure o pente com esse cabelo do lado de fora da janela do seu quarto. Convide seu amante para vir entoando este feitiço: "Meu noivo, venha pentear seu cabelo!" Faça isso todas as noites até ver uma nova mecha de cabelo no pente, indicando que seu amante penteou o cabelo enquanto você dormia. A cor e a textura do cabelo no pente lhe darão uma dica de quem é seu admirador.[148]

Feitiço de Paixão Penteante Volossya

Se você deseja aprofundar a paixão e aumentar a afeição entre você e seu amante, penteie o cabelo um do outro antes de ir para a cama. Antes de começar, segure o pente e abençoe-o com suas intenções para a pessoa amada. Revezem-se penteando o cabelo um do outro e sussurrem seus encantamentos e orações durante o processo de pentear, ou pensem neles silenciosamente enquanto penteiam. Este ato é bastante íntimo e muito reconfortante e relaxante na hora de dormir.

Feitiço de Amor Volossya

O cabelo pode ser uma ferramenta poderosa para influenciar outra pessoa e, se você tiver uma mecha de cabelo de seu(sua) amado(a), poderá realizar esse feitiço de amor coercitivo. Este feitiço exigirá um pouco de coragem, pois você pode ter que comer uma pequena quantidade de cinzas e cera de abelha.

---

148. Ryan, *The Bathhouse at Midnight.*

Ingredientes

- Fósforos ou um isqueiro
- Um copo de água
- Um pedaço do cabelo de seu amado(a)
- Um pires circular sem lascas ou rachaduras
- Uma caixa de madeira grande o suficiente para segurar a vela – uma caixa de charutos é ideal
- Uma vela cônica de cera de abelha simples e incolor (amarelo natural ou branco)

Instruções

1. Derreta o fundo da vela e fixe-o no pires.
2. Coloque a mecha de cabelo no pires à esquerda da vela.
3. Acenda a vela e medite sobre a chama.
4. Visualize você e seu alvo apaixonados e felizes.
5. Quando a visualização é vívida e você sente as emoções felizes do que vê em sua mente, pode começar o ritual.
6. Pegue o cabelo e acenda-o no fogo, deixando as cinzas do cabelo queimado cair na poça de cera.
7. Recite o seguinte encantamento:

Seu cabelo queima com uma chama brilhante.
Então você (nome) vem até mim (nome)
com uma paixão permanente e radiante.
Como a chama queima, incendeia sua paixão,
então eu, (nome), queimo e derreto seu coração.
A partir de agora e para sempre
você vai queimar por mim, (nome) eternamente.

8. Depois que o cabelo estiver queimado na cera, puxe o cone para fora do pires. Pingue a cera e as cinzas do cabelo no copo com água enquanto recita o seguinte encantamento:

Conforme a água leva, ela esconde seu temor,
então eu (nome), para sempre guardarei o seu amor.

9. Apague a vela e coloque-a sozinha na caixa de madeira. Você pode acender esta vela novamente se quiser fazer feitiços de influência adicionais no mesmo alvo.
10. Agradeça ao fogo, à água e à cera por sua ajuda.
11. O ideal é beber a água, mastigar e engolir a cera e as cinzas dos cabelos queimados. Como alternativa, você pode cavar um buraco na base de uma árvore e despejar a água e enterrar a cera, ou pode despejar a água e a cera em um riacho ou rio corrente.

Ligação do amor com Volossya

Como o cabelo é um artefato que contém o código de DNA do indivíduo, ele é uma ferramenta poderosa para a magia do amor solidário. Para manter seu ente querido fiel, você pode realizar este ritual simples. Fique sob o luar da Lua cheia com uma mecha do seu cabelo e uma mecha do cabelo do seu amante. Amarre seu cabelo em volta do cabelo de seu amante e dê três nós. Enquanto você está fazendo os nós, imagine seu amante sendo fiel e dedicado a você. Mantenha este talismã mágico escondido em sua casa enquanto quiser o amor dessa pessoa e ela pensará apenas em você.

Um Feitiço para Crescer Volossya

Para fazer feitiços com cabelo é útil ter uma cabeleira saudável. Para deixar seu cabelo grosso e exuberante, faça um ritual mágico de esfregar as unhas de uma mão contra as unhas da outra todos os dias por cinco a dez minutos enquanto visualiza o cabelo luxuoso em sua cabeça.

Volossya de Baba Yaga

Como *Vidma*, Baba Yaga está bem ciente do poder do cabelo. Por um lado, ela parece descuidada com o cabelo, deixando-o se tornar um lar oleoso e emaranhado de piolhos. No entanto, ela também conhece o poder de seu *volossya*, deixando-o crescer e mantendo-o descoberto para que ela esteja totalmente envolvida com o mundo espiritual e para que todos os seus poderes estejam no auge. Sintonize-se com o poder do seu próprio cabelo, seja na cabeça ou no corpo, e use-o para criar magia e sintonizar os espíritos.

Capítulo 16

Stupa: O Almofariz e o Pilão

Na manhã seguinte, Vasylyna acordou com o cheiro de mingau de trigo e mel no fogão e Baba Yaga cantarolando uma música enquanto mexia a panela e servia duas porções em tigelas.

"Levanta, menina. O dia é curto e as tarefas são longas."

Vasylyna levantou-se, enfiou a boneca no bolso, pegou a tigela com kutya que Baba Yaga ofereceu e sentou-se para comer com ela. Enquanto comia, pegou um pedaço do mingau e enfiou a mão no bolso para dar à boneca.

Baba Yaga puxou uma semente de papoula de seu mingau.

"Você sabe o que é isso, garota?"

"Sim", disse Vasylyna. "É uma semente de papoula."

Baba Yaga pegou um grão de trigo da tigela.

"E você sabe o que é isso?"

"Sim, babusya", disse Vasylyna. "É um grão de trigo."

"Bom, bom", disse Baba Yaga. "Então termine seu café da manhã e vamos começar com o trabalho do dia."

Vasylyna estava animada, porque sabia cozinhar e estava ansiosa para impressionar Baba Yaga com sua habilidade.

Quando terminaram a refeição e Baba Yaga colocou os pratos no balde de lavagem, ela se levantou, mas para consternação de Vasylyna, a velha foi até a porta do pequeno quarto e a abriu. Vasylyna temia ver o que havia dentro, mas assim mesmo ela olhou; o que viu lá dentro fez seu estômago revirar. O pano havia sumido e, em vez disso, uma montanha de sementes estava empilhada no chão, chegando até o teto.

"Tenho algumas sementes de papoula e de trigo que estão misturadas. Se você puder separá-las em duas pilhas, quando eu voltar de minhas tarefas lhe darei uma recompensa. Se não, bem, meu pobre e pequeno pich não come há dias e está ficando com muita fome. Com isso, Baba Yaga juntou suas coisas e deixou Vasylyna em casa.

Vasylyna sentou-se ao lado da pilha de sementes e grãos e colocou o rosto entre as mãos. Então, lembrando-se de sua motanka, a menina a tirou do bolso.

"Minha boneca", disse ela. "O que eu devo fazer? Cada tarefa que Baba Yaga me dá é mais difícil que a anterior. E esta é totalmente impossível. Mesmo com a sua ajuda, nunca conseguiremos separar todos esses grãos; Baba Yaga vai me jogar no pich." Ela olhou para as mãos da boneca que eram pequenas bolas de pano, mãos que nunca poderiam começar a separar as sementes, e suspirou. "E acho que nem você pode me ajudar desta vez." Mas a boneca deu um pulo e disse:

"Precisamos separar grãos e sementes.
Eu sei exatamente o que precisamos.
Vasylyna, não se desespere a chorar,
Vou ligar para meus primos do ar."

A boneca instruiu Vasylyna a abrir a porta. Quando ela o fez, a motanka começou uma canção que soava como o canto de um pássaro canoro, e setenta e sete pegas voaram para dentro da casa. Ao comando da boneca, elas começaram a separar as sementes com os bicos em pilhas distintas de grãos de trigo e sementes de papoula. Vasylyna se juntou e ajudou, e a boneca dirigiu os pássaros. Enquanto o sol se movia no céu, elas separaram semente após semente, grão após grão. Assim que o sol estava começando a se pôr, Vasylyna colocou a última semente em sua pilha. Os pássaros voaram para fora, Vasylyna fechou a porta atrás deles e a motanka pulou de volta no bolso de Vasylyna. Um momento depois, Baba Yaga entrou na khata, sacudindo a poeira de seus sapatos de palha e colocando seu saco sobre a mesa.

"Bem, pequenino", disse ela para o forno. "Você recebe sua recompensa hoje?" Mas Vasylyna abriu a porta do quarto e mostrou a ela a pilha de trigo e a pilha de sementes de papoula. Baba Yaga entrou na sala e olhou cada pilha de cima a baixo.

"Hmph", disse Baba Yaga. Ela empurrou as sementes de papoula e cutucou a pilha de trigo, procurando por um grão que estivesse fora do lugar, mas não havia nenhum que não estivesse na pilha correta.

"Hmph", ela disse novamente. "Eu não sei como você fez isso, garota, mas você fez como eu pedi." Ela sacudiu uma semente de papoula que havia grudado em seu dedo.

"Muito bem", ela suspirou. "Acho que hoje você vai jantar e meu pobre pequenino não vai comer nada." E com isso Baba Yaga começou a preparar o jantar para as duas.

Depois de terem comido até ficarem satisfeitas, Baba Yaga levantou-se.

"Venha, garota. Coloque seu xale e siga-me." Baba Yaga vestiu seu casaco felpudo, pegou um velho almofariz e pilão de madeira e a vassoura de fogo que usava para varrer o pich e saiu. Vasylyna colocou seu próprio xale e lenço na cabeça para se manter aquecida, certificou-se de que sua boneca estava no bolso e seguiu Baba Yaga noite adentro.

Quando saiu, ela parou e ficou surpresa ao ver que o almofariz e o pilão haviam se tornado tão grandes quanto um pequeno barco. Baba Yaga estava lá dentro, acomodando o pilão na borda da tigela.

"Venha, venha! Depressa!" disse Baba Yaga. "Temos muito que fazer!" Baba Yaga estendeu a mão e Vasylyna timidamente deu um passo à frente. Com uma força incrível, Baba Yaga puxou Vasylyna para cima e para dentro do almofariz. Então ela pegou o pilão com as duas mãos e o empurrou contra a terra ao lado delas.

Com um empurrão, elas partiram, deslizando pelo chão tão rápido e sem esforço quanto uma pedra plana sobre a superfície de um lago gelado, empurrando as árvores em seu caminho como folhas de grama dobradas. Baba Yaga pegou sua vassoura e deu uma passada atrás delas; as árvores se endireitaram como se nunca tivessem sido tocadas. Ela deu outro empurrão com o pilão gigante e o almofariz voou ainda mais rápido, batendo e saltando no chão.

Baba Yaga Ensina a Magia do Stupa

Ah! O *stupa*. Meu almofariz e pilão mágicos. Sou conhecida por cavalgar pela floresta em meu almofariz. Alguns dizem que me viram no chão, empurrando-me com a clava do meu pilão e varrendo meus rastros com minha vassoura de fogo. Outros dizem que eu voo pelo ar, criando redemoinhos enquanto vou.[149] Quem pode dizer que não posso fazer as duas coisas?

Eu sei o que você está pensando: "Por que você não pode simplesmente andar em uma vassoura como as outras Bruxas? Por que você tem que ser tão excêntrica? Minha querida, caso você ainda não tenha percebido, o objetivo de ser Baba Yaga é que eu faço o que eu quero e não me importo com o que os outros pensam. Reflita sobre isso por um segundo: é uma noite fria de inverno. Você é uma velha. Você quer voar com as pernas balançando no vento do inverno ou quer estar em um recipiente acolhedor e aconchegante, voando com estilo? Eu sei qual eu prefiro. Baba Yaga só voa de primeira classe.

O almofariz é uma ferramenta especial no gabinete de qualquer Bruxa, quer você possa voar nele ou não. Uma coisa tão humilde. Como todas as minhas ferramentas, é algo comum, encontrado na *khata* de todo camponês. Você pode pensar que é uma ferramenta útil para esmagar ervas, pulverizar pós ou fazer poções, e é, mas também é algo ritualmente simbólico. Você sabe, ao mesmo tempo, os amigos presenteavam uma noiva e um noivo com um almofariz e também davam uma cutucada e uma piscadela. O pilão se movendo naquele almofariz, triturando – é meio sexy, não?

Para me imaginar, eu, uma Baba Yaga, voando em um almofariz, você deve saber como era a vida no passado. Cada casa tinha um pequeno *stupa*, mas se você estivesse moendo grãos em farinha e tentasse usar aquele pequeno *stupa*, levaria o dia inteiro para moer o suficiente para apenas um pão. Ninguém tem tempo para isso. Então, nas aldeias eles às vezes tinham uma mó comunitária para que todos pudessem moer seus grãos rapidamente. No entanto, nem todas as

149. Johns, *Baba Yaga.*

aldeias eram ricas o suficiente para ter um moinho, e aqueles que não podiam pagar teriam uma *khata stupa*: uma casa de almofariz. Este pequeno edifício teria um enorme *stupa* esculpido no grosso tronco de um grande carvalho com outra tora servindo de pilão. Este *stupa*, usado por todas as famílias da comunidade para moer seus grãos, era grande o suficiente para acomodar uma pessoa. Então, a ideia de eu voar em um *stupa* não parece tão estranha, afinal.

Usávamos esses grandes almofarizes para moer nossos grãos e para triturar o linho e o cânhamo e prepará-los para a fiação. Esses atos são paradoxalmente destrutivos e construtivos ao mesmo tempo. Quando esmagamos um grão de centeio, estamos destruindo o grão, mas criando farinha. Destruímos o caule do linho e criamos uma fibra para tecer. Quando você quer fazer magia para se livrar de uma situação e trazer uma nova e melhorada, bem patinho, você não consegue vencer um almofariz.

Agora pense em mim. Todos hoje em dia parecem se concentrar no fato de que eu destruo, mas se esqueceram de que também trago renascimento e renovação. Enquanto atravesso a floresta, derrubo árvores, mas varro para trazê-las de volta. Quem entra de bom grado no meu forno, vê que o fogo do meu *pich* não os consome, mas os transforma. O almofariz e o pilão são suas ferramentas de transformação, mudando algo de um estado para um novo estado. E todos nós sabemos que a mudança é boa.

Madame Pamita ensina a Magia do Stupa

Sempre tive um fascínio por almofarizes e pilões. Quando menina, costumava me perguntar como eles funcionavam e para que serviam. Eu sabia que Baba Yaga usava um almofariz gigante como meio de transporte, empurrando-se com seu pilão semelhante a uma clava, mas suspeitava que os almofarizes também tinham outra utilidade.

Quando comecei a aprender feitiçaria, vi como um almofariz e pilão podem ser poderosos, não apenas para a questão prática de moer ervas e resinas, mas como uma ferramenta para imbuir seus ingredientes com magia. Cada quilo ou moagem modificaria a erva, transformando-a de folha para pó ou pasta, e cada um desses importantes momentos de transformação poderia ser usado para imbuir seus ingredientes com intenção. As qualidades conscientes e meditativas da batida rítmica, tornam-se quase como a batida hipnótica de um tambor, permitindo que você saia do tempo e entre no mundo liminar do espírito.

Stupa Mágico Hoje

Ao mesmo tempo, um almofariz e um pilão faziam parte de cada casa. Pessoas de algumas gerações atrás tinham que moer ervas, grãos e outros comestíveis para preparar alimentos ou remédios. Hoje, eles ainda são usados na culinária *gourmet* e na mixologia, mas também são ferramentas primárias de magia. Como são encontrados em todas as culturas, remontando a pelo menos cinquenta mil anos, eles nos conectam por meio de nossa linhagem familiar aos nossos primeiros ancestrais. Quando você está fazendo feitiços para transformar e mudar, um almofariz pode ser sua ferramenta de escolha, e quando precisa pulverizar uma erva ou resina para fazer uma poção ou incenso, esta abordagem de baixa tecnologia pode permitir que você adicione sua energia à mistura mágica.

Escolhendo um Stupa

Ao escolher um conjunto de almofariz e pilão, você deve levar algumas coisas em consideração. Embora seja importante encontrar um que o agrade visualmente, é igualmente importante encontrar um que seja funcional.

Tamanho

Embora um almofariz e pilão minúsculos possam ser bonitos, um almofariz pequeno só permitirá que você moa uma pequena quantidade de ervas de cada vez e um pilão do tamanho de uma boneca não permitirá que você obtenha a força e a pressão necessárias para moer hastes e vagens lenhosas mais duras. Idealmente, você vai querer um almofariz com cerca de 10 a 15 centímetros de diâmetro e pesado o suficiente para não se mover muito enquanto você estiver batendo.

Forma

Embora existam almofariz que vêm em uma variedade de formas para vários fins, um com uma boca larga e um lado inclinado será mais fácil de usar e evitará que o que você estiver moendo derrame.

Textura

Na maioria dos casos, a moagem será mais fácil se o interior do almofariz e a ponta do pilão tiverem alguma textura e não forem muito lisos. Texturas muito ásperas vão moer mais rápido, mas são um pouco mais difíceis de limpar. Os de textura lisa serão mais fáceis de limpar, mas exigirão mais esforço para moer. Encontrar um que não seja nem muito liso nem muito áspero permitirá que você esmerilhe e não tenha que gastar muito esforço na limpeza.

Material

Conjuntos de almofariz e pilão podem ser feitos de qualquer número de materiais. Cada material tem suas próprias vantagens e desvantagens. Para garantir, a maioria das Bruxas escolhe pelo menos dois conjuntos diferentes: um para ervas comestíveis e outro para ervas não comestíveis e resinas.

Madeira

- *Vantagens:* pode ser mais barato. Você pode escolher uma madeira alinhada com seus objetivos mágicos.
- *Desvantagens:* a madeira absorve óleos e sucos. Suavidade pode dificultar a moagem.

Porcelana/Cerâmica

- *Vantagens:* um interior não envidraçado facilita a moagem.
- *Desvantagens:* as peças não envidraçadas podem ficar manchadas por óleos e corantes.

Pedra

- *Vantagens:* pesadas, por isso são mais fáceis de triturar.
- *Desvantagens:* se a pedra for mole ou áspera e o almofariz não temperado, você pode obter pequenas lascas de pedra misturadas com suas ervas. Algumas pedras de cores claras, principalmente o mármore, podem ficar manchadas por ervas e resinas.

Metal

- *Vantagens:* mais fácil de limpar, ótimo para trabalhar com resinas. Resistente e indestrutível.
- *Desvantagens:* alguns podem ser muito lisos e a moagem pode demorar mais.

Temperando seu Stupa

Se você tem um novo almofariz de pedra ou madeira, é uma boa ideia temperá-lo, tanto para praticar a moagem quanto para desgastar quaisquer pontos ásperos antes de bater suas primeiras ervas. Coloque algumas colheres de arroz branco seco e sal grosso na tigela e triture e triture até que o arroz e o sal estejam completamente pulverizados. Se você tiver uma pedra colorida, madeira ou metal acabado, poderá ver o pó mudar para cor do almofariz e do pilão. Isto é normal. Despeje este pó no lixo e repita pelo menos três vezes ou até que o pó saia branco.

Limpando seu Stupa

Um almofariz e pilão podem absorver cores e odores, por isso nunca devem ser lavados com sabão perfumado. Em vez disso, use água pura e esfregue com uma escova dura, enxágue ou limpe.

Para remover resíduos de resina pegajosa de um almofariz e do pilão de metal, cerâmica ou pedra, despeje álcool isopropílico, álcool de perfumaria ou vodca barata de alta resistência ou outras bebidas espirituosas no almofariz. Coloque o pilão no almofariz e deixe de molho por dez a quinze minutos para dissolver as resinas. Limpe com água pura.

Técnica Stupa

Existem duas técnicas para usar um almofariz e pilão para moer ervas. A primeira é triturar a matéria vegetal e a segunda é moer a matéria vegetal movendo o pilão em movimentos circulares. Ambas funcionam bem e, dependendo da textura de suas ervas, uma ou outra parecerá mais natural e mais eficaz. Certifique-se de moer apenas algumas colheres de sopa de cada vez. Adicionar mais do que isso funcionará contra você quando tentar moer. Moa ou triture pequenas quantidades, distribua-as em uma jarra ou recipiente, adicione mais algumas colheres de sopa e repita a operação.

Feitiços Stupa

Almofarizes e pilões têm algumas vantagens claras sobre outras tecnologias mais modernas para pulverizar ervas. Com cada libra ou moagem, você está colocando sua energia nas ervas. É através do seu esforço e vontade que você está mudando o estado da matéria, assim como o seu esforço vai criar mudanças mágicas de qualquer tipo. Como Baba Yaga, o almofariz e o pilão representam morte e nascimento, destruição e criação.

Antes de começar a trabalhar com o almofariz e o pilão para um feitiço, pense no que deseja realizar magicamente. Crie uma visualização ou pense em uma breve afirmação ou encantamento que reflita o que deseja manifestar. As ações que fizer enquanto trabalha com o almofariz e o pilão podem fortalecer sua magia. Se for algo que deseja trazer, pode moer suas ervas no sentido horário. Se for algo do qual deseja se livrar, pode moer suas ervas no sentido anti-horário. Se deseja infundir suas ervas com força, pode bater as ervas com uma batida rítmica e falar palavras mágicas com cada batida do pilão.[150]

O almofariz pode ser usado para outras coisas além de moer. Tradicionalmente, as pessoas viam o almofariz e o pilão como tendo um simbolismo erótico, por isso, antes de um casamento, eles ofereciam ao casal um almofariz enrolado em uma saia pequena e um pilão com calças minúsculas. Eles empurravam o pilão no almofariz e cantavam canções picantes. Se deseja atrair mais paixão e química para um relacionamento, pode usar o almofariz e o pilão para alguma magia simpática. Visualize a cena sensual que gostaria de encenar e imite-a com o almofariz ou coloque algumas ervas comestíveis do amor, como sementes de papoula ou raiz de amora, no almofariz e triture-as com o pilão. Misture-os na comida que serve ao seu amado como um afrodisíaco.

---

150. Raven Grimassi, *Old World Witchcraft: Ancient Ways for Modern Days* (San Francisco, CA: Weiser Books, 2011).

O Stupa como uma Ferramenta de Mudança

Assim como a casa sobre pernas de frango, o *stupa* é o mais icônico dos itens associados a Baba Yaga. Isso pode parecer um atributo aleatório até você perceber que o almofariz e o pilão desempenham a mesma função de Baba Yaga: destruir para criar algo ainda melhor ou mais útil do que havia antes. Tudo isso faz parte da iniciação – a morte da velha vida para despertar na nova. Trabalhar com o *stupa* lhe dará a chance de meditar sobre a natureza da mudança e de refletir sobre as associações de Baba Yaga de como a transformação irá aprofundar a sua prática espiritual com o almofariz e o pilão.

Capítulo 17

Maty Zemlya: Mãe Terra

Baba Yaga empurrou o chão com seu pilão e as duas bateram, quicaram e abriram caminho pela floresta até pararem em uma pequena clareira.

Uma lasca de luar brilhava entre os galhos dos grandes abetos vermelhos sobre uma grande rocha plana que se projetava do chão. Baba Yaga sussurrou algumas palavras e bateu sua vassoura na pedra três vezes. Ao fazer isso, a vassoura pareceu amolecer e se curvar como uma vela perto do fogo. Ao se curvar, tornou-se cintilante e brilhante e começou a ondular suavemente. A vassoura se transformou em uma cobra, linda e negra como ébano polido com cera de abelha. Baba Yaga curvou-se para soltar a cobra com a mesma delicadeza com que colocaria um ovo em um ninho. A cobra deslizou para baixo da rocha e sumiu de vista. Baba Yaga levantou a borda da rocha como um alçapão, revelando um túnel embaixo.

"Eu preciso que você siga aquela cobra, garota. Meus filhos estão lá embaixo, preciso que eles voltem para casa. Não volte até que tenha todos eles. Busque-os e terei uma recompensa para você. Mas se voltar e não trouxer cada um deles, bem, então finalmente se tornará um pedaço bem-merecido para o meu pich."

O túnel parecia apertado, úmido e escuro e Vasylyna estava com medo. Mas ela podia ouvir sua boneca sussurrar para ela.

"Não tenha medo, querida Vasylyna.
Na Mãe Terra não há nada a temer.
No túnel você deve ir, para encontrar as crianças e partir."

E então Vasylyna deu um passo e desceu para o túnel úmido de terra. Estava escuro e, enquanto tateava as paredes úmidas, seus dedos tocaram raízes, pedras e ossos de animais compactados na terra. Quando seus olhos se ajustaram ao escuro, Vasylyna pôde apenas ver o brilho da cobra enquanto ela deslizava à sua frente.

Finalmente, o túnel se alargou em uma câmara que brilhava levemente com uma luz dourada luminescente. Vasylyna podia ver as paredes viscosas pingando umidade, mas não havia crianças no buraco. Talvez Baba Yaga a tivesse enganado e Vasylyna ficaria presa aqui para sempre. Ela se sentou em uma pedra e uma lágrima escorreu por sua bochecha, mas logo sentiu sua boneca no bolso, mais uma vez puxando sua saia. Vasylyna levantou a boneca e a segurou perto de seu coração.

"Minha boneca, o que eu faço? Baba Yaga me trouxe para este buraco e me prendeu neste lugar, não há crianças aqui. Ela me deixou aqui para morrer." Mas a boneca respondeu: "Cante, Vasylyna. Cante e as crianças sairão".

Então, embora Vasylyna estivesse com medo, começou a cantar, sua voz ecoando nas paredes. Ela cantou as canções que aprendera com a mãe, canções sobre pombas e falcões. Canções sobre rosas e papoulas. Canções sobre carvalhos e bétulas. Canções sobre a Lua e as estrelas. E enquanto cantava, as paredes começaram a brilhar um pouco mais e ela sentiu um pouco menos de medo.

Baba Yaga Compartilha a Sabedoria daMaty Zemlya

Como diz o velho ditado: *"Não olhe para o céu – não há pão lá. À medida que você se aproxima da Terra, você se aproxima do pão."* Se você realmente deseja encontrar o divino, não precisa olhar para o céu. A terra sob seus pés está viva e onisciente. *Zemlya Svyata Maty*, Santa Mãe Terra. Não pensamos na Mãe Terra como uma Deusa andando por aí, não. O verdadeiro chão que você pisa é a nossa Santa Mãe. Ela cai em um sono profundo no inverno e acorda a cada primavera para se enfeitar com flores e folhagens. Ela espalha benevolentemente vida, força e abundância. Grama, flores, arbustos e árvores são seus cabelos exuberantes; pedregulhos, pedras e rochas são seus ossos; as raízes retorcidas das árvores são suas veias; a água que brota das fontes é o seu sangue. Eternamente, ela recebe sementes, fica grávida e dá à luz uma nova colheita.[151]

Quando falamos dela, ficamos tão emocionados e cheios de amor como se estivéssemos falando de nossa mãe humana. Naqueles dias em

151. Hubbs, *Mother Russia.*

que todos nós cultivávamos a terra, ninguém podia golpear o solo com um arado antes de seu parto em *Kolodiy*, o entrudo, o feriado que marca o fim do inverno. Nessa época, o pão era enterrado para ela comer e cerveja ou vinho era derramado na terra para ela beber.

Em qualquer época do ano, quem cuspia na terra tinha que implorar seu perdão. As disputas de propriedade eram resolvidas chamando a Mãe Terra para testemunhar a justiça das reivindicações. Juramentos e casamentos eram confirmados engolindo um pequeno torrão de terra ou segurando-o na cabeça.[152] Nós a beijamos antes de sair em uma jornada e novamente no final da jornada. E antes da morte, esperava-se que a pessoa pedisse perdão à terra, pois se ela não fosse honrada, ela jazia pesadamente sobre o caixão.

Como eu sei tanto sobre ela? Ah, jovem, eu a conheço intimamente. Não só tenho minha casa na floresta, como também tenho uma casa no Mundo Inferior. Ao contrário dos mortais comuns que só vão para a terra quando morrem, posso viajar livremente de um lado para o outro entre minhas casas no fundo da barriga dela e acima do solo na floresta. É a terra dos mortos? Sim, se você pensar na morte como sendo mudança e transição. Seu ventre dá à luz todos os seres vivos: ela alimenta os vivos e recebe os mortos. Ela faz tudo. Do ventre ao túmulo, uma e outra vez.

Então, sou senhora da floresta e do Mundo Inferior, um lugar de iniciação. Nas profundezas da minha floresta, você encontrará o portal para entrar. Uma rocha plana ou um pedregulho que eu levanto para o lado. Venha com minha permissão e você encontrará uma profunda caverna de mistérios sagrados. Você aprenderá os caminhos da vida e da morte, os segredos da transformação. Um lugar tranquilo e meditativo onde você pode descobrir as respostas para suas perguntas mais profundas, ainda no ventre de sua mãe.[153]

Pode ser um desafio para você se espremer neste local sozinho, mas não para mim. Oh, devo ter esquecido de lhe dizer que sou talentosa na arte de mudar de forma. Não apenas posso transformar minha vassoura em uma cobra, mas também posso facilmente assumir a forma de uma

152. Gilchrist, *Russian Magic.*

153. Warner, *Russian Myths.*

serpente – tão pequena quanto uma cobra recém-nascida ou tão grande quanto um dragão. É uma das minhas realizações de maior orgulho. Em vez de me descrever com minha única perna boa e minha única perna ossuda, alguns dizem que tenho apenas uma perna e, em minha forma de cobra, estariam corretos.[154]

O que? Você não gosta de cobras? Já há dez mil anos, víamos as cobras com muito respeito e até afeição.[155] Nós as domesticamos em nossas casas e as honramos como guardiãs da casa, oferecendo-lhes leite, ovos e queijo. As cobras às vezes nos prestam um bom serviço, tanto afastando as pragas quanto nos ajudando a enriquecer rapidamente, e não exigem nada em troca, a não ser simples oferendas. É um bom presságio se uma cobra se aloja em uma cabana, e nós, alegremente, fazemos oferendas para ela. Matar tal cobra seria uma transgressão muito grande. No entanto, se você encontrar uma que morreu de morte natural, há muito poder de cura encontrado nas cabeças e peles de cobras.

As cobras podem ser mais do que apenas aliadas, elas podem ser professoras. Um dos caminhos do *Molfarka* é aprender a se comunicar com animais e plantas. Como você pode imaginar, essas lições dos espíritos podem levar anos para serem aprendidas. Porém, existe a lenda de uma menina que caiu em um poço e viveu no subsolo, onde foi ensinada a entender a linguagem dos animais e das plantas pela Rainha das Cobras.[156]

Quando eles falam sobre a Rainha das Cobras, eu tenho que rir. Quando escolho voar pelo céu em meu almofariz de fogo com minha vassoura em chamas, geralmente assumo a forma da Serpente de Fogo, um dragão. Nessa forma, também guardo as fontes da "Água da Vida" e da "Água da Morte", as águas que curam as feridas e trazem os mortos de volta à vida. Então, eu sou a Rainha das Cobras, a Governante do Submundo? Bem, vou deixar você descobrir isso.

---

154. Johns, *Baba Yaga.*

155. Nadiia Kotova et al., "Microscopic Examination of Mesolithic Serpent-Like Sculptured Stones from Southern Ukraine," *Antiquity* 92, no. 366 (2018), https://doi.org/10.15184/aqy.2018.249.

156. V. F. Yatchenko, *Ukrayins'kyy Shamanizm* (Kiev, Ukraine: Milenium, 2011).

Madame Pamita Ensina a Magia da Zemlya Svyata Maty

Lembro-me de que sempre que viajávamos longas distâncias e voltávamos para casa, minha mãe beijava o chão do nosso quintal. Eu costumava pensar que era apenas uma peculiaridade dela. Achei que, embora ela parecesse feliz e ansiosa para viajar, devia estar abrigando alguma ansiedade secreta e beijando o chão num gesto de estar de volta a terra firme depois de voar ou velejar. Foi só quando aprendi sobre as práticas espirituais ucranianas que entendi que beijar o chão é e era uma tradição mágica – uma forma de honrar a Mãe Terra e seu lugar na terra.

Maty Zemlya Hoje

Os ucranianos de hoje têm o que só pode ser descrito como uma profunda reverência pela terra – não apenas por designações geográficas, mas pela própria terra. A Ucrânia é um dos lugares mais férteis do planeta, possuindo de 25% a 30% das reservas mundiais de terra preta, a mais rica em matéria orgânica.[157] Essa consciência da força vivificante da terra gera um profundo sentimento de orgulho e pelo menos a consciência subconsciente do poder da *Maty Zemlya*. As pessoas instintivamente se voltam para ela em busca de uma sensação de conexão e aterramento.

De maneira tradicional, a terra nunca é personificada como uma Deusa, mas ela mesma é respeitada como justa, sagrada e divina. Há um velho ditado: *"Nós nos agarramos à terra, porque a terra nos segura"*. As pessoas estão dispostas a defender a *Maty Zemlya* até o último suspiro, porque sabem que ela é a fonte de toda a vida, logo, de suas vidas também.

Gestos para homenagear a Maty Zemlya

A maneira mais simples de se conectar com o divino através da Mãe Terra é através do ato de beijar o chão. Beijar a terra é considerado um sinal de maior respeito pela Mãe Terra e garantirá que você receba suas abundantes bênçãos. Antigamente, um guerreiro ao voltar para casa primeiro subia uma colina alta, depois se curvava para cada uma das quatro direções, levantava as mãos para o céu em oração e então se ajoelhava e beijava a terra.

---

157. "Ukraine Adopts Land Reform," Official Website of the International Trade Administration, September 30, 2020, https://www.trade.gov/market-intelligence/ukraine-adopts-land-reform.

Um amuleto da terra

Um pequeno torrão de terra, coletado sob a soleira de sua casa, quintal, campo, vila ou assentamento, é um poderoso amuleto protetor quando você viaja longe de casa para o mundo de estranhos. Sua nativa *Maty Zemlya* vai protegê-lo em qualquer lugar que vá e vai permitir que volte para casa com segurança. Antigamente, eles davam pão, sal e um punhado de terra embrulhado em um *rushnyk* para um ente querido em uma longa jornada. Eles acreditavam que aqueles que não levassem consigo um punhado de sua terra ao partir, nunca mais veriam sua terra natal.

Dizia-se que os *Kozaky* carregavam uma bolsa de seu solo nativo por onde quer que fossem também. Isso garantia sua segurança em qualquer lugar no exterior. Se eles morressem em uma terra distante, esse torrão de terra familiar os conectaria à terra de seus ancestrais quando fossem enterrados. Quando em perigo, eles eram capazes de pegar aquela bolsa, tocar a terra nela e até mesmo beijá-la para mostrar seu amor pela Mãe Terra e pedir sua ajuda. Se tivessem que ficar em uma terra estrangeira, poderiam derramar a terra deste amuleto, pisar nele descalço e dizer: *"Eu ando em minha terra"*, e a nova terra se tornaria sua.

Hoje, você pode sentir a proteção da *Maty Zemlya* carregando um torrão de terra de sua própria casa. Você pode usá-lo em uma bolsa de couro em volta do pescoço, um saco preso ao cinto ou um pequeno pano ou lenço colocado em sua bolsa ou bagagem para proteção durante a viagem.

Curando-se com a Maty Zemlya

A energia da Mãe Terra pode ser usada na realização de rituais para curar feridas físicas, aumentar a beleza, restaurar a força e consertar os ossos. Ela é chamada para trazer tranquilidade, liberar pensamentos perturbadores, convidar ao sono tranquilo e proteger nossas posses.

Se uma pessoa está doente e nada parece estar ajudando, ela pode ficar em um campo aberto ao nascer ou pôr do sol por três dias seguidos e pedir perdão à Mãe Terra. Girando no sentido horário e curvando-se para cada uma das quatro direções, diga o seguinte apelo três vezes:

"Santa Mãe Terra, ajude-me,
perdoe-me se fiz algo errado.
Devolva-me ao que era antes."

Se você cair ao ar livre e se machucar ou se quebrar de alguma forma, deite-se no chão no mesmo local onde ocorreu o ferimento e peça perdão à Mãe Terra, para que seu ferimento seja curado rapidamente. Faça o seguinte pedido:

"Perdoe-me, meu próprio solo nativo,
Úmida Mãe Terra!"

Cataplasmas feitos com terra umida também são usados para curar dores de cabeça com o seguinte encantamento:

"Como a terra está bem,
que minha cabeça esteja também."

Curando outra pessoa com a Maty Zemlya

Os feiticeiros *Kozaky*, chamados *Kharaktérnyky*, usavam a terra da pátria como ferramenta de cura. Eles estancavam feridas sangrentas aplicando cataplasmas feitos da terra nativa da vítima embebida em saliva. Ao aplicarem essa mistura, diziam: *"Como a terra é saudável, você também será saudável"*.

Se quiser invocar a *Maty Zemlya* para curar alguém que não pode deixar seu leito de doença, pode criar uma lavagem curativa com água e terra. Primeiro, pegue um punhado de terra com estas palavras:

"Úmida Mãe Terra com seus filhinhos,
abençoe-me para ter um pouco de força.
Não para exploração, não para sabedoria, mas para boa saúde."

Esta terra abençoada é costurada em uma bolsa de pano e carregada pelo conjurador como um amuleto por três dias. Depois disso, a bolsa é colocada em um caldeirão cheio com água que é aquecida até a fervura. A água resultante é resfriada e despejada sobre o enfermo e a poeira que restar na bolsa é devolvida ao mesmo local de onde foi retirada.

Pegada Terrena Mágica

Uma pegada deixada na terra é uma ferramenta poderosa tanto para ajudar quanto para prejudicar. A mais dura maldição da morte pode ser executada coletando a poeira da pegada, perfurando-a com pregos e alfinetes e queimando-a no forno. Lama seca presa aos pés ou sapatos de alguém pode ser coletada em uma bolsa e transformada em um amuleto protetor para essa pessoa. Também pode ser usada para adivinhação. Um *vorozhka* talentoso poderia prever o futuro lendo a poeira acumulada sob o sapato esquerdo.

Selando um juramento

Em tempos passados, a Mãe Terra era frequentemente chamada para testemunhar promessas e contratos. Assim como hoje em dia as pessoas dizem: "*Juro pelo túmulo de minha mãe*", as pessoas naqueles dias faziam um voto solene, dizendo: "*Que a Mãe Terra me cubra para sempre se eu mentir!*"

A Terra era considerada tão sagrada que juramentos sérios podiam ser feitos enquanto se segurava um torrão de terra. Colocar um punhado de terra na cabeça antes de fazer um voto tornava a promessa inviolável, pois a Mãe Terra não podia ser enganada e não perdoaria quem não cumprisse sua palavra.

Juramentos de fraternidade ou irmandade também podem ser feitos com a terra. Se duas pessoas de famílias diferentes quisessem criar um vínculo fraterno, fariam um pequeno corte nos dedos, misturariam o sangue e trocariam punhados de terra natal para selar o novo relacionamento.

Alimentando a Maty Zemlya

As crenças sobre a *Maty Zemlya* eram de que ela dormia durante o inverno e acordava novamente na primavera. Oferendas de comida de pão, cerveja ou vinho ou oferendas sagradas de ossos ou cascas de ovos, particularmente pintadas de *krashanky* e *pysanky*, eram dadas a ela na primavera após seu longo sono. Oferendas e objetos deixados para a Mãe Terra eram enterrados, deixados no chão, escondidos em troncos ocos ou amarrados a galhos de árvores. Em um altar doméstico, a Mãe Terra seria homenageada por um prato de terra, ervas, galhos, musgo ou pedras coletadas de um ponto de poder.

Na época da colheita, para proteger a terra enquanto ela dormia durante o inverno as pessoas a homenageavam olhando em cada uma das quatro direções e derramando algumas gotas de óleo de cânhamo no chão, dizendo: "*Úmida Mãe Terra, bane tudo o que é amaldiçoado por feitiços, toque sujo ou más ações."* Este simples gesto protegeu a terra do inverno extremo: ventos, nevascas e granizo.

Invocações mais elaboradas podem ser feitas em cada uma das quatro direções para proteger a Mãe Terra à medida que o clima fica mais frio e imprevisível. Olhe para cada uma das quatro direções e diga o encantamento correspondente:

Em direção ao Leste:

"Mãe Terra, subjugue todos os seres malignos e impuros,
para que não nos enfeiticem nem nos causem nenhum dano."

Em direção ao Sul:

"Mãe Terra, acalma os ventos que vêm do Sul e todo mau tempo.
Acalma as areias em movimento e os redemoinhos."

Em direção ao Oeste:

"Mãe Terra, traga o poder impuro em seus poços ferventes
e em seus fogos ardentes."

Em direção ao Norte:

"Mãe Terra, acalma os ventos do Norte e as nuvens,
subjugue as tempestades de neve e o frio."[158]

Invocando Maldições com a Maty Zemlya

A Mãe Terra é considerada o juiz final, porque ela dá à luz e nos aceita na morte. Ela produz, destrói, transforma e dá à luz novamente. Acredita-se que se alguém vivesse uma vida digna, a terra os receberia gentilmente, mas se eles fossem maus, a terra não os aceitaria, seu corpo não apodreceria e eles se tornariam um *upyr*: um *ghoul* ou um vampiro, vagando pelas terras em perigo. Existem sérias maldições que podem ser lançadas contra os malfeitores em relação a este assunto: *"Que a terra santa não te receba!"* ou *"Que a terra te engula!"* implicando que a Mãe Terra não o aceitaria com amor ou gentileza e que a pessoa se tornaria um espírito inquieto.

158. Kenneth Johnson, *Slavic Sorcery: Shamanic Journey of Initiation* (St. Paul, MN: Llewellyn Publications, 1998).

Ouvindo a Maty Zemlya

Existe um método de comunicação com a Mãe Terra que é exclusivo dos modos eslavos. Ao cavar um pequeno buraco na terra com um pedaço de pau ou com os dedos, você pode criar um canal de comunicação e pode liberar seus fardos, purificar-se, pedir bênçãos ou implorar perdão à Mãe Terra sussurrando neste buraco. Fale sua pergunta ou desejo no buraco e, em seguida, coloque seu ouvido no local para ouvir a resposta da Mãe Terra. A resposta que você obtém pode ser um sentimento, uma impressão visual ou palavras ouvidas através do seu "ouvido mental", ou você pode realmente ser capaz de distinguir palavras nos sussurros vindos do chão.

Lugares de poder para se conectar à Maty Zemlya

Embora a Mãe Terra esteja em toda parte, existem lugares de poder onde é mais fácil se conectar a ela. Cada um desses lugares tem suas próprias diferenças energéticas sutis e, portanto, diferentes tipos de oferendas, feitiços, adivinhações ou trabalhos mágicos podem ser feitos em cada um.

Cavernas

As cavernas são vistas como o seio ou o útero da Mãe Terra. Como o útero, elas são úteis para fazer trabalhos internos reflexivos, iniciações e transformações. Como o seio, elas são vistas como um lugar de refúgio e conforto quando em perigo.

Desfiladeiros

Entrar em um cânion pode se tornar uma experiência de verdadeira união com a Mãe Terra. Os desfiladeiros revelam as profundezas da Terra, tocar suas paredes pode conectá-lo intimamente com a *Maty Zemlya*. Use cânions para criar conexões mais significativas com a Mãe Terra.

Cemitérios

A lama do cemitério pode ser usada para contato espiritual, para receber as bênçãos dos espíritos, para honrar os ancestrais ou para invocar a ajuda das divindades da morte.

Campos

Campos abertos são usados para invocar o poder da fértil Mãe Terra. A imagem do campo verdejante é evocada em muitos encantamentos, como: *"Eu saio para o campo aberto, para a grama verde. Eu estou no chão úmido; Eu olho para o Leste."* As culturas que nos alimentam e nutrem são cultivadas nos campos, então este é o lugar para encontrar a abundante natureza nutritiva da *Maty Zemlya*. Jardins de quintal, jardineiras e vasos de ervas podem trazer a energia do campo da Mãe Terra para espaços menores, mas entrar em um campo com o céu amplo acima de você é um excelente lugar para honrá-la e gerar abundância.

Floresta

As bordas da floresta são vistas como um lugar liminar de magia. Este é outro lugar onde se pode encontrar espíritos, seres de outro mundo e a selvageria da natureza. Trabalhe com a Mãe Terra nas bordas da floresta ou nos matagais quando desejar encontrar seu espírito indomável.

Casas

A terra da própria casa ou propriedade fortalece, abençoa e protege a família. Pode ser a poeira de uma casa amada ou da casa onde você nasceu e cresceu. A poeira sob um limiar é especialmente poderosa quando carregada como um talismã.

Prados

Meadows canaliza a natureza curativa e vivificante da Mãe Terra. Os prados fornecem gratuitamente ervas comestíveis e medicinais e, portanto, representam o amor incondicional da *Maty Zemlya*. As ervas coletadas no prado são fortalecidas pela Mãe Terra; andar descalço em um prado é uma maneira excepcional de se conectar com ela. O orvalho da manhã coletado dos prados é carregado de magia poderosa. Se você deseja receber o amor e as bênçãos da Mãe Terra, encontre-a em um prado.

Montes

Kurhany são montes funerários de terra e pedras que datam de milhares de anos. Esses locais antigos representam a natureza receptiva da Mãe Terra e nos conectam com nossos ancestrais mais antigos; são lugares místicos de poder. Nesses túmulos, podemos nos conectar com a natureza receptora da *Maty Zemlya* e nossa linhagem ancestral.

Montanhas

As montanhas invocam o poder robusto e a magnificência da Mãe Terra. Subir ao topo de uma colina ou montanha para realizar rituais traz força e um poder esclarecedor e energizante para qualquer trabalho mágico. Pessoas espirituais podem ir para as montanhas para se conectarem com a Mãe Terra como fonte de solidão e paz, para encontrar sabedoria ou autoaceitação. O trabalho mágico para alcançar objetivos aparentemente inalcançáveis é apoiado pelo trabalho nas montanhas; diz-se que a *Maty Zemlya* concederá as bênçãos que ela prometeu quando forem pedidas nas montanhas.

Rochas fixas

Kam'yani baby, ou mulheres de pedra, são pedras eretas muito antigas que datam de mais de seis mil anos. Pedras eretas ou círculos de pedra delineiam antigos lugares sagrados de poder. Esses portais terrestres podem ser usados para mudanças de tempo, viajar para outros mundos ou honrar linhagens ancestrais.

Região selvagem

Áreas selvagens ou intocadas e inexploradas costumam ser usadas na magia de limpeza. A água de uma limpeza espiritual deve ser deixada em lugares onde as pessoas não andam para que ninguém pegue a maldição ou doença que está sendo banida ao pisar nela acidentalmente. Os objetos podem ser enterrados no deserto para se tornarem puros novamente, pois a Mãe Terra primitiva tem o poder de transformar qualquer energia negativa. Vá para o deserto desabitado para limpar, curar ou coletar poeira de uma área inexplorada na intenção de criar um talismã para remover a negatividade.

Conexão profunda com a Maty Zemlya

A própria Baba Yaga tem uma conexão profunda com a terra. Existem muitas histórias em que ela governa um reino subterrâneo. Essa ideia de conto de fadas de um mundo subterrâneo corresponde às noções antigas do Mundo Inferior na Árvore do Mundo.[159] Pode-se dizer que durante a vida que ela vive no subsolo, ela está intimamente ligada à *Maty Zemlya*, assim como as figuras de cobras e dragões nas quais ela pode facilmente mudar de forma.[160] Para conhecer Baba Yaga, você deve conhecer seu reino subterrâneo: o útero seguro da *Maty Zemlya;* ela que dá vida a todos.

159. Johns, *Baba Yaga.*

160. Oleszkiewicz-Peralba, *Fierce Feminine Divinities of Eurasia and Latin America.*

Capítulo 18

Laznya: A Casa de Banho

Enquanto Vasylyna cantava, as criaturas subterrâneas do Mundo Inferior começaram a emergir para ouvir sua música. Minhocas e larvas, besouros e centopeias, ratos e toupeiras, aranhas e salamandras, todos começaram a deslizar e deslizar cada vez mais perto para ouvir sua música. Quando eles se reuniram ao seu redor, ela parou de cantar com medo de que eles a atacassem, mas em vez disso, com suas vozes minúsculas, eles sussurraram e guincharam. "Por favor, cante para nós um pouco mais, Vasylyna."

Ela estava com medo de que, se parasse, eles pudessem machucá-la, então continuou a cantar e as criaturas circulavam ao seu redor. Música após música ela cantou. Canções com palavras destinadas a curar uma pessoa doente. Músicas que foram feitas para mudar o clima. Ela cantou músicas das férias. Canções para casamentos, batizados e funerais. Finalmente, ela terminou a última música que sabia de cor. Sua garganta estava seca, então ela pensou que poderia fazê-los conversar e dar um descanso à sua voz.

"Quem são vocês?" ela perguntou.

"Somos filhos de Baba Yaga", todos sussurraram e resmungaram.

"Oh!", disse Vasylyna, surpresa, horrorizada e feliz por ter encontrado todos eles ao mesmo tempo. "Vocês podem vir comigo acima do solo?"

"Não!" todos eles gritaram em uníssono. "Nós gostamos daqui."

Vasylyna olhou para as criaturas viscosas e sujas e sentiu repulsa por suas aparências. Mesmo que ela pudesse superar seu desgosto o suficiente para tocá-los, havia muitos para ela carregar sozinha até a superfície. Então a menina teve uma ideia. Ela começou a cantar novamente, mas se levantou e começou a caminhar em direção ao túnel e os animais a seguiram. Ela os conduziu até a entrada enquanto cantava no caminho.

Quando Vasylyna chegou à entrada do túnel, Baba Yaga estava esperando.

"Por que demorou tanto?" ela disse rispidamente. "É quase madrugada e há muito trabalho a ser feito hoje."

Vasylyna começou a explicar, mas Baba Yaga se curvou e pegou a cobra cor de ébano e a segurou de forma que ela ficasse pendurada e retornasse a sua forma de vassoura. Antes que Vasylyna pudesse terminar sua frase, Baba Yaga subiu de volta em seu almofariz e deu um leve empurrão de volta para sua khata. Todas as criaturas correram e pularam atrás dela, e Vasylyna também a seguiu, mantendo distância do mais assustador e viscoso dos animais.

Quando chegaram à khata, Baba Yaga puxou uma velha peneira da parede e a entregou a Vasylyna.

"Pegue isso. Vá até o riacho e colete um pouco de água para a laznya, a casa de banho, e leve meus filhos até lá para limpá-los. Tenho trabalho a fazer e não voltarei até o pôr do sol, mas espero ver cada um de meus filhos banhado e imaculadamente limpo quando voltar. Se não? Bem, meu pich finalmente terá um pedaço para comer." E com isso, Baba Yaga pegou seu saco e saiu, deixando a porta aberta.

Vasylyna olhou para as criaturas horríveis correndo e rastejando sobre a casa e fazendo barulho, olhou para a peneira com todos aqueles buracos e sentiu-se completamente desanimada. Nesse momento, seu bolso se mexeu e ela mais uma vez se lembrou de sua motanka e a puxou para fora.

"Minha boneca, o que eu vou fazer? Espero que você tenha uma resposta para mim, porque isso me parece realmente impossível!" Ela sussurrou, bem baixinho, para não ofender as criaturas: "Já é ruim eu ter que tocar nessas criaturas viscosas, mas como vou coletar água em uma peneira?"

A motanka disse:

"Para chegar à laznya, seguimos o caminho,
dê um banho nesses pequenos da terra sozinhos.
Traga-nos todos para o rio com você,
e eu vou te mostrar o que fazer."

Então, Vasylyna enfiou a motanka de volta no bolso e pegou a peneira. Ela olhou para as criaturas e começou a cantar para que elas a seguissem, e desceram o caminho até o rio e a laznya.

Quando chegaram, a motanka disse a Vasylyna para pegar o barro da margem do rio, forrar a peneira e coletar um pouco de água para levar para a frágil casa de banhos de madeira próxima ali. Vasylyna forrou a peneira com argila, encheu-a com água e levou-a para o tanque da casa de banho. Ela acendeu o fogo, aqueceu as pedras e convidou todos os animais para um vapor.

A menina molhou um feixe de galhos folhosos em um pouco de água morna e acariciou cada um deles enquanto desfrutavam do vapor. A princípio ela hesitou, mas depois cada criatura demonstrou tanta alegria em ser limpa por ela, e todos se comportaram tão bem esperando sua vez, que ela não pôde deixar de sentir um carinho por eles enquanto cada um passava por suas mãos e seus cuidados.

Baba Yaga Compartilha a Sabedoria da Laznya

Ah! Minhas crianças! Eles não são o que você esperava, não é? Ou talvez sejam. Como a mãe da floresta, todas as criaturas da floresta são meus filhos, desde os pássaros no céu até as criaturas viscosas que você encontra sob troncos podres e pedras rachadas. E por que não deveriam ser? Você pode ter uma preferência, olhando com admiração para a beleza do cervo ou a majestade da águia, mas por que eles deveriam ser mais admirados do que um sapo, um rato ou um verme? Eles são todos meus filhos e os vejo como os milagres que são.

E por mais que amemos as bênçãos de nossa Mãe Terra, em algum momento meus filhos são abençoados demais por ela e precisam ficar limpos. É aí que entra a *laznya*, a casa de banho. Se você está pensando em um banheiro ou uma banheira, não poderia estar mais errado. A *laznya* não tem nenhuma dessas coisas. O que ela é? É o que se pode chamar de sauna hoje em dia, mas isso não descreve toda a sua magia e mistério.

A magia da *laznya* remonta a milênios. Muito antes da história escrita, as pessoas faziam abrigos, tendas e cabanas, lugares sagrados onde criavam rituais de cura combinando as forças sobrenaturais dos quatro elementos – Água, Fogo, Ar e Terra – para limpar o corpo e a alma. Acreditava-se que esses lugares eram onde você poderia obter o favor dos elementos divinos e se purificar de qualquer doença, espiritual ou física. Dizia-se que se um paciente não fosse ajudado pela *laznya*, nada o ajudaria. Essas cabanas de madeira, geralmente construídas perto de um rio ou de um córrego onde seria mais fácil buscar a Água Viva necessária, eram vistas como outro espaço liminar, um lugar onde a pessoa comum poderia tocar os outros mundos e fazer mágica.

Muitos de nossos rituais aconteciam na *laznya*. Era o lugar onde as mulheres iam dar à luz nos meses mais quentes, onde os noivos passavam a noite de núpcias, onde os curandeiros trabalhavam com os doentes e, claro, onde se fazia magia. Antigamente, as pessoas podiam ter sua própria *laznya* ou compartilhar uma com a comunidade. Todos entravam nus, não só de corpo, mas também de espírito. Sem cinto, sem amuletos e com o cabelo solto, você estava realmente aberto à magia, tanto a boa quanto aquelas não tão boa.[161] Mas na *laznya*, você era livre e inocente como no dia em que nasceu. Não estávamos preocupados em mostrar nossos corpos como vocês estão hoje. Velhos, jovens, homens, mulheres. Todos nós entrávamos lá. Incluindo os espíritos.

A *laznya* também tem um espírito. Assim como a casa tem um *Domovyk*, a *laznya* tem seu irmão, o *Bannyk*, um velhinho com uma longa barba desgrenhada e um corpo coberto de cabelos brancos. Enquanto as pessoas se banham lá durante o dia, ele é mais ativo à noite. Como o Mestre da *Laznya*, o *Bannyk* aprecia uma casa arrumada. Se alguém deixar a *laznya* bagunçada ou em mau estado, o *Bannyk* pode jogar pedras quentes, derramar água escaldante ou até mesmo queimar a *laznya* completamente. No entanto, se alguém mantiver sua *laznya* limpa e fizer oferendas a ele de pão de centeio e sal grosso, o *Bannyk* poderá recompensá-lo. Quando tratado com respeito, o *Bannyk* pode ser um patrono protetor da família, proporcionando cura e visão do futuro.[162]

Ah, as tradições *laznya* não são mais apreciadas como no passado. Naquela época, passávamos horas do nosso tempo nos banhos, rindo e fofocando, esfregando e suando. Suávamos, sim, mas bebíamos misturas de ervas para reabastecer: tinturas de frutas e mel e *kvass*, uma bebida fermentada feita com xarope de bétula e pão de centeio. Não é de admirar

161. Gilchrist, *Russian Magic*.

162. Josepha Sherman, *Storytelling: An Encyclopedia of Mythology and Folklore* (Milton Park, UK: Taylor & Francis, 2015).

que os antigos tenham dito: *"O dia em que você cozinha é um dia em que não envelhece"*.

Ah, e as *vinyky* que fazemos e usamos para fazer nosso sangue fluir, aquelas pequenas vassouras de ervas frescas ou secas com as quais nos esfregamos para eliminar a doença e trazer a cura. Esfregamos, polimos e no final saímos, como diz o ditado *"lavados como se nascessem de novo!"*

Madame Pamita ensina a Magia da Laznya

Lembro-me da primeira vez que fui a uma sauna de verdade. Para mim, pode ter sido a primeira vez que fiquei completamente nua em um local público na frente de outras pessoas. Lembro-me da sensação de insegurança que isso me trouxe e das vozes que giravam em minha cabeça: *"As pessoas estão olhando para mim? Elas estão julgando meu corpo?"* Depois de vários minutos, no entanto, percebi que ninguém estava olhando e ninguém realmente se importava, então consegui me acalmar e aproveitar a experiência.

A sensação estranha de estar completamente exposta pode inicialmente criar um choque para nós que, eventualmente, transforma-se em um sentimento de aceitação. Mas quando penso em uma *laznya* nos velhos tempos, pergunto-me sobre os sentimentos extras de vulnerabilidade que surgiriam. Todos nós já tivemos a experiência de entrar em um prédio desabitado – a estranha sensação de liminaridade e os sentidos aguçados que nos enervam.

Agora imagine uma cabana de madeira sem janelas, um pouco distante das casas da aldeia, escura e mofada por dentro, com apenas prateleiras simples nas paredes e um fogão com pedras no canto para aquecer. Imagine-se entrando nesta cabana desabitada e tirando suas roupas, seus talismãs – tudo o que lhe protegeria no seu dia a dia. Até mesmo pensar nisso evoca sentimentos de desconforto. Não é de se admirar que a *laznya* fosse vista como um lugar misterioso e ligeiramente assustador.[163]

163. Ryan, *The Bathhouse at Midnight*

A Laznya Hoje

Hoje, a maioria das casas de banho nas grandes cidades são bem iluminadas, limpas e modernas – longe de serem os lugares esboçados e assustadores que as casas de banho do interior eram no passado. Na verdade, na maioria das vezes, as casas de banho são vistas com uma indulgência especial destinada a fortalecer e curar o corpo e relaxar o espírito. Em vez de apenas um lugar para se limpar, o balneário é para ser rejuvenescedor, onde se pode limpar de dentro para fora, reabastecer com chás de ervas e ser massageado com ramos aromaterapêuticos. Embora as pessoas hoje possam não ter a experiência intensa de entrar no espaço liminar quando vão para a *laznya*, elas ainda conhecem o poder de cura da casa de banho.

Um típico ritual de casa de banho pública hoje começa com a preparação para a *laznya* removendo suas roupas em um vestiário e recebendo um roupão felpudo, toalha ou lençol; sapatos de banho e um gorro de feltro de lã para evitar que sua cabeça superaqueça. Em seguida, você vai para os chuveiros, onde tira o roupão e a touca e toma banho sem sabonete ou xampu. Depois de se enxaguar, estará pronto para a sauna a vapor. Coloque o gorro e vá para a sauna a vapor úmida para sentar ou deitar no lençol ou na toalha para uma sessão de quinze minutos ou várias sessões mais curtas. A sauna a vapor pode ser muito quente (160–170 graus Fahrenheit / 70–77 graus Celsius), então muitas pessoas a usam em algumas sessões e saem para beber chás de ervas quentes, *kvass* ou água com infusão de frutas no meio.

Assim que os poros estiverem suficientemente abertos, após um total de quinze minutos, você pode se deitar na sauna a vapor e um amigo ou funcionário da casa de banho pode pegar a *vinyk* e o acariciar suavemente, depois ele pode golpeá-lo com o feixe de galhos para estimular a circulação e esfoliar a pele. Por fim, você será encharcado com água fria, tomará um banho frio ou mergulhará em uma piscina de água fria para fechar os poros. Se você estiver em uma *laznya* no inverno, esta última etapa pode ser uma reviravolta emocionante ao ar livre na neve.[164]

---

164. Gilchrist, *Russian Magic.*

Fazendo Magia com a Laznya

Antigamente, o mistério e o misticismo eram incorporados aos rituais de banho. Uma *laznya* era considerada um local liminar de magia e, portanto, havia regras estritas de comportamento na casa de banho. O banho era feito sempre durante o dia e o número de participantes tinha que ser ímpar para dar sorte. Apenas Água Viva retirada de uma fonte corrente e limpa era usada na *laznya*. Cura especial e efeitos mágicos foram atribuídos a esta Água Viva. As vassouras de banho, chamadas *vinyky*, eram feitas de ramos frondosos de plantas e árvores especiais escolhidas por seus poderes mágicos e curativos e decoradas com fitas rituais. Muitas vezes eram criadas com a intenção de expulsar doenças ou o mal. O fogo era usado para aquecer pedras e era dotado de extraordinárias propriedades curativas e mágicas para eliminar a negatividade.

Embora você possa não ter uma casa de banho ou sauna própria, ainda pode incorporar a cura da *laznya* em seus rituais mágicos por meio da prática de vapores aromaterapêuticos, massagem com a *vinyk*, comunhão com o *Bannyk* e realização de adivinhação. Se tiver a sorte de ter acesso a uma sauna, pode fazer esses rituais lá. Caso contrário, pode transformar seu banho ou chuveiro em uma *laznya* ritual.

Vapor com Ervas

É possível imitar pelo menos algumas das qualidades curativas da *laznya* cozinhando com ervas. As ervas podem ser adicionadas a um banho quente ou a uma panela de água quente no fogão para respirar os benefícios de seus óleos essenciais à medida que são liberados. Existem várias maneiras de fazer isso:

Se você estiver trabalhando em uma *laznya*, a maneira mais fácil é simplesmente espalhar os galhos das plantas secas nas prateleiras da sauna a vapor. Em poucos minutos, as plantas amolecem com o calor e a umidade e exalam um aroma incrível e levemente inebriante. Como alternativa, você pode pegar os galhos ou caules secos, mergulhá-los em água quente por dez minutos e espalhá-los na prateleira superior da sauna. A infusão restante pode ser borrifada nas pedras para fazer um vapor perfumado e curativo.

Você também pode criar uma decocção adicionando ervas frescas ou secas a uma panela esmaltada com água no fogão. Depois que a água ferver, reduza o fogo e deixe ferver por mais uma hora. Despeje esta infusão sobre as pedras na *laznya* ou deixe esfriar e guarde na geladeira para usar no banho até uma semana depois.

Se estiver trabalhando em uma banheira, pode adicionar esta infusão de ervas à água do banho ou simplesmente colocar as ervas em um saco de musselina e colocá-las diretamente na banheira. Se estiver fazendo seu ritual *laznya* no chuveiro, pode amarrar feixes de ervas frescas ou colocar ervas secas em um saco de musselina e pendurá-las no chuveiro. Há uma lista útil de ervas que podem ser usadas para um banho de vapor perfumado no Apêndice I.

Fazendo uma vinyk

Há um ditado que diz: "*Um banho sem vinyk é como uma mesa sem sal*". A vassoura é parte integrante da *laznya* tanto para cura quanto para magia. Essas pequenas vassouras de massagem são feitas de galhos de árvores e ervas mágicas e medicinais. Se estiver usando galhos frescos, esses feixes precisam apenas ser enxaguados em água morna antes de usá-los, mas os galhos secos devem ser embebidos em água fria durante a noite para amolecê-los antes do uso.

Se estiver trabalhando sua magia em uma *laznya*, fazer com que outra pessoa bata em sua pele com a *vinyk* é a maneira mais tradicional de receber o tratamento, mas certamente você pode fazer isso sozinho em um banho de vapor. Mantenha a vassoura úmida, mergulhando-a na água de vez em quando. Acaricie e bata levemente na pele com a vassoura para aumentar a circulação. O objetivo é estimular a pele e fazer o sangue fluir, não tirar sangue. Nunca é uma boa ideia bater em si mesmo, figurativa ou literalmente. Ao fazer isso, você pode dizer o encantamento tradicional: "*À medida que essas folhas de vinyk me atingem, que a boa saúde entre em meu corpo.*"

Se você estiver cortando seus próprios galhos frescos de árvores de folha caduca, como bétula, carvalho, tília ou sorveira-brava, a primavera e o início do verão são as melhores épocas para colhê-los. Pinheiros, zimbros, abetos e outros ramos de coníferas podem ser cortados em qualquer época do ano. Esses galhos mais duros, com agulhas, devem ser embebidos em água fervente para amolecê-los antes de usá-los como *vinyk*. Com árvores decíduas ou perenes, escolha galhos jovens e flexíveis com folhas novas e macias. Amarre-os com barbante ou cordão para fazer a vassoura. Uma lista completa dos ramos tradicionalmente usados na fabricação das *vinyky* pode ser encontrada no Apêndice I.

Ao juntar galhos para uma vassoura, você deve cortar apenas alguns galhos de cada árvore, até formar um bom punhado fofo. Ao fazer isso, você pode falar o seguinte encantamento:

No mar, no oceano, numa ilha,
encontra-se uma floresta centenária.
Ela fica parada e não se move,
e cada folha fica imóvel.
Como esta floresta é forte com troncos e folhas,
posso pedir emprestada a sua força.
Mãe Terra, ajude-me a levar esses galhos com sua bênção.

Ao mergulhar a *vinyk* em água quente e prepará-la para a massagem, você pode pedir ao *Bannyk* para enfeitiçar a vassoura para cura, dizendo o seguinte encantamento:

Bannyk, você Bannyk, Mestre das Laznya, encanta-me
contra doenças e enfermidades de todos os tipos:
grandes e pequenas, secas e úmidas.
Como as folhas caem desta vassoura,
que a doença caia de mim.
Meus lábios e dentes são uma fechadura;
minha língua, a chave, lançarei a chave ao mar,
e minha boca permanecerá fechada.

Ou, se você estiver usando uma *vinyk* de bétula especificamente, pode dizer este encantamento:

Como esta bétula branca estava em um campo claro,
não conhecendo maldições, nem olhares ciumentos,
então eu, (nome)*, não conhecerei maldições,*
nem olhares ciumentos, e terei saúde e longevidade.

A Magia do Bannyk

O *Bannyk* é o espírito da *laznya*. Ele está nu, exceto pelas roupas que confecciona com folhas recolhidas que caíram da *vinyky*. Como seu irmão *Domovyk*, ele mora atrás do fogão ou sob uma das prateleiras de descanso. Ele gosta que sua *laznya* esteja limpa, então para respeitá-lo como o Mestre da *Laznya*, você deve manter a casa de banho arrumada e sempre deixar com um balde de água, um pouco de sabão e uma vassoura para que ele possa manter seu espaço. Deixar para ele uma oferta adicional de pão de centeio e sal o manterá amigável e protetor.[165]

Um *Bannyk* tem regras estritas para o uso da *laznya*. Primeiro, você nunca deve entrar com uma atitude ruim. Também é ofensivo para o *Bannyk* trazer álcool para a *laznya* ou entrar depois de ter bebido - uma boa regra de se ter, porque isso também pode ser fisicamente perigoso e até mortal. As pessoas são livres para usar a *laznya* durante o dia, mas depois de escurecer, é seu domínio. Ele também gosta de usar a *laznya*, então cada quarto vapor é uma oferenda para ele. Ervas perfumadas e decocções são derramadas nas pedras e a *laznya* é fechada para humanos para que ele e seus amigos espirituais possam desfrutar de um banho.[166]

Se você ofender o *Bannyk* e se encontrar em uma situação em que ele o está atacando, saia da *laznya* e peça a ajuda do *Domovyk*. Uma barra de cobre ou ferro também é uma boa defesa contra um *Bannyk* problemático ou raivoso.

Adivinhação com o Bannyk

Há uma adivinhação incomum que era feita na véspera de Ano Novo por jovens. Eles deixavam uma oferenda de pão de centeio e sal grosso no fogão para o *Bannyk* e depois ficavam do lado de fora da *laznya* com o traseiro nu enfiado na porta, pedindo ao *Bannyk* que revelasse sua fortuna para o próximo ano. Se o ano fosse bom, eles sentiriam o toque quente do *Bannyk* acariciando suavemente suas costas. Se o ano fosse difícil, eles sentiriam sua mão fria e suas unhas escorrendo pela espinha.

---

165. Ryan, *The Bathhouse at Midnight.*

166. Kennard, *The Russian Peasant.*

O mesmo método foi usado para obter uma adivinhação específica do *Bannyk*. Eles fariam uma pergunta sim/não ao *Bannyk*, e se um toque frio ou arranhão de sua garra fosse sentido, isso significava não. Se sentisse um toque quente ou uma carícia, significava que sim.

As jovens solteiras também usavam essa técnica para perguntar aos *Bannyk* se elas iriam se casar naquele ano. Se sentissem seu toque, poderiam esperar um casamento naquele ano e o tipo de toque que sentiriam predizia quem seria o noivo.

- Se a mão fosse peluda, o noivo seria rico.
- Se a mão fosse lisa, o noivo seria pobre.
- Se a mão fosse áspera, o noivo seria difícil.
- Se a mão batesse, o noivo seria um valentão.
- Se a mão beliscasse suavemente, o noivo seria brincalhão e travesso.

Adivinhação Laznya com espelhos

Existem muitas técnicas de adivinhação feitas na *laznya* para ver quem pode ser seu futuro amor. Uma das mais simples é adormecer em uma das gôndolas de descanso para que você possa ver o rosto dele em seu sonho.

Uma versão mais complicada e arriscada requer que você vá à casa de banho, ou algum outro prédio desabitado, à meia-noite, trazendo consigo uma vela de cera de abelha, um pente ritual, um espelho grande, um espelho menor e um pano grande o suficiente para cobrir o pequeno espelho.

Certificando-se de que o fogo não está aceso e que a sala está completamente escura, remova todos os cintos, amuletos e encantos e desfaça todos os nós ou botões de suas roupas. Coloque o espelho grande atrás de você e o espelho menor à sua frente para que veja seu reflexo repetido. Acenda a vela de cera de abelha e coloque-a entre você e o espelho menor para o qual está olhando.

Solte o cabelo para se abrir para o mundo espiritual. Penteie-o enquanto se olha no espelho, repetindo o seguinte encantamento: "*Aquele que está destinado a estar comigo, apareça diante de mim*". Eventualmente, você deve ver uma sombra atrás de seu ombro esquerdo, um espírito disfarçado de seu futuro amor. Assim que der uma olhada, jogue o pano sobre o pequeno espelho e diga: *Chur* que seria algo como "Envie-me".

Presume-se que *Chur* seja uma palavra mágica de proteção, chamando a ajuda de um Deus antigo ou dos ancestrais de alguém.[167] Acreditava-se que, se você não tomasse essa última precaução, o espírito poderia sair do espelho e esbofeteá-lo ou puxá-lo para o Outromundo.[168]

Adivinhação Laznya com Água e Cinzas

Este é outro tipo de adivinhação da casa de banho, que usa uma bacia de água. Para realizar este ritual, você vai precisar de um punhado de cinzas, uma bacia, uma *vinyk* e água. Primeiro, coloque a bacia de água à sua frente. Mexa lentamente a água com a *vinyk* no sentido horário e pergunte: "*Meu desejo de* (nomear o desejo) *se tornará realidade este ano?*" Em seguida, jogue um punhado de cinzas na bacia e adivinhe a resposta à sua pergunta.

- Se as cinzas se juntarem, o desejo se tornará realidade este ano.
- Se as cinzas se espalharem uniformemente sobre a superfície da água, pode ser necessário esperar mais de um ano para que o desejo se torne realidade.
- Se as cinzas afundarem, despeje imediatamente a água no chão da *laznya* para banir qualquer negatividade que possa estar associada a esse desejo.

Adivinhação de Vidência Laznya

Para ter uma visão do seu futuro, você pode usar essa técnica incomum de vidência na *laznya* ou em outro prédio desabitado à meia-noite. Traga uma garrafa de vidro transparente ou um decantador cheio com água, duas velas de cera de abelha e um pequeno espelho. Coloque o espelho sobre uma mesa, o decantador de vidro com água na frente do espelho e uma vela em cada lado do decantador. Sente-se à mesa para poder ver o espelho através do decantador. As imagens que aparecerem no espelho podem ser interpretadas como suas previsões para o próximo ano.

167. Dixon-Kennedy, *Encyclopedia of Russian and Slavic Myth and Legend.*

168. Kruchkova, *Slavic Seasonal Rituals and Divinations.*

Feitiço de Amor Laznya

Feitiços de amor podem ser feitos na *laznya* quando a Lua está cheia. Se você e seu parceiro não estão se dando bem ou seu amante parou de lhe dar atenção, pode realizar o seguinte feitiço. Primeiro, corte sete galhos de sete bétulas para fazer uma *vinyk*, dizendo este encantamento:

À medida que os galhos de bétula se dobram para o chão,
então deixe minha querida me estender a mão.
Tão forte quanto uma bétula é o quanto seu amor é forte para mim.
Quem me acariciar com esta vassoura de bétula,
será casado comigo para sempre, enfim.

A vassoura enfeitiçada deve ser usada na *laznya* por um ciclo de Lua cheia, de uma Lua a outra. Faça com que seu amante use a *vinyk* em você durante este mês e os sentimentos dele por você vão esquentar.

Feitiço Laznya para Banir um Terceiro

Se seu amante está sendo infiel, você pode pedir a ajuda do *Bannyk* para banir um rival fazendo o seguinte ritual à meia-noite na *laznya*. Traga uma vela, uma *vinyk*, um balde de água, pão e sal para a *laznya*. Ao entrar na casa de banhos, pare e faça uma reverência ao Mestre da *laznya* e deixe-lhe uma oferenda de pão e sal no fogão. Despeje água fria em um balde, mergulhe a *vinyk* nele e diga: *"Mestre das Laznya, ajude-me. Expulse meu rival de casa."*

Jogue a água fora da *laznya* e coloque a *vinyk* dentro, perto da porta, com a maçaneta abaixada. Deixe ficar nesta posição por uma semana. Após sete dias, se o *Bannyk* ajudar você, a *vinyk* ainda estará parada e o feitiço entrará em vigor. Se a *vinyk* cair, o *Bannyk* está lhe dizendo que não o ajudará em sua causa.

Feitiço Laznya para aumentar o interesse de um amante

Visitar uma *laznya*, especialmente depois que uma noiva se lavava lá, era considerado uma maneira mágica de aumentar a popularidade e tornar-se mais atraente para um amante em potencial. No entanto, como a maioria de nós não compartilha uma *laznya* com as pessoas de nossa aldeia, existe outro ritual que pode ser feito em seu banheiro ou em uma sauna particular.

Traga um pouco de mel, uma maçã, um pequeno pedaço de papel, algumas pétalas de rosa, uma faca nova, uma fita rosa, uma bacia, um pedaço de pano preto, um pouco de água e um pedaço frio de madeira queimada do fogo da *laznya* ou qualquer outro pedaço de madeira previamente queimado. Na sexta-feira, assim que acordar, aqueça a *laznya* ou inicie uma ducha ou banho quente. Tire a roupa e sussurre o seguinte encantamento:

Água, ajuda.
Céu, abençoa.
Sol e fogo, protegem.

Com o bastão queimado, escreva o nome da pessoa amada no pedaço de papel. Corte a maçã ao meio com a faca e coloque o papel dobrado com o nome do seu amor entre as metades da maçã. Amarre com a fita. Coloque a maçã na bacia vazia e encha-a com água. Coloque a bacia no parapeito da janela. Jogue a água no rosto. Em seguida, aplique o mel no rosto. Diga o seguinte:

Veja como eu sou doce.
Como as abelhas voam para o mel, você voa para mim.

Use o restante da água para enxaguar o mel. Despeje mais água na bacia e deixe as pétalas de rosa flutuarem na superfície. Olhe para o seu reflexo na bacia com amor e admiração e diga:

Veja como eu sou linda.
Como as abelhas amam o mel, você me ama.

Escolha a maçã da bacia. Esconda-o no lugar mais inacessível na *laznya* ou no banheiro e diga:

Como uma maçã seca e sem luz branca,
então você vai secar sem mim.
Minha palavra é forte.

Leve a bacia até a base de uma árvore e despeje a água e as pétalas de rosa ali. Deixe a maçã escondida por três dias. Em alguns dias, você deve ver o afeto de seu alvo aumentar. Após três dias, pode enterrar a maçã debaixo de uma árvore.

O Mistério da Laznya

A casa de banho fazia parte da vida dos eslavos em tempos passados: um lugar escuro e misterioso fora do caminho que era um portal para o liminar. Embora possamos não ter acesso diário a uma *laznya* onde moramos, é essencial entender a essência da casa de banho e sua magia para entender Baba Yaga.

Embora a casa de banho faça parte de algumas de suas histórias, é a magia arriscada da *laznya* que é tão emblemática de quem ela é. Faça rituais de banho sempre que puder, mas de vez em quando, encontre um espaço isolado que dê um arrepio na espinha para fazer sua magia e você entenderá a *laznya* e o *Bannyk*. E talvez, apenas talvez, a própria Baba Yaga peça para você coletar água com uma peneira e você saberá exatamente o que fazer.

Capítulo 19

Zhyva e Mertva Voda: As Águas da Vida e da Morte

Antes que Vasylyna percebesse, todos os animais estavam limpos, suas peles, carapaças e pelos brilhando intensamente. Ela olhou pela porta para o sol lá fora e viu que ele estava quase se pondo, então juntou suas coisas rapidinho e as criaturas a seguiram de bom grado de volta à khatynka.

Quando voltaram, as criaturas rapidamente se alinharam e Baba Yaga entrou na cabana segundos depois. Ela apertou os olhos, olhou para Vasylyna e caminhou para cima e para baixo na fileira, inspecionando cada criatura, pegando-as, olhando sob seus queixos, esfregando suas barrigas e acariciando suas cabeças.

Quando chegou ao último, ela se virou para Vasylyna.

"Hmph. Nada mal", disse ela. "Nada mal. Ah, bem, meu pich terá que passar fome mais um dia." Baba Yaga colocou um pouco de lenha no fogão e começou a cozinhar um pouco de comida. Então abriu a porta e espalhou algumas migalhas no quintal e todas as criaturas deixaram a khata e saíram.

Baba Yaga pediu a Vasylyna que se sentasse. As duas comeram e, é claro, Vasylyna não se esqueceu de dar um pequeno bocado para a motanka em seu bolso. Após a longa noite e o longo dia, Vasylyna estava bastante cansada, então, assim que terminou de lavar a louça, arrumou a cama no banco, colocou a boneca ao lado dela e adormeceu profundamente.

No meio da noite, Vasylyna sentiu-se sendo sacudida para acordar. A mão ossuda de Baba Yaga estava em seu ombro.

"Venha garota", ela disse, "temos trabalho a fazer".

Vasylyna vestiu a saia e os xales e seguiu Baba Yaga até o quintal. O céu estava escuro sem Lua para ser vista, apenas o salpicar de estrelas brilhantes.

Baba Yaga estava em seu almofariz de ferro gigante segurando o pilão e uma vassoura. Com seus braços ossudos ela ergueu Vasylyna no almofariz e com um poderoso empurrão do pilão elas voaram para o céu, bem alto, sobre os pinheiros e abetos, voando sobre a floresta. Do alto, ela conseguia distinguir as sombras do Chuhaister e do outro Lisovyky brincando na floresta, o Mavky vagando na encruzilhada e o Rusalky e o Vodyanyky, os perigosos tritões de águas profundas, chapinhando alegremente na água.

Com Baba Yaga dirigindo o almofariz por quilômetros de floresta, campos e estepes, finalmente elas voaram sobre o mar, onde tudo o que Vasylyna podia ver eram as águas escuras abaixo delas. Elas voaram pelo que pareceram horas, até que Vasylyna viu um pedaço de terra, uma ilha no meio do oceano, com colinas verdes onduladas dominadas por um enorme carvalho que se erguia alto nas nuvens acima delas.

Baba Yaga girou o pilão e elas voaram para baixo, em direção a terra. Ela habilmente colocou o almofariz em uma colina gramada, perto de uma árvore, com um baque suave. E então Baba Yaga saltou e agarrou Vasylyna pela mão para puxá-la e colocá-la de pé na terra.

"Venha! Venha!" Baba Yaga acenou com a mão impacientemente e juntas elas escalaram em direção à enorme árvore, Baba Yaga liderando e Vasylyna logo atrás. À medida que se aproximavam, Vasylyna pôde ver que a árvore era tão grande quanto a montanha mais alta que ela já havia visto e, em sua base, duas fontes naturais escorriam. Lindas cobras de ébano se enroscavam languidamente em torno de suas raízes maciças e emaranhadas, enquanto corvos grasnavam nos galhos acima. Embora fosse noite, ela podia ver suas brilhantes penas negras enquanto batiam as asas, e ela podia apenas vislumbrar o que parecia ser um ou dois rostos humanos espiando do alto dos galhos acima.

Baba Yaga parou na base da árvore e de seu saco tirou duas garrafas com rolhas, uma preta e outra branca. Da nascente à esquerda da raiz ela coletou água na garrafa preta, e da nascente à direita, encheu a garrafa branca.

Vasylyna se perguntou: "O que há de tão especial nessa água que tivemos que viajar tanto para obtê-la?" E como se ela pudesse ler seus pensamentos, Baba Yaga virou-se bruscamente para ela.

"Essas não são águas comuns, garota", disparou Baba Yaga. "Os reis dariam todo o seu ouro por apenas uma gota delas."

Baba Yaga segurou a garrafa preta no rosto de Vasylyna.

"Esta é a Água da Morte."

Então ela estendeu a garrafa branca para Vasylyna ver. "E esta é a Água da Vida."

Baba Yaga colocou as garrafas com cuidado em sua bolsa e desceu a colina com passos pesados, na direção de onde haviam deixado o almofariz e o pilão. Ela rapidamente pulou e Vasylyna seguiu logo atrás e entrou no almofariz no momento em que Baba Yaga deu um forte empurrão em seu pilão. Em instantes, elas estavam de volta ao ar e voando sobre o mar. Vasylyna sentou-se no chão do almofariz e olhou para as estrelas no céu, ela começou a ouvi-las cantar uma canção de ninar; logo estava dormindo.

Baba Yaga Compartilha a Sabedoria da Zhyva e Mertva Voda

Agora, chegamos às coisas boas. Meu refúgio de férias favorito, *Vyriy*. Ah, você nunca ouviu falar? Bem, posso imaginar por quê. Afinal, é terrivelmente exclusivo. É a terra dos espíritos, tanto dos que tiveram uma boa vida e estão prontos para uma pausa revigorante quanto dos que estão ansiosos para nascer. Às vezes, esses são um e o mesmo.

Esta ilha fértil no Oeste é repleta de fontes quentes de água curativa, bosques exuberantes e beleza natural – não muito diferente do nosso mundo, mas muito mais radiante. Não é apenas o lugar dos espíritos, mas também o lugar onde os pássaros e outros animais vão passar o inverno. É sempre lindo lá, então quando o tempo fica frio na terra dos vivos, os pássaros voam para *Vyriy* no inverno e voltam para seus ninhos na primavera. O cuco detém as chaves deste outro mundo, por isso é o primeiro pássaro a voar para lá e o último a voltar. *Vyriy* também é a casa do sol, então nos meses de inverno, o sol passa mais tempo no calor da ilha do que no frio da terra dos vivos.[169]

Quer saber como chegar lá? Bem, primeiro tem que pegar um almofariz voador e virar à esquerda no Reino das Três Vezes e depois

169. Kukharenko, *Traditional Ukrainian Folk Beliefs about Death and the Afterlife.*

cruzar as águas do Reino do Sol, da Lua e das Estrelas. Alguns dizem que fica a oeste, outros dizem que fica ao sul; não me pergunte. Eu apenas sigo a Via Láctea e lá está ela no final.

Algumas pessoas a chamam de *Iriy*, *Rai* ou Paraíso, mas é muito mais. É o lugar onde podemos encontrar a Árvore do Mundo, aquele carvalho gigante de todos os carvalhos que conecta o Mundo Inferior, o Mundo Intermediário e o Mundo Superior.[170] Os espíritos e os pássaros sentam-se no alto de seus galhos, enquanto as cobras são as guardiãs da terra abaixo. É de lá que vem todo o clima do mundo e, claro, as Águas da Vida e da Morte. Este é o verdadeiro tesouro de *Vyriy*.[171]

De baixo das raízes da árvore fluem duas fontes naturais. Claro, qualquer fonte natural é considerada sagrada, mas essas fontes gêmeas são as mais sagradas de todas. A Água da Vida, bem, essa é simples. Se uma pessoa pereceu, você pode derramar a Água da Vida sobre ela e ela voltará. Mas nem sempre as coisas são tão simples. Corpos podem ser destruídos: queimados, desmembrados, roídos por criaturas da floresta. Despeje a Água da Vida em algo assim e não é bonito. Você obtém um *upyr*, um carniçal, um vampiro – os mortos-vivos. Então, em alguns casos, precisamos da Água da Morte apenas para restaurar a integridade do corpo.

Se alguém for cortado ou seus ossos forem quebrados, uma pitada da Água da Morte unirá seu corpo sem deixar cicatriz. Mesmo que seu corpo seja cortado em pedaços e enterrado no Leste e no Oeste, ou queimado e destruído, a Água da Morte puxará as menores migalhas de carne de volta e as unirá novamente para tornar o corpo inteiro. Depois que o corpo é reunido com a Água da Morte, uma borrifada da Água da Vida chamará o espírito de volta ao corpo, mesmo que a alma tenha deixado a terra dos vivos.[172]

---

170. Valeriy Voitovych, *Ukrayins'ka Mifolohiya* (Kiev, Ukraine: Lybid', 2015).

171. W. R. S. Ralston, *The Songs of the Russian People, as Illustrative of Slavonic Mythology and Russian Social Life* (London: Ellis & Green, 1872).

172. Gilchrist, *Russian Magic*.

Madame Pamita ensina a Magia da Zhyva e Mertva Voda

Sempre acreditei no poder mágico da água. De banhos de limpeza espiritual a águas abençoadas pela Lua e de poções feitas com ervas embebidas em água benta de locais sagrados, sempre tive um amor por esse elemento vivificante. Pode ter sido minha mãe quem primeiro me apresentou a isso. Quando íamos à igreja católica, molhávamos as pontas dos dedos na pia de água benta da porta e tocávamos na testa, no coração, no ombro esquerdo e no ombro direito. Havia até uma urna no vestíbulo da igreja onde podíamos encher nossas garrafas de água benta para levar para casa; minha mãe fazia isso regularmente.

Vários anos depois que minha mãe faleceu, eu estava passando por momentos difíceis e sentia falta dela. Voltei então a vasculhar uma gaveta que eu já havia vasculhado muitas vezes antes e encontrei algo que não estava lá em todas as vezes que eu havia procurado: três potes de geleia, um com o rótulo "Água benta", outro com o rótulo "Águas de Lourdes" e um terceiro rotulado como "Águas do Jordão". Anos antes, minha mãe havia engarrafado essas águas e seu espírito as trouxe à minha atenção justamente quando eu precisava senti-la perto de mim.

Eu sou uma coletora de águas de todos os tipos nos dias de hoje. Coleto água da chuva e água de fontes sagradas, faço água da Lua regularmente, abençoo a água com *krashanky*. Algumas coloco em frascos chiques, mas às vezes coloco-as em potes de geleia, etiqueto-as e as uso para minha magia, assim como minha mãe fazia.

Zhyva e Mertva Voda Hoje

Os povos eslavos desde os tempos mais antigos reverenciavam a água. O velho ditado "água é vida" apenas arranha a superfície do nível de devoção aos rios, lagos, mares, poços, chuvas mansas e, claro, nascentes. Mesmo a introdução do cristianismo não conseguiu acabar com a adoração dessas fontes de água. A única maneira de os primeiros missionários cristãos conseguirem trazer alguns dos antigos povos eslavos a bordo era convenientemente "encontrar" um ícone sentado ao lado de um lago sagrado ou de uma nascente, sinalizando que seus santos eram sancionados pelas águas sagradas mais antigas e mais poderosas.[173]

---

173. Dixon-Kennedy, *Encyclopedia of Russian and Slavic Myth and Legend.*

A água também foi designada como "viva" ou "morta", curando ou esgotando. A Água Viva dá força e a Água Morta tira a força. A água é o melhor purificador. Como o fogo que queima as forças impuras, a água lava e afoga todo o mal. Antigamente, as pessoas tiravam o chapéu em respeito antes de beber água. Elas nunca cuspiam em corpos de água ou jogavam lixo na água. Nem mesmo palavras duras eram ditas perto da água.

Ainda hoje as pessoas fazem peregrinações a corpos naturais de água que dizem ter poderes milagrosos de cura. Elas nutrem seus lagos e lagoas sagrados com oferendas como pão. Deixam fitas e tecidos como presentes. Decoram poços com vegetação verdejante e coroas de flores e, durante a primavera, quando os rios transbordam, as pessoas fazem oferendas ao *Vodyanyk*, o espírito das águas profundas, para acalmar a maré.

A Magia do Vodyanyk

Nas profundezas das águas dos rios, lagos, pântanos e oceanos, próximo aos obstáculos e sob os turbilhões e redemoinhos, vive outro espírito, primo de Baba Yaga, o *Vodyanyk*. Este velho da água parece meio humano, mas tem escamas de peixe na pele, guelras no pescoço, cabelos verdes emaranhados e uma barba que lembra algas. Assim como o *Lisovyk* governa a floresta, o *Vodyanyk* é o Senhor das Águas.[174]

Mais perigoso do que a maioria dos espíritos, se um *Vodyanyk* estiver perturbado, ele pode criar todos os tipos de estragos: emaranhando redes, inundando margens de rios, quebrando represas, destruindo moinhos de água e virando barcos. Quando desrespeitado, ele é conhecido por puxar as pessoas para debaixo d'água para afogá-las. Acredita-se que pessoas bêbadas que nadam em suas águas são particularmente vulneráveis a serem pegas por ele.[175]

Os pescadores, cujo sustento depende de suas bênçãos, jogam oferendas de pão, peixe cozido, sal, vodca ou tabaco na água para apaziguar o *Vodyanyk* e até mesmo oferecem a ele o primeiro peixe de sua pesca para mantê-lo feliz. Os peixes são gado do Senhor das Águas e o primeiro peixe pescado pode ser devolvido às águas como uma oferenda a ele com um breve encantamento *"vá e traga seu pai, mãe, tio, tia ..."* e assim por

174. Gray, *Mythology of All Races Volume 3.*

175. Voitovych, *Ukrayins'ka Mifolohiya.*

diante para invocar um dia de pesca bem-sucedido.[176] Se o *Vodyanyk* ficasse satisfeito com uma oferenda, ele concederia uma boa captura para o dia e melhoraria o sustento do pescador, assim seus esforços não apenas os protegeriam, mas também os recompensariam.

A Magia de Zhyva Voda

A água é tão importante que está associada não apenas aos *Rusalky* e *Vodyanyky*, mas também a outros espíritos. A Mãe Terra é frequentemente chamada de Maty Syra Zemlya, Úmida Mãe Terra, para enfatizar o poder da água no solo fértil. Terra e água andam juntas, de mãos dadas. *"Seja rico como a terra e saudável como a água!"* é uma bela bênção que reconhece essa conexão.

Água Viva, *Zhyva Voda*, não é apenas a água que Baba Yaga coleta para reviver os mortos – é também o nome dado a qualquer água que tenha poderes especiais para propósitos mágicos. Existem muitas versões mágicas de Água Viva. A água nunca é apenas genérica. Cada tipo tem uma energia diferente. Existem as águas terrenas dos poços, nascentes, rios, lagoas e lagos que são vistas como maternais, e existem as águas celestiais da chuva, névoa e neve que são vistas como paternais. Cada tipo de água tem sua benção e magia especial.

Água de Nascente

A água da nascente é altamente reverenciada pela magia. *Rushnyky* e fitas de cabelo preciosas ainda estão amarradas às árvores próximas como oferendas aos espíritos das fontes. As águas coletadas de diferentes fontes têm diferentes propriedades que podem ser usadas a seu favor na cura. Por exemplo, as fontes profundas que borbulham consistente e generosamente do solo são conhecidas como "águas curativas" e são usadas para curar doenças; uma fonte que emerge sob uma rocha é vista como água que veio do Mundo Inferior e é especialmente abençoada e sagrada. Até as menores nascentes são protegidas com amor, pois cada uma possui seu próprio poder e tem um espírito único que a guarda.

176. Voitovych, *Ukrayins'ka Mifolohiya.*

Água de Poço

Nas canções e histórias, os poços rurais rústicos têm muitos atributos positivos: saúde, força, riqueza, fertilidade, pureza, beleza e fidelidade. Eles também são vistos como lugares onde podemos aliviar a dor da separação e da tristeza. Como a água do poço vem das profundezas do solo, ela atrai o poder da Mãe Terra. Ainda hoje, alguns camponeses não têm água encanada e precisam ir ao poço pela manhã e ao longo do dia buscar água para cozinhar, beber e lavar. As pessoas que dependem desses poços os consagram várias vezes ao ano em feriados especiais e os cercam com plantações de salgueiros protetores e flores durante todo o ano.

Há magia na coleta de água de poço. Existe a crença de que, se você estiver carregando baldes vazios a caminho do poço, deve evitar cruzar o caminho de outra pessoa para evitar azará-la com falta e pobreza. No entanto, se você está voltando com os baldes cheios, pode ficar à vontade para encontrar outra pessoa no caminho, porque você a abençoará com abundância.

As oferendas são feitas no poço. Moedas e joias são jogadas no poço em troca de bênçãos. A água de um reservatório assume as características das pessoas que o utilizam. Os sábios dizem que "a água ouve", que registra a energia ao seu redor. Poços onde as pessoas reclamam, mentem, xingam ou falam fofocas maldosas absorvem essa negatividade e a água traz problemas, brigas e lágrimas. Podemos considerar que os poços onde as pessoas falam com gentileza e alegria são impressos com felicidade e a água traz bênçãos.

Água da Chuva

A água da chuva tem muitas propriedades mágicas. Ela ilumina e limpa; dá energia, otimismo e força; acelera o crescimento e lava o mau humor e os pensamentos negativos. Na medicina popular, é usada para aliviar dores de cabeça, curar doenças oculares e remover verrugas. Se você se lavar com água coletada de uma fonte durante a primeira tempestade do ano, permanecerá saudável durante o ano todo. Gotas coletadas de plantas durante a primeira chuva do ano oferecem potência adicional aos feitiços em que são usadas.

Água de Trovoada

A água coletada de uma tempestade é outra forma de Água Viva usada para trazer justiça, banir espíritos malignos, remover o mal do coração e punir os culpados. A chuva de uma tempestade noturna é considerada excepcionalmente poderosa. Quanto mais forte o vento durante a chuva noturna, mais forte é a água.

Água Ancestral

A água da chuva coletada ao amanhecer ou ao entardecer pode ser usada para entrar em contato com os ancestrais. É chamada de Água dos Ancestrais e é usada para obter seus conselhos, proteger suas propriedades e ajudar os moribundos para que possam retornar ao mundo dos vivos ou passar facilmente. A água ancestral também pode ser usada efetivamente para remover maldições ou azarações.

Água do Sol

A água das chuvas do meio-dia é chamada de "Água do Sol" e é usada pelos curandeiros em seu trabalho para remover a energia negativa de uma pessoa e trazer de volta a saúde e a força. A Água do Sol é frequentemente necessária na preparação de poções da medicina popular.

Orvalho da Manhã

As menores gotas de orvalho da manhã estão repletas de incríveis poderes de magia e cura. O orvalho é uma ferramenta mágica preciosa, porque muito pouco pode ser coletado. Tradicionalmente, as pessoas traziam *rushnyky* limpo para os campos pela manhã e os usavam para absorver o orvalho, depois os espremiam e coletavam a água em jarros de barro para usar como remédio para várias doenças. Apenas algumas gotas de orvalho adicionadas à água da nascente infundem propriedades poderosas.

Andar descalço na grama orvalhada limpa e cura o corpo e o espírito. Lavar o rosto com orvalho antes do nascer do sol confere juventude e beleza. Esfregar o orvalho diretamente no corpo pela manhã melhora o bem-estar e dá energia para enfrentar os desafios do dia. O orvalho também ajuda os animais da fazenda a aumentar sua produção. Diz-se que as vacas que recebem orvalho para beber aumentam seu leite. Colmeias abençoadas com orvalho ajudam as abelhas a produzir mais mel.

Água Encantada

Água encantada é a água abençoada por uma pessoa sábia que profere encantamentos sobre ela. Usada principalmente para curas espirituais e remoção de possessões e maldições, para o ritual de derramar cera de abelha na água para uma limpeza espiritual e para poções e elixires.

Água Benta

A água consagrada por espíritos ou divindades é considerada uma fonte de criatividade e poder divino. Nos tempos antigos, os Sacerdotes abençoavam as estátuas de Deuses e crentes com essa água. A Água Benta tem a capacidade de limpar e curar espiritualmente.

Águas coletadas em determinados momentos

Acredita-se que a água natural mude sua polaridade duas vezes por ano. A primeira mudança acontece no Solstício de Inverno e a segunda durante o Solstício de Verão. A polaridade da água no período de *Kolyada* (Solstício de Inverno) até *Kupala* (Solstício de Verão) cria a Água Viva que revive e revigora. A água acumulada entre o Solstício de Verão e o Solstício de Inverno é a Água Morta, que pode ser usada para remover ou banir.

Água Kolyada

A água do Solstício de Inverno é abençoada abrindo ritualmente um grande buraco no gelo e mergulhando um talismã de prata nele três vezes, seguido de imersão e apagamento de uma vela acesa. Este antigo ritual foi posteriormente incorporado à Epifania Cristã (6 ou 19 de janeiro), onde a "Água do Jordão" é coletada por todos na aldeia. Parte da água pode ser bebida no local para cura e garrafas dela são levadas para casa para serem armazenadas no *pokut'* e aspergidas na família, na casa e no gado para cura durante todo o ano. As pessoas também mergulham nessa água gelada três vezes para curar doenças graves ou prevenir doenças futuras.

Água Stritennya

A água coletada em *Stritennya* – o feriado do Meio do Inverno que corresponde à Candelária –, também é considerada curativa. Esfregada no corpo para curar doenças de pele, ela também pode ser dada como bebida para limpar maldições ou remover *vroki*. Esta água é aspergida nos soldados para protegê-los antes de irem para a batalha ou nos viajantes antes de partirem para terras distantes.

Água do Equinócio de Primavera

O poder curativo da água é especialmente evidente na primavera, quando os rios e nascentes derretem, a neve se transforma em riachos ondulantes e o céu revela sua chuva. A água coletada no Equinócio de Primavera é especialmente poderosa para proteção contra as forças do mal e para atrair bênçãos. Também pode ser usada para lavar febres e para proteger a terra. Se for despejada em um campo, protege a terra cultivada contra raios (que podem causar incêndios), granizo (que pode destruir plantações) e inundações excessivas. Devido ao sincretismo do Cristianismo e do Paganismo, esta água às vezes é coletada na Festa da Anunciação (25 de março) e é chamada de "Água da Anunciação".

Yuriy Vesnyanyy Água

O orvalho pode ser coletado das flores no feriado de primavera no Dia de São Jorge, *Yuriy Vesnyanyy* (6 de maio, no Hemisfério Norte), o feriado entre o Equinócio de Primavera e o Solstício de Verão. De acordo com as crenças populares cristãs, o orvalho da primavera é liberado por São Jorge, que abre a umidade do céu com suas chaves. Se for coletado antes do nascer do sol, é especialmente curativo, pois absorve a energia das próprias flores. Acredita-se que esta água seja bastante curativa na medicina popular. As pessoas a tocam nas pálpebras para resolver problemas de visão ou molham a cabeça com ela para evitar dores de cabeça. Esta água também tem o poder de atração e alguns lavam o rosto com ela pela beleza, para aumentar a popularidade e melhorar sua estatura na comunidade. Também é boa para o gado; diz-se que polvilhar suas galinhas com ela melhora sua fertilidade.

Água de Kupala

A água coletada em *Kupala* (Solstício de Verão ou sincretizada com o dia de São João Batista, 23 a 24 de junho ou 6 a 7 de julho no Hemisfério Norte) também possui propriedades curativas excepcionais. A água do rio e do lago e o orvalho coletados antes do amanhecer neste dia são infundidos com esse poder. Pessoas com doenças de pele nadam no rio neste dia antes do nascer do sol para a cura. Diz-se que lavar as pálpebras com água retirada de quatro poços diferentes em *Kupala* ou com orvalho coletado antes do nascer do sol cura doenças oculares. Pensava-se que, lavar-se com orvalho na manhã de *Kupala*, banhava-se em popularidade e boa reputação.

O orvalho de *Kupala* era frequentemente coletado espalhando pano branco nos campos de centeio. Quando o pano estava úmido com o orvalho, a preciosa água era espremida e infundida com as ervas especiais de *Kupala* para cura.

Água estrela

A água das estrelas é coletada de três poços diferentes ao amanhecer e deixada sob um céu claro e estrelado naquela noite. Depois de ser abençoada desta forma durante a noite, pode ser usada em feitiços para atrair abundância.

Água Inexplorada

A água não explorada, às vezes chamada de "água não aberta", é a água curativa de um poço, rio ou outro corpo de água coletado em silêncio antes do nascer do sol. O método de coleta é o que potencializa essa água. O coletor deve partir com um balde antes do amanhecer e colher a água do poço no sentido anti-horário – ou, se for retirada de uma fonte corrente, o ideal é colher a água contra a corrente. Ao voltar para casa com a água, o coletor não deve olhar para trás em direção ao poço ou rio. Se ele vir alguém antes de chegar à casa, não deve falar com essa pessoa, senão a água perderá seu poder curativo.[177]

Feitiços de Água

A água de diferentes fontes tem poder para ser usada em diferentes feitiços. Toda água tem poder e qualquer água pode realmente ser usada nesses feitiços, mas para sua eficácia máxima, tente coletar essas águas especiais, se possível.

177. Artyukh, "Vohon' i Voda v Systemi Zvychayevykh Zaboron," 31–41.

Feitiço de Adivinhação e Limpeza

Para realizar adivinhação e limpeza quando alguém foi amaldiçoado, são necessárias duas pessoas. Um para realizar o ritual e o outro para receber a limpeza. A água não explorada é o ingrediente especial nesta combinação de adivinhação e feitiço de limpeza. Colete a água antes do amanhecer naquela manhã e execute este trabalho de feitiço ao pôr do sol. Além da água, você vai precisar de três dentes de alho, uma tigela de madeira, uma faca e uma caixa de fósforos.

Ao pôr do sol, despeje a água na tigela de madeira e adicione os três dentes de alho. Faça com que a pessoa que está recebendo sente-se de frente para o Leste e coloque a tigela em uma mesa à sua frente. Faça um sinal do sol, uma cruz, sobre a água com uma faca e diga o seguinte encantamento:

Fogo e Água, salvem (nome) de toda negatividade.
Salve-os da hora do mal.
Salve-os do mau-olhado.
Salve-os de todos os homens mal-intencionados.
Salve-os de todas as mulheres mal-intencionadas.
Salve-os de todas as crianças mal-intencionadas.
Salve-os de todos os pensamentos mal-intencionados.
Salve-os de todas as palavras mal-intencionadas.

Acenda nove fósforos um de cada vez. Ao acendê-los, jogue os fósforos acesos um a um na água enquanto sussurra o seguinte feitiço:

Não nove, mas oito.
Não oito, mas sete.
Não sete, mas seis.
Não seis, mas cinco.
Não cinco, mas quatro.
Não quatro, mas três.
Não três, mas dois.
Não dois, mas um.
Não um, mas nenhum.

Quando o nono fósforo for jogado na água, verifique quantos fósforos flutuam e quantos afundam. Quanto mais fósforos afundarem, mais pesada será a negatividade em torno da pessoa. Se um fósforo afundar, então a negatividade é muito leve. Se todos os nove afundarem, haverá uma forte negatividade envolvendo a pessoa.

Se todos os fósforos flutuarem, a energia da pessoa está limpa e você não precisa fazer o resto do ritual. Se algum fósforo afundar, complete a parte de limpeza do ritual a seguir e repita a adivinhação novamente no dia seguinte e limpe, se necessário. Repita todos os dias até que toda a negatividade seja completamente limpa.

O destinatário deve então tomar quatro goles dessa água, um de cada um dos quatro lados da tigela. Depois disso, ele deve mergulhar as costas da mão na água e esfregar a água da esquerda para a direita na testa, na parte superior do tórax acima do coração, depois descer para cada braço, para cada pulso interno, acima do umbigo, descendo em cada perna. Repita esse processo de limpá-los mais duas vezes.

Despeje a água restante e os fósforos na base de uma árvore, em uma encruzilhada ou na soleira e diga o seguinte encantamento:

"Volte para o lugar de onde você veio."[178]

Feitiços de Cura com Orvalho

O orvalho da manhã coletado em qualquer dia pode ser usado em feitiços de cura. Você também pode simplesmente se lavar pela manhã aplicando orvalho recolhido diretamente das flores, gramíneas e árvores floridas. Pode ser esfregado sobre a pele para curar e rejuvenescer o corpo e também pode ser usado para acelerar a cicatrização de feridas. Aqueles que realizam magia negativa usam o orvalho para remover a energia negativa de si mesmos após os rituais. O orvalho pode ser adicionado a infusões curativas para aumentar o efeito das ervas.

Nas práticas da medicina popular, o orvalho era esfregado no couro cabeludo para fazer o cabelo crescer mais rápido e mais grosso. O orvalho era jogado nos ouvidos para dores de ouvido, aplicado no nariz para acelerar a cura de um resfriado comum e adicionado a infusões para dores de dente. Dizia-se que andar descalço na grama orvalhada ajudava a se livrar da fadiga e a curar problemas nos pés.

178. Len'o, "Vykorystannya Vohnyu u Narodniy Medytsyni Ukrayintsiv Zakarpattya (Na Osnovi Suchasnykh Pol'ovykh Materialiv)," 123–126.

Feitiços de Amor com Orvalho

Você pode combinar os poderes mágicos do pão e do orvalho para fazer alguém se apaixonar por você. Colete o orvalho do campo com panos, lenços ou *rushnyky*. Faça um pequeno pão de trigo redondo com um buraco no meio e amasse-o no pano úmido. Depois de assado, dizem que se você o levar para fora e olhar pelo buraco primeiro para o sol e depois para alguém que você admira, ele se apaixonará por você.

Se deseja obter um pedido de casamento ou aceitar uma proposta de matrimônio, mergulhe a farinha de rosca no orvalho e alimente a pessoa amada.

Feitiços de Cura com Orvalho de Plantas Diferentes

O orvalho coletado de diferentes flores, ervas e árvores têm diferentes poderes curativos nas práticas da medicina popular. Colete o orvalho da manhã com panos de algodão ou linho brancos e limpos e esprema o líquido em um recipiente de vidro limpo. O orvalho pode ser guardado e usado nos próximos sete dias; no entanto, lembre-se de que o orvalho é mais forte quando recém-colhido e perde seu poder com o passar do tempo.

- O orvalho dos campos de aveia, centeio ou trigo é usado para embelezar a pele e reduzir acne e inflamação, sardas e manchas de pigmentação. Também é usado no tratamento de doenças oculares.
- O orvalho das plantas que crescem sob os carvalhos pode ser usado para trazer frescor, cor saudável e suavidade à pele.
- Folha de macieira e orvalho de flor são usados em feitiços para melhorar o humor e curar problemas de sono e fadiga crônica. Lavar com este orvalho da cabeça à cintura também dará uma onda de força e energia.

Orvalho Coletado durante diferentes fases da Lua

O orvalho coletado durante as diferentes fases da Lua também tem diferentes poderes. O orvalho coletado durante a fase da Lua crescente é usado em feitiços para preservar a juventude e a beleza, promover a saúde e realizar rituais de magia amorosa. O orvalho coletado durante a fase da Lua minguante é usado em feitiços para remover maldições, feitiços e mau-olhado e para feitiços de perda de peso. O orvalho coletado na noite de Lua cheia é usado em feitiços para restaurar ou aumentar o sucesso pessoal ou financeiro ou para melhorar o relacionamento com outras pessoas.

Feitiço de Água Trovoada

A água da tempestade pode ser usada para carregar e fortalecer ferramentas rituais, talismãs e amuletos. Quanto mais poderosa a tempestade, mais poder a água transmitirá. Quando uma tempestade é esperada, pendure ferramentas e amuletos em árvores onde possam ser expostos a raios e chuva e onde ninguém mais toque neles. Assim que a tempestade passar, leve os itens para dentro de casa para secar.

Banho de Beleza da Lua Cheia

Os praticantes de magia que buscam a juventude eterna realizam seus rituais de beleza durante a Lua cheia. O ritual mais eficaz para restaurar a beleza e a juventude é o banho mensal na Lua cheia. Vá para um lago, um rio lento ou qualquer outro corpo natural de água onde você possa ver o reflexo da lua. Tire a roupa e mergulhe na água de cabeça para baixo, para que a água o lave da cabeça aos pés. Após o primeiro mergulho, diga o seguinte encantamento:

Eu não escondo a minha nudez; Eu me lavo durante a lua.
Assim como a água se derrama sobre meu corpo,
a juventude e a beleza voltam para mim.
À medida que a água ao redor do meu corpo gira,
a saúde e a força retornam para mim.

Mergulhe mais duas vezes e diga as palavras do feitiço após cada mergulho. Após o terceiro mergulho, saia da água e não se enxugue com toalha. Em vez disso, deixe a água secar em seu corpo, depois vista-se e vá para casa sem falar com ninguém ou se virar para olhar a água.

Criando Elixir de Lua Cheia de Água de Nascente

Para fazer um elixir de Lua cheia para manter a beleza e a juventude, você vai precisar de água mineral, uma tigela de cristal, uma jarra ou garrafa, uma pequena vela cor-de-rosa de cera de abelha e pétalas de rosa.

Quando a Lua cheia aparecer no céu, acenda a vela e despeje a água da nascente na tigela de cristal. Jogue pétalas de rosa na água e diga o seguinte encantamento:

Por mais fresca que seja esta água, deixe-me ser jovem.
Por mais linda que seja esta rosa, deixe-me ser linda.
O poder da Lua me ajuda.

Coloque o copo com a água e as pétalas de rosa em um local onde a luz da Lua incida sobre ele. Coloque a vela ao lado da tigela, deixe queimar completamente e depois vá para a cama.

De manhã, pegue os restos da vela de cera de abelha e enterre sob uma árvore jovem. Despeje a água em uma jarra ou garrafa e use-a para se limpar, passando-a sobre a pele ou adicionando-a à água do banho.

Feitiço de Beleza da Água da Nascente da Lua Cheia

Se você deseja recuperar a juventude e a beleza que já teve, este ritual irá refrescar e revigorar sua aparência. Na noite de Lua cheia, despeje água mineral ou outra água benta em um copo. Tire a roupa e fique nu com o luar brilhando sobre você, dentro ou fora de casa. Segure o copo de água enquanto diz o seguinte encantamento:

A Mãe Lua vai me ajudar a manter minha juventude.
Faça-me bela como uma rosa,
fresca como o vento e macia como a lã.
Deixe olhar para mim quem não olha,
me admirar quem não me admira.
Enquanto esta água encantada se funde com meu corpo,
ele se tornará jovem e saudável novamente.
Como eu digo, assim se tornará realidade.

Depois que as últimas palavras forem ditas, vá para a cama e deixe um copo com água encantada sob o luar durante a noite. Na manhã seguinte, tome um gole da água com infusão de luar e tome outro gole ao acordar. Faça isso diariamente nos próximos dias. Para obter os melhores resultados, repita o ritual a cada Lua cheia.

Rituais de Proteção com Água Kolyada

Quando a água coletada em *Kolyada* ou Epifania é trazida para casa, o seguinte ritual pode ser realizado por todos os membros da família. Tome um gole da água sagrada e, em seguida, mergulhe os dedos nela e enxágue os olhos para proteger a visão. Mergulhe novamente e limpe os ouvidos para proteger a audição. Mergulhe e limpe a testa para proteger suas capacidades mentais. Mergulhe uma última vez e limpe o peito, o pescoço e os braços para ficar "saudável como a água".

A casa e quaisquer edifícios periféricos, como celeiros, estábulos e galpões também podem ser abençoados com esta água, borrifando-os enquanto diz o seguinte encantamento:

Com água lavar, aspergir e abençoar
pela saúde das pessoas que vivem neste lar.

Se você possui uma colmeia, ela também pode ser abençoada com o seguinte encantamento:

Abelhas, insetos divinos,
Eu as asperjo e as abençoo em enxames.
Abençoo sua cera, abençoo seu mel,
para que possam vir ao meu redor
e no inverno eu coletar o doce néctar dos céus!

Passarelas, caminhos e calçadas também podem ser aspergidos com o seguinte encantamento:

Água benta lava essa passagem, asperja-a com boa saúde.
Que tudo o que é mau e impuro, desapareça!

Qualquer água que sobrar pode ser despejada em uma garrafa e armazenada no *pokut'* para qualquer necessidade de cura ao longo do ano.

Feitiço de Água do Sol para Cabelos Bonitos

Se seu cabelo ficou ralo, fraco, quebradiço ou sem brilho, você pode realizar esse feitiço de cura com Água do Sol coletada durante a chuva do meio-dia, de preferência no campo perto de um local onde cresçam ervas altas. Depois de trazê-la para casa, deixe-a em uma tigela ou garrafa durante a noite sob a luz da Lua crescente e diga o seguinte encantamento:

Água-água, querida irmã, acorde!
Compartilhe seu poder comigo, (nome).
Absorva a luz da Lua,
transmita o poder mágico para o meu cabelo.
Como a grama cresce forte e bonita,
então meu cabelo fica mais resistente e ganha força.
Que assim seja!

No dia seguinte, você pode enxaguar e massagear o cabelo com esta água enquanto imagina o crescimento de um cabelo novo. Visualize o cabelo danificado sendo restaurado e fortalecido e todo o seu cabelo brilhando de saúde. Após a massagem, deixe o cabelo secar ao ar. Repita uma vez por mês durante a fase da Lua crescente.

Feitiço de Água do Sol para Elevar seu Humor

A Água do Sol é uma excelente ferramenta para banir a tristeza ou apenas para melhorar o seu humor. Para este ritual, você não precisa coletar a água – basta sair quando estiver chovendo no meio do dia e ficar na chuva, nu, se possível.

Fique em pé com as pernas ligeiramente afastadas, levante os braços e vire o rosto para o céu. Sinta as gotas de chuva lavando seu corpo enquanto elas o limpam, sinta-a lavando todos os seus sentimentos negativos e diga o seguinte encantamento em voz alta, repetindo-o quantas vezes houver em sua idade:

Eu invoco as forças do Sol e do céu,
Eu invoco as forças da água da chuva!
A força é intensa e se instala em meu corpo.
Puro poder da água, entra em mim, limpa-me e renova-me!
Rapidamente encha meu corpo e minha alma de alegria.
O vazio é preenchido.
Todo o mal é afastado!
Que assim seja!

Permita que um mínimo de cinco a dez minutos de chuva caia sobre você. Depois, deixe o corpo secar ao ar livre e vista roupas limpas ou, melhor ainda, algo novinho em folha.

Feitiço da Água da Chuva para se Livrar de Maus Hábitos

Se você tem um hábito ruim que está pronto para liberar, a água da chuva o ajudará a deixá-lo ir. Em um pedaço de papel fino, escreva as palavras do costume em tinta aquarelada. Coloque o pedaço de papel na chuva. À medida que as palavras desaparecem na chuva, seu mau hábito se dissolverá.

Feitiços da Água da Chuva em Diferentes Horas do Dia

Se sair de casa quando estiver chovendo, pode lavar o rosto na chuva para enxaguar a negatividade e ajudar em alguma cura. Umedeça o rosto, o pescoço e as mãos enquanto se imagina lavando seus problemas.

As chuvas durante diferentes horas do dia têm poderes diferentes. A forma mais forte de fazer essa mágica é lavar direto na chuva, mas você também tem a opção de engarrafar as águas das chuvas nesses horários diferentes para usar seus poderes em outros feitiços:

- **6h às 7h:** para novas ideias, para atrair boa sorte no trabalho.
- **7h às 8h:** para alívio de dores de cabeça de origem desconhecida.
- **8h às 9h:** para eliminar os efeitos do *vroki*, o mau-olhado.
- **9h às 10h:** para aliviar a tristeza e a depressão, evitar más ações e expulsar pensamentos inúteis.
- **10h às 11h:** para energizar o coração, encorajar a ação criativa e iniciar novos projetos criativos.
- **11h ao meio-dia:** para superar fobias, medos e estresse e harmonizar o corpo e a alma.
- **Do meio-dia às 13h:** para eliminar sentimentos de agressão e vingança e para remover qualquer assédio, corrupção e maldições de outras pessoas.
- **13h às 14h:** para desenvolver a intuição e a clarividência.
- **14h às 15h:** para acalmar os desejos, normalizar os estados mentais e aliviar a excitação nervosa.
- **15h às 16h:** para abrir novas ideias e conhecimentos aparentemente do nada. Para aumentar os poderes proféticos.

- **16h às 17h:** para esclarecer o pensamento, extinguir a agressão de seus desafetos e promover a reconciliação com os inimigos.
- **17h às 18h:** para encontrar a solução certa em uma situação crítica e trazer harmonia às relações familiares.

Água do Sol para a Cura

Para ajudar um doente e aumentar suas forças, pode usar a água da chuva do meio-dia coletada de qualquer planta com flor. Idealmente, isso deve ser feito no campo. Enquanto coleta a água da chuva, diga o seguinte encantamento:

Pelas forças da natureza, esta água é
para a cura da alma e do corpo.

Deixe a água coletada em uma jarra ou garrafa ao sol por dois dias. Depois disso, pode ser usada para fazer bebidas medicinais, como chá de ervas, ou pode bebê-la sozinha.

Ao beber o chá ou a água, diga o seguinte encantamento:

Água curativa, estabeleça-se em meu corpo,
compartilhe seu poder, protege-me das doenças
e melhora a minha saúde.
Que assim seja!

A Magia da Água

Em muitas de suas histórias, Baba Yaga ensina o poder da água tanto para curar quanto para prejudicar. Ela dá a seus visitantes tarefas impossíveis, como coletar água em uma peneira, mas também mostra a eles as Águas da Vida e da Morte. Embora nós, meros mortais, possamos não ter os meios para ir a *Vyriy* e coletar águas que podem reviver os mortos, podemos explorar as maneiras profundamente significativas de incorporar água em nossas práticas mágicas – para limpar, curar e proteger a nós mesmos e a nossos entes queridos.

Capítulo 20

Kistky: Os Ossos

Quando Vasylyna acordou, ela não estava mais enrolada no almofariz, estava enrolada no banco da cabana de Baba Yaga, que estava cozinhando kutya no pich e o cheiro delicioso do mingau quente fez o estômago da garota roncar.

"Levanta, menina. Pois é hora de você ir para casa."

Vasylyna esfregou os olhos e sentou-se à mesa.

"Como voltei para a cama ontem? Não estávamos voando no almofariz?"

Baba Yaga olhou para ela com curiosidade.

"Essas garotas e suas fantasias", ela murmurou para si mesma enquanto servia o mingau. "Estou feliz por ser uma velha que sabe a diferença entre o que é real e o que é um sonho."

Ela colocou a tigela na frente de Vasylyna, voltou-se para o fogão a lenha, colocou um pedaço de pão dentro dele e deu-lhe um tapinha gentil.

"Bem, querido, parece que você vai ter que se contentar com um pedaço de pão por enquanto e esperar outro dia por uma refeição de verdade."

Vasylyna deu uma pitada de seu mingau para a boneca em seu bolso, comeu até se fartar e então se levantou e limpou a mesa. Baba Yaga encheu a cesta de Vasylyna com pão e sal, maçãs e nozes e entregou a ela.

"Para que você tenha algo para comer durante a viagem", disse ela. E então puxou um pequeno baú de madeira de uma prateleira alta.

"E leve isso com você, mas não abra até voltar para casa."

Vasylyna dobrou os cobertores de sua cama improvisada e os guardou. Ela vestiu os xales, colocou o baú na cesta e enfiou o braço na alça. Baba Yaga abriu a porta e a cabana virou-se e se acomodou para que pudessem sair. A velha puxou uma bola de lã vermelha do bolso e a entregou a Vasylyna.

"Pegue este novelo de lã, jogue-o na sua frente e siga-o para onde quer que vá. Isso a levará direto à casa de sua madrasta."

Então, Baba Yaga estendeu a mão para a cerca e com as duas mãos arrancou uma das lanternas de caveira do poste.

"E aqui está o fogo que você pode dar à sua madrasta."

Vasylyna pegou a lanterna de caveira de Baba Yaga e abaixou a cabeça.

"Obrigada, babusya." Vasylyna sentiu uma pontada ao deixar Baba Yaga para trás e, timidamente, aproximou-se dela e lhe deu um abraço.

Baba Yaga a segurou por um momento e então deu um tapinha em sua cabeça.

"Vá em frente, pequenina. O dia é curto e a viagem é longa." Vasylyna olhou para cima e pensou ter visto os cantos da boca de Baba Yaga virarem ligeiramente para cima. Mas antes que Vasylyna pudesse dizer qualquer coisa, Baba Yaga se recompôs. Sem dizer mais nada, ela se virou, voltou para sua cabana e fechou a porta atrás de si. A cabana se esticou e se levantou, arranhou o chão e deu as costas para Vasylyna.

Então a menina fez como Baba Yaga disse e jogou o novelo de lã vermelha. Impulsionado por sua própria força mágica, o novelo rolou à frente dela e ela o seguiu enquanto serpenteava pela floresta.

Vasylyna ergueu sua lanterna de caveira na penumbra e seguiu a bola de lã mágica enquanto ela continuava rolando à sua frente. No caminho, deixou pão e sal para os espíritos da floresta, parou, comeu e alimentou sua boneca, bebeu um pouco de água fresca de uma fonte e quando o sol começou a se pôr, o novelo de lã finalmente se desenrolou completamente, perto da porta da frente da pequena khata apertada de sua madrasta.

Quando ela passou pela porta, a madrasta e as meias-irmãs pareceram surpresas. "Você voltou?" disse a madrasta. Mas então, percebendo que estava revelando seu plano, ela se recompôs e começou a abordar Vasylyna da maneira usual.

"Onde você esteve? Temos tentado iniciar uma fagulha no pich, mas sempre que temos uma faísca, ela se apaga imediatamente. Estamos congelando aqui desde a noite passada e o dia todo hoje."

Vasylyna estava confusa. Ela tinha certeza de que tinha ido embora por mais de um dia.

"Eu trouxe para você o fogo de Baba Yaga." E ela estendeu a caveira para elas. Sua madrasta olhou com medo para a lanterna, mas pegou-a como se fosse exatamente o que esperava.

"Muito bom. Vou acender o fogo, mas vamos precisar de mais lenha. Vasylyna, vá até a orla da floresta e pegue um pouco de madeira para alimentar o fogo." Assim, sem nem mesmo beber alguma coisa, ou mesmo ter a chance de tirar os xales ou colocar a cesta no chão, Vasylyna voltou a sair pela porta. Assim que ela partiu para a floresta, sua boneca puxou sua saia mais uma vez.

"Embora sua madrasta tenha dito isso,
na floresta você não deve ir.
Rápido e silenciosamente como um rato,
para a casa de seu pai você deve partir."

Então, em vez de entrar na floresta, ela pegou a estrada na outra direção e correu o mais rápido que pôde de volta para a antiga casa de seu pai. Quando chegou, lá estava seu pai, sozinho, andando nervosamente e esperando por ela.

"Vasylyna!" ele disse enquanto a envolvia com os braços. "Onde você esteve?" Vasylyna mostrou a ele o pequeno baú que Baba Yaga havia lhe dado. Ela o abriu e dentro havia um estoque de objetos raros e mágicos: um lindo rushnyk bordado com símbolos mágicos e feito do tecido que a própria Vasylyna fiou e teceu, um almofariz e pilão dourado, um ovo vermelho decorado com imagens protetoras, um pente de prata, um fuso de ouro e a garrafa branca e a garrafa preta que carregam as Águas da Vida e da Morte.

Ela e seu pai ficaram maravilhados com os itens preciosos enquanto Vasylyna lhe contava a história de sua aventura com Baba Yaga.

Quando ela contou ao pai o que a madrasta e as meias-irmãs haviam feito, ele disse: "Elas esconderam sua maldade por tanto tempo, mas não mais! Devemos ir até elas para que possam assumir suas ações e fazer as pazes com você." E então Vasylyna empacotou os itens preciosos e ela e seu pai voltaram para a casa na floresta, mas quando chegaram lá, não havia nada além de uma pilha de brasas acesas onde antes estava a casa. A madrasta, as meias-irmãs e a pequena khata explodiram em chamas com o fogo do crânio. Pensando rapidamente, Vasylyna usou a Água da Morte para trazer de volta seus corpos das cinzas, mas quando aspergiu a Água da Vida sobre elas, seus corpos voltaram a ser cinzas.

A motanka sussurrou para Vasylyna,

Do fogo que queimaram,
às cinzas elas devem retornar.
Suas almas vazias lançadas para longe,
para nunca mais um dia te machucar.

Então, como não havia mais nada a ser feito, Vasylyna e seu pai voltaram para casa.

Baba Yaga Compartilha a Sabedoria dos Kistky

Toda história deve ter um fim, mas o que é um fim senão o começo de algo novo? O fim da iniciação é o começo da maestria. Mesmo o fim da vida é o começo de uma nova vida. Navega-se pelos mares divinos até a serena ilha de *Vyriy* para descansar, reviver e esperar para renascer novamente. Uma iniciação é uma iniciação. Quer eu o inicie como uma *Vidma* ou o leve para o Outromundo, eu caminho ao seu lado para o fim de uma vida e o começo de uma nova.

Nós, os antigos, realmente sabíamos como mostrar uma alma naquele novo começo. Não tenho uma cerca de osso em volta do meu quintal só para espantar os mais fracos, embora faça um bom trabalho nisso. Não preciso de um colar de ossos para parecer uma patroa – eu sou uma patroa. Os ossos não estão lá para fazer uma declaração. Os kistky, os ossos, seguram a alma. Enquanto houver ossos, o espírito vive. Nos tempos mais antigos, exumávamos os ossos de nossos entes queridos e os decorávamos com cinzas ou ocre vermelho para homenageá-los.[179] Ou, se os ossos estivessem espalhados aqui e ali, nós os reuniríamos novamente para reabastecer e reviver o espírito que residia neles. Ainda falamos disso em nossas lendas, onde os heróis são cortados, depois reunidos e revividos como alguém novo. Esse é o propósito das Águas da Vida e da Morte – algo é destruído, é reunido e então damos a ele uma nova vida. Não será como antes. Essa vida anterior deve ser deixada para trás

179. Kristina Killgrove, "Painted Bones Spark 4,500-Year-Old Burial Mystery in Ukraine," *Forbes*, July 27, 2018.

para trazer a versão evoluída, e não é sobre deixar o antigo eu para trás e emergir como alguém novo que se trata a Iniciação?[180]

Quando dei a caveira a Vasylyna, estava dando a ela mais do que apenas um fogo para sua madrasta. As caveiras fazem parte de algumas de nossas práticas mais antigas. Se os ossos são o lar da alma, o crânio é a sede da consciência do espírito. Com os crânios de nossos amados ancestrais, poderíamos chamá-los de volta e consultá-los, pedir sua proteção e buscar seus conselhos. Eu não apenas dei a Vasylyna o fogo que ela pediu, mas também devolvi a ela sua conexão com seus ancestrais amorosos.[181]

Se você está prestando atenção, sabe como os ancestrais são vitais. Nossa família é como aqueles ossos que reunimos – um todo indivisível formado não apenas pelos entes queridos que estão vivos, mas também pelos que passaram para o espírito e pelos que ainda não nasceram. Ao longo do ano, as pessoas ainda realizam rituais que trazem de volta o espírito de seus entes queridos. Em cada uma dessas festas, eles convidam seus ancestrais, cumprimentam-nos, compartilham uma refeição com eles e depois se despedem enquanto retornam ao mundo dos espíritos por um tempo.[182]

Quando nossos entes queridos são iniciados no mundo espiritual, eles podem se tornar nossos guardiões. Em vez de serem sombras de seus antigos eus, eles se tornam ainda mais poderosos do que eram em vida, capazes de dotar seus entes queridos de felicidade, prosperidade e proteção. Em nosso mundo, os mortos nunca são considerados mortos. O mundo do espírito e o mundo mundano estão interligados e se encontram com mais frequência do que você poderia esperar.

Se convidarmos nossos espíritos com carinho e amor, eles nos ajudarão em nossa vida mundana. Mas para ganhar esse amor, temos que nos lembrar deles, honrá-los e convidá-los para o nosso dia a dia. Os ancestrais que faleceram mais recentemente, aqueles de quem podemos nos lembrar, são os que podemos recorrer para nos ajudar nos aspectos mundanos de nossas vidas. Aos ancestrais mais distantes, aqueles que

---

180. Yatchenko, *Ukrayins'kyy Shamanizm.*

181. Clarissa Pinkola Estes, *Women Who Run with the Wolves* (New York: Ballantine Books, 1992).

182. *Encyclopedia of Ukraine* (Toronto, ON: University of Toronto, 1993).

nunca conhecemos e dos quais nada sabemos, podemos humildemente pedir ajuda com oferendas e presentes.

Os ancestrais podem se tornar grandes protetores para nós. Foram eles que nos trouxeram até onde estamos hoje. Um pouco deles mora em você. Por mais que tenham tido fraquezas na vida, no espírito eles são capazes de nos presentear com o mais puro amor. Tudo o que eles pedem em troca é que você não os esqueça. Lembrá-los dá a eles a energia para nos ajudar e nos proteger. Lembre-se de seus ossos. Honre-os e você dará vida aos seus ossos.

Madame Pamita ensina a Magia dos Kistky

Como a *khata* de Baba Yaga que gira na floresta, a vida volta. A jornada para escrever este livro começou quando os ossos da minha *babusya* começaram a cantar, e aqui estamos nós novamente, de volta aos ossos.

Ossos conectam você ao espírito de seus entes queridos. Em cada um dos meus altares ancestrais tenho um pequeno símbolo dos ossos – uma pequena caveira de cristal, uma escápula de veado encontrada na floresta, alguns ossos de galinha. Isso não é ameaçador ou assustador para mim. Representam os ossos de meus ancestrais e entes queridos que jazem em sepulturas bem cuidadas ou há muito esquecidas. Os espíritos de nossos ancestrais sobrevivem assim como seus ossos sobrevivem, e esses minúsculos substitutos os aproximam simbolicamente de mim.

Quando minha mãe e depois meu pai estavam no fim de suas vidas, eles tiveram a oportunidade de receber cuidados paliativos. O que proporcionou a eles e a nós ficarmos em casa com eles e passar seus últimos dias juntos. Minha mãe insistia que queria morrer em casa e não em um hospital. Montamos uma cama médica para ela na sala de estar e, embora fosse meados de agosto, ela queria acender o fogo da lareira todos os dias. Talvez fosse um conhecimento intuitivo de que isso a conectaria com seus entes queridos que estavam prontos para recebê-la no Paraíso. Embora às vezes ela sentisse muita dor, encontrávamos momentos para rir, conversar, visitar e apreciar o crepitar do fogo. Durante os últimos dias de sua vida, ela entrou em coma, mas eu ainda falava com ela e dizia que a amava e o quanto ela significava para mim.

Na tarde em que seu espírito estava prestes a partir, segurei sua mão. Quando ela fez a passagem, abri a janela para que seu espírito pudesse voar. Acho tão mágico que enquanto ela estava partindo passava na TV, ligada bem baixinho, um de seus filmes antigos favoritos: *Nascida Ontem*. Gosto de pensar que ela estava me enviando uma mensagem maliciosa, dizendo que a morte realmente não é o fim e que seu espírito voltaria em breve.

Kistky Hoje

Os *kistky*, os ossos dos ancestrais, são lembrados até hoje. Desde os tempos antigos, os ucranianos sempre viram a vida após a morte como uma extensão desta vida. Os entes queridos que já faleceram ainda estão por perto, e as pessoas celebram com os falecidos em festas e rituais especiais oferecidos ao longo do ano.

Na primavera, as pessoas convidam seus amados ancestrais para uma celebração chamada *Provody*. Eles os recebem com uma tigela quente com *kutya* e uma vela acesa na janela e depois vão aos cemitérios para limpar os túmulos de seus entes queridos e fazer um piquenique com eles. Eles trazem pão integral, pão branco, doses de *horilka* ou vodca, vinho ou cerveja e tortas e bolos. Eles colocam alguns *krashanky* no túmulo durante o piquenique e no final podem até quebrar um na lápide antes de comê-lo, dizendo: "*Aqui está minha família, aqui está minha* (mãe/pai/avó/avô/etc.), *e um dia também vou descansar aqui!*"[183]

Provody pode se tornar uma festa animada. Junto à comida e à bebida para os ancestrais, eles cantam canções para eles, contam histórias sobre o que está acontecendo em suas vidas e geralmente oferecem sua alegria aos seus antepassados. Os espíritos ancestrais os encontram para essas reuniões em seus túmulos e se divertem quando são lembrados com palavras gentis por parentes vivos.[184]

Nos feriados que cercam o Solstício de Inverno, as pessoas também convidam seus amados ancestrais para se juntarem a eles em suas casas para as comemorações do ano novo. Há *kutya* oferecido, é claro, mas também um feixe ritual especial de grãos, que chamamos de *didukh*, é colocado no *pokut'* para os espíritos residirem durante a época festiva.

183. Kukharenko, "Traditional Ukrainian Folk Beliefs about Death and the Afterlife."

184. Gilchrist, *Russian Magic*.

Aqueles que estão no mundo dos espíritos foram iniciados e passaram por este mundo para *Vyriy*. Mas como todo processo, as iniciações podem ser desafiadoras, portanto, existem tradições para ajudar nossos entes queridos a se mudarem para a Terra dos Espíritos.

Rituais Funerários

Nos tempos mais antigos, quando os mortos eram enterrados havia um costume chamado de "duplo sepulcro". Depois de ficar nos braços da Mãe Terra por vários anos, os ossos dos entes queridos eram exumados da sepultura, lavados e colocados no *pokut'*, uma forma de convidar nossos amados ancestrais de volta ao seu lugar sagrado especial no lar. Essa prática acabou evoluindo para que, em vez dos ossos, o pano ritual usado para lavá-los fosse colocado no *pokut'*.[185]

Antigamente, as pessoas nasciam em casa e morriam em casa. Embora tenhamos ganhado tanto com as intervenções médicas no último século, também perdemos algo. Em algum momento, as famílias cuidavam de seus entes queridos, fazendo-se de parteiras para o mundo espiritual, assim como eles eram os parteiros para o mundo dos vivos, quando nasciam. Embora hoje seja comum passar os últimos momentos de nossas vidas em hospitais, onde a dor pode ser aliviada, o que é um grande alívio para alguns, há também a opção de termos cuidados paliativos em nossa própria casa familiar, com nossos entes queridos, enquanto fazemos a grande transição. Em ambos os casos, estar cercado de carinho ao atravessar esse estado liminar pode ser um grande conforto e facilitar nossa jornada.

Em tempos passados, e até mesmo em alguns lares mais tradicionais hoje em dia, quando alguém estava prestes a morrer eram realizados rituais para auxiliar a transição do moribundo. A paz era mantida em torno da pessoa que estava em transição. A conversa normal da vida e as tarefas domésticas eram reduzidas ao mínimo, pois acreditava-se que essas atividades cotidianas os manteriam desnecessariamente ligados à Terra dos vivos. Quaisquer ações em casa eram realizadas em silêncio e as conversas, se houvessem, eram feitas em voz baixa.

---

185. Mircea Eliade et al., *A History of Religious Ideas* (Chicago, IL: University of Chicago Press, 1981).

Gerações atrás, se o moribundo carregasse uma preocupação ou um fardo emocional pesado de qualquer tipo que o mantivesse preso ao plano terreno, a família poderia abrir temporariamente um buraco no teto para permitir que seu espírito se soltasse. Hoje em dia, as pessoas ainda abrem uma janela na sala onde a pessoa está deitada para facilitar sua transição. Eles também podem fazer um *obkuryuvannya* e incensar a pessoa com a fumaça de feixes de ervas aromáticas - orégano, cedro, pinho, zimbro ou absinto - para ajudá-la a liberar seus negócios inacabados e facilitar sua passagem. O moribundo também pode receber uma vela para segurar e iluminar seu caminho para a vida após a morte.[186]

Nas aldeias onde todos se conheciam, amigos e parentes visitavam o moribundo em sua casa, para que tivessem a oportunidade de se despedir e fazer as pazes. Eles podiam pedir desculpas um ao outro se tiverem feito algo errado e oferecer um perdão gracioso para trazer sensação de paz. Se alguém perdesse a chance de se desculpar enquanto seu ente querido estava vivo, ainda teria uma oportunidade depois que morresse. Havia uma crença de que o espírito permanecia perto da cabeça de seu corpo por três dias, após a morte corporal, para que as pessoas ainda pudessem buscar ou perdoar, dirigindo-se ao corpo após a morte.[187]

Depois que alguém morria em casa, a família cobria todos os espelhos para que o espírito não se confundisse e se desviasse para um portal. Eles lavavam e vestiam o corpo e o colocavam em um banco com a cabeça voltada para o *pokut'* e os pés voltados para a porta.[188] A água que servia para lavar o corpo era chamada de "Água Morta" e seria recolhida e despejada onde alguém não andaria, geralmente na base de uma árvore que não produzisse frutos.[189]

Enquanto o corpo de seu ente querido permanecesse na casa por três dias, eles não fariam nenhum trabalho, exceto o necessário para o funeral, e a casa não seria varrida durante os procedimentos fúnebres.

---

186. Artyukh, "Vohon' i Voda v Systemi Zvychayevykh Zaboron," 31–41.
187. Svitlana Bohdanivna Pakholok, "Proyavy Narodnoho Etyketu u Pokhoronniy Obryadovosti Ukrayintsiv," *Naukovyy Zhurnal Natsional'nyy Pedahohichnyy Universytet Imeni M. P. Drahomanova*, 2004.
188. Kukharenko, "Traditional Ukrainian Folk Beliefs about Death and the Afterlife."
189. Artyukh, "Vohon' i Voda v Systemi Zvychayevykh Zaboron," 31–41.

Durante esses três dias, o corpo nunca era deixado sozinho ou no escuro, para que espíritos maldosos não tivessem chance de distraí-lo ou influenciá-lo. As velas eram mantidas acesas durante toda a noite e os visitantes vinham fazer uma visita e se despedir, principalmente à noite. Jantares à meia-noite eram realizados e os pequenos podiam jogar jogos fúnebres para elevar o humor de todos e lembrar ao espírito e a nós que ainda há prazer no mundo.

Na preparação para o funeral, presentes eram colocados no caixão: *rushnyky*, *motanky*, *vinoky*, pão, flores, livros de orações, joias favoritas ou outros itens. Moedas enroladas em um lenço eram colocadas nas mãos do falecido ou colocadas sobre os olhos para que tivessem a passagem para pagar os psicopompos que levariam seu espírito pelo rio subterrâneo ou pelo céu-mar.

No dia do enterro, deixavam uma tigela com água e uma toalha para que o espírito pudesse dar um último gole e usar a toalha para enxugar as lágrimas. Os enlutados, no entanto, nunca bebiam água enquanto estivessem perto do falecido. Neste dia, familiares e amigos próximos tinham a chance de dar um beijo final no falecido e de fazer um brinde à sua passagem segura antes de fechar o caixão e levá-lo ao cemitério.[190]

Enquanto carregavam o esquife para fora de casa, batiam três vezes com o caixão na soleira para que o espírito pudesse dar um último adeus à sua casa.[191] O caixão era levado para a sepultura pelos pés primeiro, e os enlutados seguiram atrás para evitar que o falecido os "visse" e se tornasse muito apegado a este mundo.

Comida para os Mortos

Compartilhar comida com os entes queridos mortos é uma prática que existe há milênios. Mesmo nas procissões fúnebres nas aldeias nos dias de hoje você verá alguém carregando uma tigela com *kutya* na frente do caixão enquanto leva os ossos para o local de descanso final. *Kutya* é também o primeiro prato de uma refeição fúnebre e é o que é servido nas reuniões realizadas ao longo do ano para homenagear os ancestrais.

---

190. Kukharenko, "Traditional Ukrainian Folk Beliefs about Death and the Afterlife."
191. Lecouteux, *The Tradition of Household Spirits.*

O *kutya* é cozido com bagas de trigo, sementes de papoula, nozes e passas ou outros pedaços de frutas secas. Este prato trabalhoso requer deixar o trigo de molho durante a noite e depois cozinhá-lo no fogão por horas, mexendo para que não queime. É realmente um trabalho de amor para nossos ancestrais fazer *kutya* em sua homenagem.

Por quarenta dias depois que uma alma deixa seu corpo, seus pertences permanecem intocados, pois acredita-se que seu espírito ainda esteja entre os vivos, visitando lugares que eles conheciam e amavam. As pessoas têm o cuidado de nunca falar mal de quem já se foi, principalmente neste momento delicado em que estão tão próximas e podem ouvir o que é dito.

Durante esse período de quarenta dias, a família e a comunidade realizam festas memoriais no terceiro, nono e quadragésimo dias após a morte. Eles também fazem festas nos aniversários de seis meses e um ano do falecimento de seus entes queridos. É costume convidar seus espíritos amados para essas festas com as palavras,

"Você deve ter se esfriado na terra úmida,
a estrada aqui não é muito quente.
Aqueçam-se conosco em nosso fogão."

A família serve a primeira porção de *kutya* para os espíritos convidados com as palavras,

"Vocês estão cansados, venham,
tomem algo para comer. Comam conosco."

Quando a família termina de comer, eles pegam os longos *rushnyky* que foram usados para baixar o caixão de seus entes queridos na terra e os penduram na janela. Então, eles escoltam os espíritos do fogão para os lençóis na janela, dizendo:

"Agora é hora de você ir para casa,
seus pés devem estar cansados.
A estrada que você vai percorrer não é curta.
Este caminho é mais suave para você.
Deus te abençoe e adeus!"

E os espíritos descem por meio do linho de volta ao Outromundo até a próxima reunião de espíritos.

Fazendo um Didukh

Durante as celebrações do Solstício de Inverno, os ucranianos convidam seus ancestrais para celebrar com eles criando um *didukh*. Este feixe cerimonial de grãos é um sacrifício simbólico do melhor da colheita e simboliza o ciclo da vida, os ciclos das estações e o renascimento do sol. Quando criamos um *didukh*, convidamos os ancestrais e seus espíritos para nossas casas para suas bênçãos de saúde, riqueza, fertilidade e paz. *Didukh* significa "espírito do avô" e representa a ideia de que, quando criamos este artefato, estamos convidando todos os nossos amados ancestrais a se juntarem a nós. A construção do *didukh* é uma reminiscência da estrutura da Árvore do Mundo, com suas raízes, tronco e galhos, e nos lembra de nossa conexão com os Três Mundos.

Tradicionalmente, o *didukh* era feito com o último feixe da colheita. Este feixe era colhido cerimoniosamente e depois embrulhado com uma fita vermelha, decorado com rosa-de-gueldres e "alimentado" com cerveja ou vinho e depois levado em uma procissão pelo campo, por uma jovem solteira da comunidade, considerada trabalhadora e de grande reputação. Ela andava na frente, enquanto o resto da comunidade seguia atrás e cantava canções de colheita.

A procissão dirigia-se à casa de um dos líderes comunitários, onde era preparado um jantar festivo para todos. O anfitrião da festa recebia o feixe da jovem, dava-lhe uma pequena quantia em dinheiro e todos eram convidados a entrar em casa para uma refeição festiva em comemoração ao fim da colheita. O feixe era guardado em um depósito até a noite anterior ao Solstício de Inverno, quando era recuperado e embrulhado e o *didukh* resultante era cerimoniosamente colocado no *pokut'*.

Como Criar um Didukh

Você pode criar seu próprio *didukh* para colocar em seu altar ancestral.

Ingredientes

- Talos inteiros de trigo seco, cevada, linho, centeio ou aveia (mínimo de 21, mas qualquer múltiplo de 7)
- Cordão ou linha resistente
- Opcional: flores secas, galhos de rosa-brava, papoulas, centáureas, ervas secas, fitas, flores de papel ou enfeites de palha trançada

Instruções

1. Mergulhe as hastes dos talos por 10 a 15 minutos em água quente para torná-los macios.
2. Classifique os caules por tamanho em grupos de 7.
3. Enrole os feixes de 7 firmemente no meio várias vezes com o cordão.
4. Reúna os feixes, classificando-os por níveis para obter um belo topo graduado em forma de árvore e enrole com o cordão.
5. Divida a metade inferior da árvore em três (ou mais) pernas para fazer um tripé e enrole-as com o cordão.
6. Para tornar o *didukh* mais estável, você pode adicionar alguns canudos mais fortes à base.

O *didukh* pode ser trabalhado como um feixe simples ou feito para se parecer com uma árvore. Pode ser deixado liso ou decorado com flores, ervas ou enfeites de palha trançada. Quando é trazido para dentro de casa, quem o traz diz: *"As férias estão chegando!"* enquanto a família responde: *"As férias chegaram!"* e *"Respeitosamente, convidamos os ancestrais a nos visitar também"*. Então o *didukh* é colocado no *pokut'* e a família diz: *"Didukh em casa, problemas fora de casa"*.

Enquanto o *didukh* está em casa, acredita-se que os ancestrais o visitam. Alguns mantêm o *didukh* por apenas uma noite, outros por doze noites. No final da visita, desmontam o *didukh*, retiram os grãos abençoados e juntam aos que serão plantados no ano seguinte para abençoar toda a colheita com abundância. Eles então queimam a palha restante na encruzilhada para permitir que seus ancestrais viajem de volta a *Vyriy* e, simultaneamente, dizem: *"deixem o espírito quente entrar"*, um antigo rito de inverno ardente para invocar o início da primavera. As pessoas saltam sobre esta pequena fogueira para queimar toda a negatividade, e as cinzas são recolhidas e distribuídas pelo jardim para que as plantas fiquem férteis.[192]

Crie um ritual com o *didukh* para honrar seus ancestrais amorosos e convidá-los para sua casa no inverno. Lembre-se do ciclo das estações e preste homenagem à colheita e às tradições de outrora.

192. Artyukh, "Vohon' i Voda v Systemi Zvychayevykh Zaboron," 31–41.

Baba Yaga e o Kistky

Baba Yaga é tantas coisas, mas um de seus atributos é encontrado no símbolo dos ossos. Ossos cercam sua casa, protegendo seu espaço na floresta. Esses ossos nos lembram que quando entramos no quintal dela, estamos entrando no espaço dos ancestrais.

Um de seus muitos nomes é Baba Yaga Bone-Leg, com uma perna que se assemelha à perna de um pássaro ossudo ou é simplesmente feita de ossos. De qualquer forma, sua perna nos diz que Baba Yaga tem um pé na terra dos vivos e outro na terra dos mortos. Ela pertence a ambos os mundos e pode atravessá-los facilmente.

O Mundo dos Espíritos pode ser muito assustador e misterioso. Baba Yaga está ao nosso lado para que nos lembremos de que, quer estejamos ajudando nossos entes queridos na jornada para o outro lado, quer tenha chegado a nossa hora de fazermos a jornada, nunca estamos sozinhos.

Capítulo 21

Kolo: O Círculo

Depois que Vasylyna e seu pai voltaram para casa, a vida logo voltou a um ritmo pacífico. O pai de Vasylyna foi buscar as coisas para sua loja, enquanto Vasylyna negociava com os aldeões e fabricava outros itens para vender. Ela usou o fuso de ouro, produziu um fio e então teceu um tecido tão fino e sedoso que foi admirado em toda a Terra. Ela usou o almofariz e o pilão dourados para fazer poções de cura milagrosas que as pessoas vinham de quilômetros de distância para receber. E quando precisavam de cura ou de ajuda, ela usava os outros itens mágicos para proteger e fortalecer os feitiços que lançava para eles.

Vasylyna e o pai viviam com conforto e prosperidade. A menina viveu uma longa vida de felicidade, saúde e fartura. Quando ela própria se tornou uma velha, as crianças da aldeia vinham para sua casa. Algumas vinham buscar alguma coisa para os pais, outras a observavam timidamente fazer seus remédios ou tecer, e outras ainda, as mais ousadas, faziam um milhão de perguntas sobre o que ela estava fazendo. A cada um que vinha visitá-la, ela perguntava: "Você veio a serviço ou por vontade própria?" E para aqueles que vinham aprender, ela os sentava e servia uma tigela com kutya quente. Então, sentada de frente a eles, ela acendia seu cachimbo e os ensinava os velhos costumes.

E sempre que a velha Vasylyna tinha uma pergunta, ela tirava sua querida motanka do bolso e ouvia seus sábios conselhos.

Baba Yaga Compartilha a Sabedoria do Kolo

Sabe a *khorovod*, a dança circular – você já fez alguma, pequenino? Jovens e velhos se reúnem e cantam, pisam, chutam e giram ao redor do círculo, segurando a mão da pessoa à esquerda e da pessoa à direita.

Eles contornam o *kolo*, o círculo, até que terminam de volta onde começaram, e então voltam novamente. As danças circulares são rituais que existem há milhares de anos para trazer abundância, bênçãos e felicidade a uma comunidade.[193]

Toda vida é aquela dança circular. As estações passam pela primavera, verão, outono, inverno e voltam à primavera novamente. Os espíritos descem como bebês que nascem, crescem, talvez tenham seus próprios filhos e então voam de volta para *Vyriy*, para se refrescar e voltar novamente. Como jovens, aprendemos com bons professores para que possamos crescer e ensinar a próxima geração. Você entra como iniciado, morre para o seu antigo eu, sai como uma nova pessoa e então, quando estiver pronto, volta para aprender sua próxima lição e passar para o próximo nível. O aprendizado nunca acaba, a jornada nunca acaba. Tudo volta ao redor novamente.

193. Rudnyts'koyi, *Ukrayins'ke mystetstvo u polikul'turnomu prostori* (Min-vo osvity Ukrayiny, Akademiya pedahohichnykh nauk Ukrayiny, Kyyiv: EksOb, 2000).

Madame Pamita ensina a Magia do Kolo

Quanto mais velha fico, mais vejo os ciclos da vida. Quando eu era jovem, pensava na jornada da minha vida como uma viagem na qual eu estava indo para um destino. Eu acreditava que a vida seria perfeita quando chegasse à próxima cidade na mesma estrada, para o amor ou dinheiro ou carreira ou qualquer coisa que iria consertar tudo. O que eu não sabia na época, era que a vida é muito mais como aquela dança circular: você está sempre progredindo, mas volta ao começo várias vezes, esperançosamente com um pouco mais de sabedoria em seu currículo a cada vez. A dança circular da vida é menos sobre esperar pelo destino e mais sobre encontrar alegria nas etapas em que você está agora.

O encontro com Baba Yaga é como aquela dança circular. Se você passar algum tempo com ela, vai perceber que ela o desafia das maneiras mais imprevistas. Ela lhe dá uma tarefa que, do seu ponto de vista, pode parecer impossível. Se você se afastar dessa tarefa, ela pode voltar outra vez para tentar novamente. No entanto, se confiar na sabedoria dessa missão e entrar nela, vai descobrir que não precisa fazer isso sozinho. Como Vasylyna, você tem a ajuda de sua orientação interior, o apoio de seus ancestrais e o auxílio dos espíritos para passar para o outro lado.

Minha esperança é que este livro e cada uma das tarefas que ele apresenta se tornem essa dança circular. Uma jornada iniciática à qual você retorna repetidamente, cada vez com mais sabedoria, sempre com apreço e com aquela sensação de crescimento e realização à medida que se transforma e emerge como alguém novo.

Apêndice I

Plantas Mágicas e seus Significados

***:** Ervas frescas, flores, ramos e plantas usadas para fazer um *vinok*/grinalda.[194]

†: Flores e plantas incluídas nas doze flores tradicionais do *Kupala vinok*.

‡: Madeira usada para fazer um *vereteno*/fuso.

¶: Ramos ou flores, usados para fazer uma vassoura de *vinyk*/banho.

§: Ervas para um banho mágico perfumado a vapor.

(D): Árvore doadora.

(V): Árvore vampira.

(Th): Ervas usadas para fazer sal de quinta-feira.

(H): Ervas para enxágues mágicos de cabelo.

Absinto *§(H): Proteção contra maldições, fidelidade. Adicionado a uma coroa de noiva serve para proteger o casamento.

Acácia (D): Cura, poder feminino.

Álamo Tremulante *‡(V): Banimento de energia negativa, cura, limpeza espiritual, proteção contra negatividade.

Alder ‡(V): Paz e harmonia doméstica.

Amor-perfeito *: Proteção contra o ciúme.

Artemísia *(Th): Proteção contra espíritos malévolos e maldições, viagem astral, fortalecimento, contato com espíritos.

Bardana *(H): Cura.

Bordo (D): Transmutação de energia e emoções, cura emocional, força, paz, equilíbrio e autoconfiança.

194. Dobrovolska, "Filosofiya Ukrayins'koyi Vyshyvky."

Calêndula *†: Convida o amor.

Camomila *†§(H): Proteção contra os ataques físicos, ternura, gentileza, juventude, amor, fidelidade.

Campânula *: Gratidão.

Cânhamo *: Contato com o outro mundo e proteção contra espíritos malévolos.

Cardo *(Th): Calma, capacidade de ver espíritos, percepção psíquica, trabalho com sonhos, coragem, cura, proteção.

Carlina *: Força, saúde.

Carvalho *¶(D): Coragem, força, conexão com a Árvore do Mundo, prevenção de pesadelos, fertilidade, riqueza, clareza mental.

Cedro *§: Desvia a negatividade, aumenta o poder, reabastece a energia, restaura a força, ilumina a mente, purifica a alma, desperta a espiritualidade.

Centáurea *†: Ternura, amor cooperativo, compaixão, bondade, beleza, simplicidade, modéstia, humanidade, ternura.

Cerejeira/flor de cerejeira *†¶: Amor e devoção materna.

Cinzas ‡: Clarividência e bênçãos.

Consolida *: Proteção da natureza, abundância.

Dente-de-leão *: Sonhos, desejos.

Elecampane *: Força e saúde.

Endro *: Proteção, infância.

Erva de bálsamo *: Verdade, honestidade.

Erva-cidreira (Th): Cura e atrai amor.

Erva-de-são-joão *§(Th): Proteção contra maus pensamentos, novo amor, limpeza.

Escapos de alho *: Neutraliza a magia maléfica, remove o mau-olhado.

Faia ‡: Sabedoria e adivinhação.

Flor de macieira *†(D): Amor e devoção materna, amor, beleza, fertilidade, força feminina, atratividade e sexualidade.

Folha de framboesa (Th): Cura, banimento.

Girassol *: devoção e lealdade.

Hazel ‡(H) (hamamélis): Proteção e felicidade.

Heather (calluna)*: Independência.

Hortelã-pimenta *§: Proteção contra maldições, proteção de crianças, saúde, proteção contra espíritos travessos.

Immortelle (sempre-viva) *†: Controla o vento, a saúde, a cura e a longevidade.

Juniper (zimbro, junípero) ¶§(Th): Limpa e atrai o amor.

Levístico *†(H): Convida ao amor, devoção, saúde, harmonia.

Lírio *†: Encanto de donzela, pureza, virtude.

Lírio-do-vale *§: Charme, virtude, inocência, elemento Água

Loureiro *§: Sucesso e fama.

Lúpulo *†: Flexibilidade, sabedoria, razão, soluções para questões complicadas, fertilidade.

Malva *†: Atrai amor, beleza, fé e esperança.

Manjerona *: Amor maternal.

Margarida *: Paz, ternura, lealdade e amor.

Menta *§ (Th)(H): Proteção contra maldições, proteção de crianças, saúde, proteção contra espíritos travessos, prosperidade, beleza.

Milefólio *†§(Th): Independência, força, firmeza, atrai boas pessoas, protege contra inimigos, coragem, cura.

Murta *: Imortalidade, alma, amor, pureza e beleza.

Não-me-esqueças *†: Estabilidade, fidelidade, proteção para viagens longas.

Orégano *§(Th): Amor maternal, proteção contra maldições, saúde das crianças, paz.

Papoula *†: Proteção contra espíritos malignos, proteção contra pessoas mal-intencionadas, fertilidade, juventude, beleza, sonhos.

Papoula selvagem *: Convida a proteção de Baba Yaga, melhora o destino, convida à paz, à esperança. É a flor dos sonhos, um símbolo de fertilidade, beleza e juventude.

Peônia *†: Longevidade, fé, esperança e amor.

Pêra ‡: Espiritualidade e casamento.

Pervinca *†: Atrai amor duradouro, fidelidade, vida, imortalidade, beleza, ternura, memória, bem-estar familiar.

Picea (abeto-branco) *¶§: Banir maldições e lançar feitiços.

Pine ‡§(D)(Th): Calma, otimismo, equilíbrio, iluminação espiritual, sexualidade masculina, proteção, bênção.

Populus §(V): Bom-senso e equilíbrio espiritual, limpeza espiritual, recalibração mental.

Rosa *†: Esperança, amor, fidelidade, benevolência, prosperidade.

Rosa selvagem *: Fé, esperança e amor.

Rosa-de-gueldres/bola-de-neve (*kalyna*) ***†:** Saúde, fertilidade, beleza, companheirismo, lealdade, amor verdadeiro, imortalidade, bravura, coração ardente.

Salgueiro *(D)(V)(H): Santidade, fertilidade, família, lar, habitação, atrai o que é desejado, libera o que é indesejado.

Samambaia *: Intensifica os poderes telepáticos e telecinéticos, acalmando e conectando os espíritos.

Sorvas *¶: Magia e cura.

Tanaceto *§: Proteção geral, proteção espiritual contra doenças.

Tília ‡§(D): Sucesso e sorte.

Tomilho *§(Th): Proteção espiritual, beleza, força.

Trevo *: Fidelidade, proteção contra maldições, união de casais.

Tussilago *: Amor, atração, espíritos, profecia, riqueza, paz.

Urtiga *¶(Th)(H): Proteção contra forças malignas, banimento.

Vaca de trigo (Kupala e Mavka) *: Proteção contra maldições.

Vidoeiro *¶§(D): Favorito dos *Rusalky*. Juventude, beleza, cura, feminilidade, força para os fracos e doentes, otimismo, proteção, renascimento, pureza, fertilidade, fragilidade, modéstia, felicidade e bem-estar.

Apêndice II

Correspondências das Cores Mágicas

*: Cores tradicionalmente utilizadas para bordados

†: Cores tradicionalmente usadas em fitas *vinok*/fitas de guirlanda

‡: Cores tradicionalmente usadas em nós *nauzy*/talismânicos

¶: Cores tradicionalmente usadas em *pysanky* e *krashanky*/ovos decorados

Preto*‡¶: A terra e sua fertilidade, riqueza e prosperidade, conclusão, limites, ligação, confiança, aterramento, equilíbrio, calma, respeito, útero, o Outromundo, constância, espíritos, o reino espiritual, sabedoria, os antigos, *cronehood*, ancestrais.

Azul*‡¶: Poder do céu e da água, cura de doenças, paz de espírito, espiritualidade, insight, comunicação, criatividade, talentos ocultos, verdade, fidelidade, mente superior, espírito do ar.

Marrom‡¶: Perseverança, alcance de metas, apoio ao trabalho duro, Mãe Terra, vida, presentes, recompensas, tesouros escondidos, animais.

Azul-escuro†: Bênçãos da água, limpeza e proteção.

Verde-escuro†: Bênçãos das árvores, força e beleza.

Verde*‡¶: Vida, crescimento, juventude, beleza, serenidade, primavera, riqueza, criatividade, carreira, bem-estar, proteção contra a inveja, fertilidade, cura, esperança, liberdade, generosidade, abundância, espírito da água, natureza.

Azul-claro†: Bênçãos do céu, clareza de pensamento e palavra.

Castanho-claro†: Bênçãos da terra, fonte de toda a vida.

Verde-claro†: Bênçãos das plantas, juventude e vigor.

Rosa-claro†: Bênçãos da flor, bem-estar e prosperidade, amor terno, romance, proteção contra ciúmes em relacionamento.

Magenta†: Bênçãos do fruto, sinceridade e verdade.

Laranja†‡¶: Bênçãos do pão, abundância, necessidades atendidas, alegria, otimismo, novos começos, atração, confiança, sociabilidade, sucesso, força, resistência, ambição digna, espírito do fogo.

Roxo/violeta†‡¶: Bênçãos das estrelas, sabedoria e discernimento, confiança, força, liderança, inspiração, habilidades, fé, paciência, confiança, pureza.

Vermelho*†‡¶: Força vital positiva, amor, vida, alegria, bênçãos do sangue, magia ancestral, força, amor apaixonado, saúde, proteção contra *prychyna*, ação, energia, alegria, amor, laços familiares, proteção, maternidade.

Branco*†‡¶: Inocência, proteção contra infortúnios e olhares de inveja, restaura reservas de energia, bênçãos da lua, consciência psíquica, espiritualidade, saúde, proteção, desejos, educação, proteção contra conflitos, relacionamentos harmoniosos, nascimento, começos, luz, pureza, inocência, virgindade.

Amarelo-ouro*†‡¶: Bênçãos do sol, mel, trigo, prosperidade, abundância, riqueza, alegria, atividade mental, pensamentos, proteção contra inveja, saúde, felicidade familiar, luz, colheita, juventude, hospitalidade, reconhecimento, recompensa, estrelas.

Glossário

Baba (s.) /baby (pl.) баба баби: idosa/mulher, avó(s).

Baba Sheptukha (s.) / baby sheptukhy (pl.) баба шептуха/баби шептухи: "Vó sussurrante". Feiticeira que usa encantamentos sussurrados.

Babusya (s.) / babusy (pl.) бабуся/бабусі: vovó/vovós.

Bannyk Банник: espírito da casa de banho.

Berehynia Берегиня: antigo espírito guardião feminino pré-cristão, uma Deusa.

Bezkonechnyk безконечник: desenho de linha infinita.

Blazhenni Блаженні: os "bem-aventurados". Espíritos daqueles que foram para a vida após a morte.

Chaklun (s.) / chakluny (pl.) чаклун/чаклуни: feiticeiro(s) poderoso(s).

Chaklunka (s.) / chaklunky (pl.) чаклунка/чаклунки: feiticeira(s) poderosa(s).

Chasnyk часник: alho.

Chetverhova sil' четвергова сіль: sal de quinta-feira.

Chub чуб: penteado, mecha longa de cabelo no topo da cabeça. Usado pelos *kozaky* como um símbolo de iniciação e status de guerreiro.

Chuhaister Чугайстер: espírito guardião masculino da floresta.

Dendroterapiya дендротерапія: dendroterapia (utilização da energia das árvores para fins terapêuticos).

Derevo Zhyttya Дерево Життя: a Árvore da Vida; um desenho decorativo e outro nome para a Árvore do Mundo, um conceito dos Três Mundos dos espíritos, dos vivos e dos seres divinos.

Did (s.) / didy (pl.) дід/діди: avô(s).

Didukh дідух: "Espírito do avô." Feixe de trigo exposto na casa que representa os antepassados.

Didus дідусь: vovô.

Dolya доля: destino, bom destino, o nome da metade positiva do par de destinos.

Domovyk Домовик: espírito masculino ancestral da casa.

Drymba дримба**:** Harpa. Um instrumento musical que é tocado puxando uma palheta de metal sobre os dentes, criando um zumbido vibrante. Usado para induzir transes.

Dub дуб**:** carvalho.

Holosinnya голосіння**:** canções de lamento com encantamentos mágicos para ajudar os espíritos a viajar para a vida após a morte.

Holubtsi голубці**:** repolho recheado.

Horilka горілка**:** vodka, álcool forte.

Hospodynya Lisu Господиня Лісу**:** "Senhora da Floresta". O espírito feminino que cuida das florestas, às vezes associado a Baba Yaga.

Hradovyy nizh градовий ніж**:** "Faca de granizo." Uma faca usada por um *Molfar* ou *Molfarka* como ferramenta de magia.

Hrebinets' гребінець**:** pente.

Hromnytsi громниці**:** "Raios e trovões." Velas de cera de abelha consagradas no feriado do Meio do Inverno, o *Stritennya*. Usado para proteção e bênção ao longo do ano.

Hromnytsya Громниця**:** "Tempestade." Outro nome para *Stritennya*, o feriado do Meio do Inverno, considerado o dia em que o inverno e a primavera se encontram.

Hromova palytsya громова палиця**:** "Batalha do trovão." Bastão abençoado muito usado para controlar o clima.

Hromovytsi громовиці**:** "Raios e trovões." Pedaços de madeira de uma árvore atingidos por um raio usados em magia.

Hryby гриби**:** cogumelos.

Ikona ікона**:** ícone; imagem sagrada de um santo ou divindade imbuída de poderes milagrosos.

Iriy Ирій**:** paraíso.

Kalyna калина**:** rosa-de-gueldres ou *Viburnum opulus*, um arbusto que produz cachos de pequenas flores brancas seguidas por bagas vermelhas brilhantes.

Kaminchyky камінчики**:** seixos ou pedras pequenas.

Kam'yani baby кам›яні баби**:** pedras antigas eretas esculpidas como figuras femininas.

Kasha каша**:** mingau de grãos cozidos.

Kharaktérnyky характґерники**:** feiticeiros cossacos.

Khata (s.) khaty (pl.) khatynka (dim.) хата хати хатинка: cabana ou chalé.

Khata stupa хата ступа: casa do moinho.

Khlib хліб: pão.

Khorovod хоровод: dança circular.

Khrest хрест: cruz.

Khvylyasti liniyi хвилясті лінії: linhas onduladas em bordado tradicional.

Kistka (s.) kistky (pl.) кістка кістки: osso/ossos ou a caneta de cera usada para escrever pysanky.

Klyuch (s.) klyuchi (pl.) клюу клюуі: chave(s).

Kovbasa ковбаса: linguiça, salsicha.

Kolo коло: círculo.

Kolodiy Колодій: antigo feriado pagão de inverno correspondente à terça-feira gorda, *Mardi Gras*.

Kolyada Коляда: o nome eslavo tradicional para o período do Natal à Epifania ou um festival de inverno celebrado no final de dezembro em homenagem ao sol.

Kompot компот: suco de frutas cozidas.

Kosa коса: trança.

Kozak (s.) kozaky (pl.) козак козаки: cossaco(s) – membro(s) de comunidades democráticas, autogovernadas e semimilitares, originárias das estepes da Europa Oriental.

Krashanky крашанки: ovos tingidos de uma cor sólida.

Krayka крайка: faixa ou cinto tecido.

Kryvi tanets кривий танець: "Dança serpentina". Um desenho sinuoso usado em bordados e *pysanky*.

Kum (m.) kuma (f.) kumy (pl.) кум кума куми: padrinho, madrinha, padrinhos, mas também pode se referir a amigos íntimos.

Kupala Купала: feriado de "banho" do Meio do Verão, originalmente comemorado no Solstício de Verão, mas mudou com o calendário juliano para 6 a 7 de julho.

Kurhany кургани: antigos túmulos.

Kutya кутя: baga de trigo, semente de papoula e mingau de mel.

Kvadrat квадрат: quadrado em bordado tradicional.

Kvass квас: uma bebida fermentada, feita com xarope de bétula e pão de centeio.

Laznya лазня: casa de banho, balneário.

Lisova Baba Лісова Баба: mulher da Floresta.

Lisoviy Cholovik Лісовий Чоловік: homem da Floresta.

Lisovyk (s.) Lisovyky (pl.) Лісовик Лісовики: literalmente "o homem da floresta". O espírito da floresta.

Lysa Hora Лиса Гора: "Bald Mountain". Montanha lendária perto de Kiev, onde as Bruxas se reúnem.

Mak мак: papoula.

Matusya Матуся: mamãe.

Maty Syra Zemlya Мати Сира Земля: Úmida Mãe Terra.

Maty Zemlya Мати Земля: Mãe Terra.

Mavka (s.) Mavky (pl.) мавка мавки: as fêmeas da floresta ou espírito do rio. Da palavra protoeslava *nav*, "os mortos".

Med мед: querida.

Mokosh Мокош: Deusa mãe, Deusa da tecelagem.

Molfa мольфа: objeto ritual sagrado do *Molfar* ou *Molfarka*.

Molfar (m.) Molfarka (f.) мольфар молфарка: figura xamânica dos Cárpatos.

Mosyazhni мосяжні: joias de latão protetoras.

Motanka (s.) motanky (pl.) мотанка мотанки: boneca sagrada do espírito ancestral.

Mukhomor Мухомор: cogumelo agárico.

Nalysnyky налисники: crepes.

Nasinnya maku насіння маку: sementes de papoula.

Nauzy наузи: amuleto de nó mágico.

Nedolya недоля: infortúnio; o nome da metade negativa do par de destinos.

Oberih (s.) oberehy (pl.) оберіг обереги: encantos, talismãs, amuleto.

Obkuryuvannya обкурювання: a queima de ervas secas para incensar ou para fumigação.

Paraskeva P'yatnytsya Параскева П›ятниця: Saint Paraskeva Friday, um santo popular associado à tecelagem que surgiu da Deusa mais velha Paraskeva.

Pasichnyk пасічник: apicultor; o espírito da colmeia.

Pasichnyk-charivnyk: "Mágico apicultor". O nome dado a apicultores experientes, semelhantes a "encantadores de abelhas".

Pavuk павук: aranha.

Pekun Пекун: monstro perigoso acorrentado a um penhasco que envia seus asseclas ao mundo para contar quantos *pysanky* foram criados a cada primavera.

Petrykivka петриківка: estilo de pintura com flores e pássaros.

Pich піч: forno; antigamente, um fogão a lenha.

Pokut' покуть: o canto do altar doméstico.

Povna rozha повна рожа: "Cara inteira"; flor de malva em plena floração.

Provody Проводи: antigo feriado em comemoração aos mortos que ocorre após a Páscoa, onde as famílias trazem um piquenique ao cemitério para compartilhar com seus amados mortos.

Prychyna причина: uma maldição ou feitiço de magia negra.

Pysanka (s.) pysanky (pl.) писанка писанки: ovos de talismã primorosamente decorados feitos com o método de resistência à cera.

Pysaty писати: escrever; a raiz da palavra *pysanka/pysanky*.

Rahkmany Рахмани: abençoados, espíritos que habitam uma terra mítica distante, semelhante ao Mundo Inferior.

Rai Рай: paraíso.

Rhomb ромб: uma forma de diamante; losango em bordado tradicional.

Rozdorizhzhya роздоріжжя: encruzilhada.

Rozhanytsi Рожаниці: Deusas antigas que controlam o destino.

Rusalia Русалія: antigo festival da primavera em homenagem aos espíritos da água, os *Rusalky*.

Rusalka (s.) Rusalky (pl.) русалка русалки: espíritos femininos da água, semelhantes às náiades.

Rusal'nyy Tyzhden' Русальний Тиждень: antigo festival da primavera em homenagem aos espíritos da água, os *Rusalky*.

Rushnyk (s.) rushnyky (pl.) рушник рушники: toalha ritual de tecido bordado.

Salo сало: barriga de porco.

Sertse серце: coração em bordado tradicional.

Shevrony шеврони: divisas em bordado tradicional.

Sil' сіль: sal.

Sopilka Сопілка: flauta de pastor.

Stritennya Стрітення: literalmente "reunião"; o feriado quando o inverno encontra a primavera, em 15 de fevereiro no Hemisfério Norte. Corresponde ao Candlemas.

Stupa ступа: almofariz para moer ervas ou grãos.

Svarga сварга: símbolo do sol.

Sviaty Vechir Святий Вечір: noite Santa, Véspera de Natal.

Tkats'kyy verstat ткацький верстат: tear.

Totemy тотеми: as ferramentas mágicas do *molfar*.

Trembita трембіта: longo chifre de montanha.

Trykutnyk трикутник: triângulo em bordado tradicional.

Trypillian Трипільська: da cultura Neolítica da Europa Oriental, que floresceu entre 5500 e 2750 AEC.

Upyr упир: um *ghoul*, um vampiro, o morto-vivo.

Uzvar узвар: bebida feita de frutas secas cozidas.

Varenyky вареники: bolinhos.

Vazon вазон: "Vaso de flores." Um design estilizado que representa a Árvore da Vida ou a Deusa.

Vidma (s.) Vidmy (pl.) відьма відми: Bruxa/Bruxas.

Vid'myne kil'tse відьмине кільце: "Anel de Bruxa". Acredita-se que círculos de cogumelos sejam encantados.

Vinok (s.) vinoky (pl.) вінок вінки: coroa de flores ou guirlanda de flores.

Vinyk (s.) vinyky (pl.) віник віники: vassoura; pequena vassoura de ervas frescas ou secas usadas na casa de banho.

Vodyanyk (s.) vodyanyky (pl.) водяник водяники: espírito(s) dos tritões de águas profundas.

Volossya волосся: cabelo.

Vorozhka (s.) vorozhky (pl.) ворожка ворожки: adivinho(s).

Vroki вроки: olhares ciumentos e nocivos; o olho do mal.

Vylyvaty visk виливати віск: derramar cera; um ritual de cura feito derramando cera de abelha em uma tigela com água mantida sobre a cabeça.

Vynohrad виноград: cinha, desenhos de uva.

Vyriy Вирій: paraíso; um lugar com clima temperado onde as almas residem e os pássaros voam no inverno.

Vyshyvanka (s). vyshyvanky (pl.) вишиванка вишиванки: bordado; roupas bordadas ucranianas tradicionais.

Vytynanky витинанки: arte em papel cortado.

Yaytse (s.) yaytsya (pl.) яйце яйця: ovo/ovos.

Yizha їжа: comida.

Yuriy Vesnyanyy Юрий Весняний: dia de São Jorge, comemorado em 6 de maio; o feriado entre o Equinócio de Primavera e o Solstício de Verão (calendário juliano).

Zaklynannya заклинання: encantamentos, soletrar, palavras mágicas.

Zeleni Svyata Зелені Свята: "Festa Verde" ou "Semana Verde". Tradicional feriado ucraniano associado ao verão.

Zerno зерно: grão.

Zgarda зґарда: *Hutzul*, medalhão de sol usado como talismã.

Zhaba жаба: sapo; elemento do desenho no bordado.

Zhayvoronky жайворонки: cotovias, pãezinhos em forma de cotovia.

Zhyva e Mertva Voda жива і мертва вода: águas da Vida e da Morte.

Znakharka знахарка: mulher sábia, curadora, trabalhadora de raízes.

Zori зорі: estrela da manhã. Alvorecer.

Bibliografia

Adams, Bruce Friend, Edward James Lazzerini, and George N. Rhyne. *The Supplement to the Modern Encyclopedia of Russian, Soviet, and Eurasian History*. Gulf Breeze, FL: Academic International Press, 1995.

Artyukh, L. F. "Vohon' i Voda v Systemi Zvychayevykh Zaboron." *Narodna Tvorchist' Ta Etnolohiya* 3 (2012): 31–41.

Aveela, Ronesa. *A Study of Household Spirits of Eastern Europe*. North Billerica, MA: Bendideia Publishing, 2019.

Barford, P. M. *The Early Slavs: Culture and Society in Early Medieval Eastern Europe*. Ithaca, NY: Cornell University Press, 2001.

Berdnyk, Hromovytsia. *Znaky Karpat·S'koyi Mahiyi*. L'viv, Ukraine: Terra Incognita, 2019.

Bezuhla, S. V. "Narodni Uyavlennya pro Rusalok u Konteksti Svyatkuvannya Triytsi u Skhidnykh Slov'yan." *Isnyk Student·S'koho Naukovoho Tovarystva Donnu Imeni Vasylya Stusa* 1, no. 7 (2015): 43–48.

Bezuhla, S. V. "Narodni Uyavlennya pro Rusalok u Konteksti Svyatkuvannya Triytsi u Skhidnykh Slov'yan." *Visnyk student·s'koho naukovoho tovarystva DonNU imeni Vasylya* 1, no. 7 (2015): 43–48.

Bloshchyns'ka, V. "Kul't Karpat·S'koyi Mahiyi Yak Fenomen Hutsul's'koyi Kul'tury." *Karpaty: lyudyna, etnos, tsyvilizatsiya* 5 (2014): 277–293.

Bosyy, Oleksandr. "Svyashchenne Remeslo Mokoshi." In *Tradytsiyni Symvoly Ta Mahichni Rytualy Ukrayintsiv (Typolohiya. Semantyka. Mifostruktury)*, 39–40. Vinnytsya, Ukraine: Vydavnytstvo-drukarnya «Dilo» FOP Rohal's'ka IO, 2011.

Boyan, S. P., and N. Bayurchak. "Mol'fary Ukrayins'kykh Karpat: Typolohichnyy Analiz." *Halychynu* 27 (2015): 45–51.

Bozóky, Edina. "Mythic Mediation in Healing Incantations." *Health, Disease and Healing in Medieval Culture* (1992): 84–92. https://doi.org/10.1007/978-1-349-21882-0_5.

Bulhakova-Sytnyk, Ludmyla, Lubow Wolynetz, and Natalie O. Kononenko. *The Tree of Life, the Sun, the Goddess: Symbolic Motifs in Ukrainian Folk Art*. New York: Ukrainian Museum, 2005.

Buyskykh, Yulia. "Domovyk u Tradytsiynykh Viruvannyakh Ukrayintsiv: Pokhodzhennya Obrazu." *Etnichna istoriya narodiv Yevropy* 26 (2008): 120–127.

Chumarna, Mariya. *Tainopys Vyshyvky*. L'viv, Ukraine: Apriori, 2018.

Cohen, Deatra, and Adam Siegel. *Ashkenazi Herbalism: Rediscovering the Herbal Traditions of Eastern European Jews*. Berkeley, CA: North Atlantic Books, 2021.

"Cold at Home." EnAct. Accessed May 14, 2021. http://www.coldathome.today/cold-at-home.

Danchenko, A. *Folk Art from the Ukraine*. Leningrad, Russia: Aurora, 1982.

Dixon-Kennedy, Mike. *Encyclopedia of Russian and Slavic Myth and Legend*. Oxford: ABC-Clio, 1999.

Dmytrenko, Alla. "Zbyrannya Trav i Arkhayichni Elementy Svitohlyadu Polishchukiv." *Etnichna istoriya narodiv Yevropy* 11 (2001): 14–18.

Dmytriw, Olya, and Anne Mitz. *Ukrainian Arts*. New York: Ukrainian Youth's League of North America, 1955.

Dobrovolska, O. V. "Filosofiya Ukrayins'koyi Vyshyvky." *Visnyk Kharkivs'koho Universytetu*, no. 57 (2017): 140–144. https://openarchive.nure.ua/handle/document/7029.

Dorosh, Andriy. "The Phenomenon of a Ukrainian Pich (Stove)." Dorosh Heritage Tours, February 11, 2019. https://doroshheritagetours.com/the-phenomenon-of-a-ukrainian-pich-stove/.

Eliade, Mircea, Diane Apostolos-Cappadona, Willard R. Trask, and Willard R. Trask. *A History of Religious Ideas*. Chicago, IL: University of Chicago Press, 1981.

Encyclopedia of Ukraine. Toronto, ON: University of Toronto, 1993.

Estes, Clarissa Pinkola. *Women Who Run with the Wolves*. New York: Ballantine Books, 1992.

Ethnologia Slavica. 1. Vol. 1. Bratislava, Slovakia: Slovenske pedagogicke nakl., 1969.

Etnografichnii̮ Zbirnik: Vidae Naukove Tovaristvo Imeni Shevchenka. L'viv, Ukraine: Nakladom Naukovoho tovarystva Imeny Shevchenka, 1895.

Frazer, James George, and Robert Fraser. *The Golden Bough: A Study in Magic and Religion*. London, England: The Folio Society, 2018.

Gilchrist, Cherry. *Russian Magic: Living Folk Traditions of an Enchanted Landscape*. Wheaton, IL: Quest Books, 2009.

Gimbutas, Marija Alseikaitė. *The Slavs*. London, England: Thames and Hudson, 1971.

Glants, Musya, and Juri Toomre. *Food in Russian History and Culture*. Bloomington, IN: Indiana University Press, 2014.

Grabowicz, Oksana I., and Lubow Wolynetz. *Rushnyky: Ukrainian Ritual Cloths*. New York: Ukrainian Museum, 1981.

Gray, Louis Herbert. *Mythology of All Races Volume 3*. London, England: M. Jones, 1918.

Grimassi, Raven. *Old World Witchcraft: Ancient Ways for Modern Days*. San Francisco, CA: Weiser Books, 2011.

Halaychuk, Volodymyr. "Narodnyy Kalendar Zarichnenshchyny v Obryadakh, Zvychayakh Ta Fol'klori." *Naukovi zoshyty istorychnoho fakultetu L'vivs'koho universytetu* 13–14 (2013): 43–83.

Hanchuk, Rena Jeanne. *The Word and Wax: A Medical Folk Ritual among Ukrainians in Alberta*. Edmonton, AB: Huculak Chair of Ukrainian Culture and Ethnography, 1999.

Hrusevs'kyj, Mychajlo S. *History of Ukraine—Rus'*. Edmonton, AB: Canadian Institute of Ukrainian Studies Press, 1997.

Hrushevs'kyy, Mykhaylo, Fedor Pavlovych Shevchenko, Valeriy Andriyovych Smoliy, A. I. Smoliy, and Volodymyr Mykhailovych Rychka. *Ukrayintsi: Narodni Viruvannya, Povir'ya, Demonolohiya*. Kiev, Ukraine: Libid', 1991.

Hrymashevych, H. I., and Yuliya Vasyl'chuk. "Povir'ya, Zvychayi Ta Obryady, Pov'yazani z Tkatstvom." *Student·s'ki linhvistychni studiyi* 2 (2011): 39–46.

Hubbs, Joanna. *Mother Russia: The Feminine Myth in Russian Culture*. Boulder, CO: NetLibrary, 1999.

Hunter, Clare. *Threads of Life: A History of the World through the Eye of a Needle*. New York: Abrams Press, 2020.

Illes, Judika. *Encyclopedia of Spirits: The Ultimate Guide to the Magic of Fairies, Genies, Demons, Ghosts, Gods & Goddesses*. New York: HarperCollins, 2010.

Ivanits, Linda J. *Russian Folk Belief*. Armonk, NY: M. E. Sharpe, 1992.

Johns, Andreas. *Baba Yaga: The Ambiguous Mother and Witch of the Russian Folktale*. New York: Peter Lang, 2010.

Johnson, Kenneth. *Slavic Sorcery: Shamanic Journey of Initiation*. Woodbury, MN: Llewellyn Publications, 1998.

Kapaló James Alexander. *The Power of Words: Studies on Charms and Charming in Europe*. Budapest, Hungary: Central European University Press, 2013.

Kelly, Mary B. *Goddess Embroideries of Eastern Europe*. McLean, NY: StudioBooks, 1996.

Kennard, Howard Percy. *The Russian Peasant*. New York: AMS pr, 1980.

Killgrove, Kristina. "Painted Bones Spark 4,500-Year-Old Burial Mystery in Ukraine." *Forbes*, July 27, 2018.

Kivelson, Valerie A., and Christine D. Worobec. *Witchcraft in Russia and Ukraine, 1000–1900: A Sourcebook*. Ithaca, NY: Northern Illinois University Press, an imprint of Cornell University Press, 2020.

Kmit, Ann, Johanna Luciow, and Loretta Luciow. *Ukrainian Embroidery*. New York: Van Nostrand Reinhold Co., 1978.

Kolodyuk, I. "Suchasnyy Stan Polis'koho Znakharstva (Za Espedytsiynymy Materialamy Na Polissi)." *Volyn'-Zhytomyrshchyna* 13 (2005): 134–42.

Kononenko, Natalie O. *Slavic Folklore: A Handbook*. Westport, CT: Greenwood Press, 2007.

Korniy, Dara. *Charivni Istoty Ukrayins'koho Mifu*. Kharkiv, Ukraine: Vivat Vydavnyt͂stvo, 2018.

Kotova, Nadiia, Dmytro Kiosak, Simon Radchenko, and Larisa Spitsyna. "Microscopic Examination of Mesolithic Serpent-like Sculptured Stones from Southern Ukraine." *Antiquity* 92, no. 366 (2018). https://doi.org/10.15184/aqy.2018.249.

Kotsur, V. P. *Slovnyk Symvoliv Kul'tury Ukraïny*. Kiev, Ukraine: Milenium, 2005.

Kruchkova, Olga. *Slavic Seasonal Rituals and Divinations*. Teaneck, NJ: Babelcube, 2019.

Kukharenko, Svitlana P. "Animal Magic: Contemporary Beliefs and Practices in Ukrainian Villages." *Folklorica* 12 (2010). https://doi.org/10.17161/folklorica.v12i0.3784.

Kukharenko, Svitlana. "Traditional Ukrainian Folk Beliefs about Death and the Afterlife." *Folklorica* 16, no. 1 (2011). https://doi.org/10.17161/folklorica.v16i1.4209.

Lajoye, Patrice. *New Researches on the Religion and Mythology of the Pagan Slavs*. Lisieux, France: Lingva, 2019.

Lecouteux, Claude. *The Tradition of Household Spirits: Ancestral Lore and Practices*. Rochester, VT: Inner traditions, 2013.

Len'o, P. Y. "Vykorystannya Vohnyu u Narodniy Medytsyni Ukrayintsiv Zakarpattya (Na Osnovi Suchasnykh Pol'ovykh Materialiv)." *Naukovyy visnyk Uzhhorods'koho Universytetu: Seriya: Istoriya*, no. 2 (2014): 123–126.

Leshko, Jaroslaw, and Lubow Wolynetz. *In Bloom: Nature and Art*. New York: Ukrainian Museum, 2020.

Levkievskaia, E. E. *V. Krayu Domovykh I Leshykha*. Moscow, Russia: OGI, 2009.

Manko, Vira, Lada Bidiak, Andriy Maslukh, Stepan Onyskiv, Oleh Kutianskyj, and Sophia Burak. *The Ukrainian Folk Pysanka*. Lviv, Ukraine: Svichado Publishing, 2017.

Marley, Greg A. *Chanterelle Dreams, Amanita Nightmares: The Love, Lore and Mystique of Mushrooms*. White River Junction, VT: Chelsea Green, 2011.

Matossian, M. K. "In the Beginning, God Was a Woman." *Journal of Social History* 6, no. 3 (January 1973): 325–343. https://doi.org/10.1353/jsh/6.3.325.

Mercatante, Anthony S., and James R. Dow. *The Facts on File Encyclopedia of World Mythology and Legend*. New York: Facts On File, 2009.

Mineyev, I. M. *Entsiklopediya Traditsionnoy Narodnoy Meditsiny: Napravleniya*. Moscow, Russia: Metody. Praktiki. AST, 2002.

Monaghan, Patricia. *Encyclopedia of Goddesses and Heroines*. United States: New World Library, 2014.

Movna, Ulyana. "The Ritual Complex of Traditional Beekeeping of Ukrainians of Nadsiannia." *The Ethnology Notebooks* 147, no. 3 (2019): 608–621. https://doi.org/10.15407/nz2019.03.608.

Mucz, Michael. *Baba's Kitchen Medicines: Folk Remedies of Ukrainian Settlers in Western Canada*. Edmonton, AB: The University of Alberta Press, 2013.

Oleszkiewicz-Peralba, Małgorzata. *Fierce Feminine Divinities of Eurasia and Latin America: Baba Yaga, Ka¯lī¯, Pombagira, and Santa Muerte*. New York: Palgrave Macmillan, 2015.

Pakholok, Svitlana Bohdanivna. "Proyavy Narodnoho Etyketu u Pokhoronniy Obryadovosti Ukrayintsiv." *Naukovyy Zhurnal Natsional'nyy Pedahohichnyy Universytet Imeni M. P. Drahomanova* 6 (2004).

Parkhomenko, T. "Vykorystannya Vosku v Narodnomu Znakharstvi." *Etnokul'turna spadshchyna Rivnens'koho Polissya* 1 (2001): 27–38.

Pasternak, Anatoli. *Kozats'ka Medytsyna*. Ukraine: Optyma, 2001.

Pen'kova, O., and S. Boyko. "Tradytsiya Kupal's'koho Vinkopletennya v Ukrayini: Istoriya Ta Transformatsiya v Druhiy Polovyni KHKH St." *Novi storinky istoriyi Donbasu* 22 (2013): 255–268.

Petrusha, Luba. "Pysanky Ukrainian Easter Egg." Pysanky.info, 2021. http://www.pysanky.info/.

Phillips, Sarah D. "Waxing Like the Moon: Women Folk Healers in Rural Western Ukraine." *Folklorica* 9, no. 1 (2004). https://doi.org/10.17161/folklorica.v9i1.3744.

Pistun, Tamara Vasylivna. *Ukrayins'ki Pradavni Oberehy*. Ternopil', Ukraine: Navchal'na Knyha-Bohdan, 2005.

Plachynda, Serhiy. *Slovnyk Davn'oukrayins'koyi Mifolohiyi*. Kiev, Ukraine: Veles, 2007.

Propp, V. A., Svatava Pirkova-Jakobsonova, and Laurence Scott. *Morphology of the Folktale*. Mansfield Centre, CT: Martino Publishing, 2015.

Propp, Vladimir Jakovlevic, and S. E. Chazanova. *Istoricheskiye Korni Skazki*. Saint Petersburg, Russia: Izd-vo S.-Peterburgskogo Universiteta, 1996.

Pysarenko, P. V., and O. I. Harmash. "Etnohrafichni Osoblyvosti Ukrayins'koho Narodu Ta Yikh Rol' u Stvorenni Ekoposelen' Na Terytoriyi Ukrayiny." *Isnyk Poltavs'koyi Derzhavnoyi Ahrarnoyi Akademiyi* 4 (2016): 83–88.

Ralston, W. R. S. *The Songs of the Russian People, as Illustrative of Slavonic Mythology and Russian Social Life*. London: Ellis & Green, 1872.

Roper, Jonathan. *Charms, Charmers and Charming: International Research on Verbal Magic*. Basingstoke, England: Palgrave Macmillan, 2008.

Rosik, Stanisław, and Anna Tyszkiewicz. *The Slavic Religion in the Light of 11th- and 12th-Century German Chronicles (Thietmar of Merseburg, Adam of Bremen, Helmold of Bosau): Studies on the Christian Interpretation of Pre-Christian Cults and Beliefs in the Middle Ages*. Leiden, Netherlands: Brill, 2020.

Rudenko, Y. M. "Oberehove Pryznachennya Stritens'koyi Svichky Yak Osnovnoyi Rytual'noyi Zakhysnytsi." *Termyny rynochnoy ékonomyky: Sovremennyy slovar'-spravochnyk delovohocheloveka* (2020): 180–183.

Rudnyts'koyi, O. P. *Ukrayins'ke mystetstvo u polikul'turnomu prostori*. Min-vo osvity Ukrayiny, Akademiya pedahohichnykh nauk Ukrayiny. Kyyiv: EksOb, 2000.

Ryan, W. F. *The Bathhouse at Midnight: An Historical Survey of Magic and Divination in Russia*. Stroud, PA: Sutton, 1999.

S., Forrester Sibelan E., Helena Goscilo, Martin Skoro, and Jack Zipes. *Baba Yaga: the Wild Witch of the East in Russian Fairy Tales*. Jackson, MS: University Press of Mississippi, 2013.

Sadovnycha, Viktoriya. *Starovynna Mahiya Ukrayintsiv*. Kiev, Ukraine: Knyzhkovyy Klub, 2018.

Sapura, O. V., and H. B. Munin. *Ukrainian Folk Arts and Crafts*. Kiev, Ukraine: Ahent·stvo po rozpovsyudzhennyu druku, 2015.

Sciacca, Frank. "Ukrainian Rushnyky: Binding Amulets and Magical Talismans in the Modern Period." *Folklorica* 17 (2014). https://doi.org/10.17161/folklorica.v17i0.4677.

Shcherbyna, E. B. "Ukrayins'ka Narodna Vyshyvka i Yiyi Terminosystemy." *Visnyk Kharkivs'koyi derzhavnoyi akademiyi dyzaynu i mystetstv* 1 (2010). 79–80. http://nbuv.gov.ua/UJRN/had_2010_1_21.

Sherman, Josepha. *Storytelling: An Encyclopedia of Mythology and Folklore*. Milton Park, UK: Taylor & Francis, 2015.

Simonov, Pyotr. *Essential Russian Mythology: Stories That Change the World*. San Francisco, CA: Thorsons, 1997.

Skliar, S. S. *Starovynni Ukrayins'ki Uzory Dlya Vyshyvannya Khrestom. Mahiya Vizerunka*. Kharkiv, Ukraine: Klub Simeinoho Dozvillia, 2016.

Smolyns'ka, Y. E. "Perezhytky Prymityvnoyi Obryadovosty v Ukrayins'komu Pobuti.(Peredmova d-r. Ist. Nauk. Prof. Valentyny Borysenko)." *Etnichna istoriya narodiv Yevropy* 15 (2003): 77–93.

Stakhurskaya, A. V. "Traditsionnaya Kukla-Motanka V Kul'turakh Vostochnoslavyanskikh Narodov." *Gumanitarnyye nauki v XXI veke: nauchnyy Internet-zhurnal* 6 (2016): 78–90. https://humanist21.kgasu.ru/files/N6-N7_Stahurskaja_AV.PDF.

Stankevych, Mykhaylo. Thesis. *Vytynanky i Shtuchni Kvity: Porivnyal'nyy Aspekt*, 2008. http://dspace.nbuv.gov.ua/handle/123456789/16748.

Stel'mascuk, Halyna Hryhorivna. *Ukrainian Folk Headwear*. L'viv, Ukraine: Apriori, 2013.

The Story of Pysanka: A Collection of Articles on Ukrainian Easter Eggs. Lidcombe, NSW: Sova Books, 2019.

Sumtsov, Nikolay Fedorovich. *Lichnyye Oberegi Ot Sglaza*. Saint Petersburg, Russia: Tipografija Gubernskago Pravlenija, 1896.

Surmach, Yaroslava. *Ukrainian Easter Eggs*. New York: Surma, 1957.

Suwyn, Barbara J., and Natalie O. Kononenko. *The Magic Egg and Other Tales from Ukraine*. Englewood, CO: Libraries Unlimited, 1997.

Tarasova, Ol'ha Oleksandrivna. *Lyal'ky-Motanky*. Kharkiv, Ukraine: Glagoslav Distribution, 2014.

Tarasova, Ol'ha Oleksandrivna. *Taiemnychyi Svit Lialky-Motanky*. Kiev, Ukraine: Lybid', 2015.

Tkachuk, Mary, Marie Kishchuk, and Alice Nicholaichuk. *Pysanka: Icon of the Universe*. Saskatoon, SK: Ukrainian Museum, 1977.

Toporkov, Andrey. "'Perepekaniye' Detey v Ritualakh i Skazkakh Vostochnykh Slavyan." *Fol'klor i Etnograficheskaya Deystvitel'nost'*, 1992, 114–118.

Traditional Designs in Ukrainian Textiles: An Exhibition. New York: The Ukrainian Museum, 1977.

"Ukraine Adopts Land Reform." Official Website of the International Trade Administration, September 30, 2020. https://www.trade.gov/market-intelligence/ukraine-adopts-land-reform.

Ukraine: A Concise Encyclopedia. Toronto, ON: University of Toronto, 1963.

Voitovych, Valeriy. *Ukrayins'ka Mifolohiya*. Kiev, Ukraine: Lybid', 2015.

Voropaj, Oleksa I. *Zvychayi Nashoho Narodu: Etnohrafichnyy Narys*. Kiev, Ukraine: Vydavnycho-Polihrafichne Tovarystvo Oberih, 1993.

Warner, Elizabeth. *Russian Myths*. London: British Museum, 2002.

Williams, Victoria. *Celebrating Life Customs around the World: from Baby Showers to Funerals*. Santa Barbara, CA: ABC-CLIO, 2017.

Yatchenko, V. F. *Ukrayins'kyy Shamanizm*. Kiev, Ukraine: Milenium, 2011.

Yefymenko, P. *A Collection of Ukrainian Spells*. Lidcombe, NSW: Sova Books Pty Ltd, 2020.

Yudina, P. N. "Derev'ya–Tseliteli." *Dialog kul'tur* (2016): 169–171.

Zajvoronok, V. V. *Oznaky Ukrayins'koyi Etnokul'tury: Slovnykovyy Dovidnyk*. Kiev, Ukraine: Dovira, 2006.